Manuela du Bois-Reymond · Hinter mir was noch kommt

Manuela du Bois-Reymond

Hinter mir was noch kommt

Eine Autobiographie

Edition Isele

FSC
www.fsc.org
MIX
Papier aus verantwortungsvollen Quellen
Paper from responsible sources
FSC® C105338

Umschlag: Thomas Design, Freiburg
ISBN 978-3-86142-552-6
www.edition-isele.de

Dieses Buch widme ich B. Er ist es auch, der meine Texte (und viele mehr), mit denen ich einige Kapitel überschrieben habe, vertont hat.

Inhalt

Ein Kind

In Lüdenscheid, im Sauerland, steht ein Magnolienbaum.
Den gibt's nicht mehr, den gibt's nicht mehr …

Der Frühling kommt, der Krieg ist aus, der Rasen ein Kartoffelfeld.
Am Rand hält rosaweißer Glanz khakigescheckten Panzern stand.

Bin klein, weiß nichts, bin Kind, das unterm Blütenbaum
leibhaftige Soldaten sieht, um die im Haus gelassne Puppe bebt.

Meine früheste Kindheitserinnerung gilt einem Regenwurm. Ich sitze auf dem sonnenbeschienenen Sandweg vor dem Souterrainfenster der kleinen Dahlemer Villa, hinter der das Büro meines Großvaters liegt. Er hat diese Villa, wie so vieles andere in Dahlem und Berlin, gebaut. Am Boden krabbelt ein Regenwurm. Er ist ziemlich groß. Ich flüchte. Ich kann nicht älter als höchstens zweieinhalb Jahre gewesen sein, denn mit drei Jahren, 1943, wurde ich ins Sauerland zu der Familie meiner Tante gebracht. Es muss auch in dieser sehr frühen Kleinkindzeit gewesen sein, dass ich für ein paar Wochen mit der Schwägerin meiner Mutter in Süddeutschland war, in Lengries. Da war ein See, sehr groß. An seinem Ende lag ein Holzstapel. Ich versuchte mir auszumalen, wie man da wohl hinkäme und wie dieser Stapel von nahem aussähe. Es war Sommer. Ich erlebte meine Kleinheit im Verhältnis zu der Größe des Sees.

Berlin im Bombenhagel – aber ich war in Dahlem davor geschützt, denn nach der Scheidung meiner Eltern, 1941, lebte ich im Haus meiner Großeltern im kriegsverschonten Dahlem, der oben erwähnten Villa im Gadebuscher Weg. Meine Mutter erfreute sich nach ihrer kurzen Ehe erneut ihres unabhängigen Lebens. Erfreute ist durchaus der richtige Ausdruck, wie ich ihren Erzählungen entnahm, obgleich sie ziemlich tolle Dinge im Bombenberlin mitgemacht hat: mit dem geliebten Pflegesohn meiner Großmutter – Jude – durch die Straßen von Charlottenburg gelaufen, ohne Furcht. Er sagte ihr: Wir werden nicht getroffen, siehst Du, dort schlägt's ein, nicht hier, wo wir eben noch liefen. Oder monatelang das Gefängnis besucht, in dem ein befreundeter Widerstandskämpfer langsam zu Tode gefoltert wurde. Oder irgendwo unterwegs in der Stadt mit angepackt, um ein brennendes Haus zu löschen – das alles hat sie gemacht. Ein erhöhtes Lebensgefühl, so stelle ich es mir vor, zwischen tödlicher Gefahr, Untergangsstimmung und gleichzeitigem rasenden Lebenswillen. Ich glaube nicht, dass sie sich in dieser Zeit als Mutter gefühlt hat.

Es war meine Großmutter, die fand, dass ich ein stabiles Zuhause brauche und dafür die Familie ihrer Cousine aussah, einen großbürgerlichen Arzthaushalt mit vielen Kindern. Nicht meine Mutter, sondern sie brachte mich in einem der damals überfüllten Züge aus Berlin in mein neues Zuhause, eine kleine Stadt im Sauerland. Von dieser langen Reise erinnere ich mich nur an eine einzige Situation, wie ich nämlich auf dem Bahnhof durch ein Zugfenster in ein dunkles, vollgepacktes Abteil gereicht wurde, in das dann (aber das weiß ich nicht mehr) auch meine Großmutter zustieg. Liegt hier eine Wurzel für meine periodisch auftretende Klaustrophobie?

Ich erinnere mich auch nicht mehr an die Ankunft und was ich empfand, als ich – es muss Frühsommer gewesen sein, wie Fotos belegen – dort von meiner Tante und meinen Vettern begrüßt wurde (der Onkel war mit den älteren Söhnen im Krieg). Wir bildeten zwei Gruppen: die erste bestand aus dem ein Jahr älteren und ein Jahr jüngeren Vetter, ich nun als Dreijährige in ihrer Mitte. Zusammen waren wir »die drei Kleinen«. Die zweite Gruppe wurde durch die beiden 11- bzw. 14jährigen Vettern repräsentiert.

Es muss alles sehr harmonisch zugegangen sein. Ich wurde geliebt, von allen und ganz besonders von meiner Tante, Mutter von sieben Söhnen, die sich immer ein Töchterchen gewünscht hatte. Während Berlin im Lauf der nächsten Jahre im Bombenhagel unterging, blieb's im Sauerland ruhig. Lüdenscheid erlebte ein paar Bombenangriffe; sie hielten sich jedoch in Grenzen. Für uns Kinder waren das eher spannende als beängstigende Ereignisse: Wir fanden es aufregend, wenn unser Bettzeug auf Behelfsbetten in den Keller transportiert wurde und wir dort schliefen. Kein Knall, kein Erschrecken.

Das Kriegsende erlebte ich aus der Perspektive einer Fünfjährigen, die die Panzer der Alliierten in unsere Straße einfahren sah. Das war schon etwas beängstigender. Sie fuhren über den Kartoffelacker, der nach Kriegsbeginn einen Teil des Gartens einnahm. Das große Haus musste innerhalb von 45 Minuten geräumt werden, die Sieger wollten hier Quartier beziehen. Meine Tante trommelte das gesamte Personal des gegenüberliegenden Kreiskrankenhauses zusammen, in dem mein Onkel Chefarzt gewesen war. Die Möbel und aller Hausrat stand auf dem Bürgersteig, wir Kinder auch. Ich hatte plötzlich Angst um meine Puppe, die noch im Haus war. Die Soldaten waren freundlich und erlaubten mir, dass ich sie holen durfte.

Die riesige Familie – immer lebten mehrere Verwandte mit im Haushalt – richtete sich vorübergehend in zwei Zimmern bei befreundeten Bekannten ein, bis wir nach wenigen Wochen dank der Beziehungen meiner Tante wieder in das alte Haus zurückzogen. In unserer provisorischen Behausung schliefen wir auf dem teppichbedeckten Boden und fanden das lustig. Jeden Morgen mussten wir die Flusen von dem fremden Teppich mit der Hand aufsammeln, einen Staubsauger gab es nicht. Meine Tante hatte das einzige Fahrrad der Familie, kostbarster Besitz zum Transport von Hamsterware, im Garten versteckt. Es wurde bald gestohlen. Die Kinderfrau und Perle der Familie, sie hatte den Kindernamen Lalla nie abgelegt, war kühn: Zusammen mit meinen älteren Vettern schlich sie sich zurück in unser besetztes Haus und klaubte halb leer gegessene Konservendosen der Soldaten vom Abfallhaufen. Einmal fand sie einen stehengelassenen Topf Eierkuchenteig und brachte ihn im Triumph unter ihrer Schürze nachhause.

Während des Krieges hatten wir dank des Organisationstalents meiner Tante – ihr Mann flickte derweil als Chirurg deutsche Wehrmachtssoldaten »im Osten« zusammen; auch Russen, wie später hinzugesetzt wurde – immer genug zu essen. Nicht üppig, aber immer genug; ich habe nie Hunger gelitten. Der Keller war gefüllt mit Eingemachtem: Die in langen Reihen auf Holzregalen aufgestellten Einweckgläser enthielten Erbsen, Hühnerklein, Johannisbeeren, Pilze. Der Garten war in Nutzbeete umgewandelt worden. Wir Kinder aßen halbreife Stachelbeeren von den Sträuchern und zogen Mohrrüben aus der Erde. Auf der abschüssigen Wiese wuchs Sauerampfer, der zu Suppen verarbeitet wurde. Kinder mussten damals alles essen, auch ein Gemüse, das nur aus den Stengeln von – ja von was eigentlich? – bestand. Einmal bin ich deshalb mit meinen beiden Vettern auf unseren Holzrollern ausgebüxt, die steile H-Straße hinunter, die zum Schwimmbad führte. Ich war ein kleiner Feigling, rollerte zurück und bekam als Belohnung die Nachspeise; meine beiden Vettern bekamen nichts und wurden ausgeschimpft.

Bei Tisch saß ich links neben meiner Tante; die Puddingschüssel ging rechtsherum; Vanillepudding mit Himbeersoße. Ob wohl genug für mich übrig blieb? Ich hasste Salat, konnte ihn nicht schlucken und sammelte ihn in meinen Backentaschen in der Hoffnung, ihn nach dem Essen heimlich ausspucken zu können. (Doch wie hätte das gehen sollen? Man durfte doch nicht einfach vom Tisch aufstehen – und vor dem Ende der Mahlzeit gab es ja noch den Nachtisch!) Natürlich hatten wir immer Hunger nach Süßem. Zu meinen peinlichsten Kindheitserinnerungen gehört, dass ich einmal von meiner Tante dabei erwischt wurde, wie ich heimlich einen Löffel Zucker aus der Speisekammer stibitzte. Über alle Maßen beschämt, vergaß ich diese kleine Begebenheit nie. Und bis heute fühle ich diese Kinderscham, wenn ich bei einer Notlüge oder etwas Ungehörigem ertappt werde. Mit dieser Scham hängt eine Kindheitsobsession zusammen: Meine Tante war wie Gott, der alles sieht und vor dem man nichts verstecken kann. Aber, so fantasierte ich, wenn man diese allsehende Tante nun in einen der Löffel des Silberbestecks, das in einer Schublade aufbewahrt wurde, einschweißen würde: Würde sie aus diesem doch völlig abgeschlossenen Ort sehen können, was ich mache?

Es war eine gut protestantische Familie. Wir wurden in dem Geist erzogen: Immer die Wahrheit sagen! Seine Pflicht tun. Pünktlich sein – und natürlich gehorsam. Bei Tisch, mittags, wurde gebetet: »Komm, Herr Jesus, sei unser Gast und segne, was Du uns bescheret hast.« Wenn das Gebet beendet war, fassten sich alle am langen, ovalen Tisch Sitzenden an den Händen und sagten im Chor: »Ge-seg-ne-te Mahlzeit« (mit der Betonung auf »-zeit«). Und wenn wir (Kleinen) abends von unserer Tante unseren Gutenachtkuss erhielten, so geschah dies nach dem Nachtgebet: Ich bin klein, mein Herz ist rein, soll niemand drin wohnen als Gott allein.

Als meine Tante die Nachricht über den zweiten ihrer Söhne erhielt, der fürs Vaterland gefallen war, verschwand sie einen Nachmittag lang und kam danach so ins Familienleben zurück, wie sie davor gewesen war. Wir merkten nichts von ihrer Trauer. Die Fotografie mit allen sieben Söhnen stand auf der Kommode, ich ging als Kind viele Male am Tag daran vorbei. Der Älteste stammte aus der ersten Ehe meines Onkels. Er hatte meine Tante, damals seine Oberschwester in Greifswald, nach dem Tod seiner Frau geheiratet, damit sein Kind eine Mutter habe. Daraus wurde eine dieser unverbrüchlichen lebenslangen Ehen. Der drittälteste Sohn (*1924) überlebte den Krieg. Ich erinnere mich, wie verliebt ich als kleines Mädchen in ihn war, wenn er auf Fronturlaub und später aus dem Studium auf Urlaub kam; denn er war im Gegensatz zu meinen jüngeren Vetterbrüdern ein richtiger Mann, und er sah gut aus. Sehr gut, fand ich. – Auf dem Foto sitzt der Jüngste auf Mutters Schoß, und das Eigenartige war, dass ihr kleiner Finger so an seinem Höschen lag, dass ich immer dachte, das ist sein Pimmelchen.

Mein Onkel kam bereits im Sommer 1945 aus russischer Kriegsgefangenschaft zurück. Es ging unter uns Kindern die Mähr, dass er sich auf dem langen Weg nachhause in die Hosen gemacht habe; unvorstellbar. Er wurde für einige Zeit interniert und erlangte nach drei Jahren durch Beziehungen seine Position als Chefarzt zurück. Er hat nie über den Krieg und was er dort erlebt hatte, gesprochen; jedenfalls nicht zu seinen Söhnen und vermutlich kaum zu seiner Frau. Erst als Erwachsene erfuhr ich, dass er in der SS gewesen war und nach dem Krieg noch jahrelang Kontakt mit seinen früheren Kameraden gehalten hatte. Es war erstaunlicherweise eine seiner Enkelinnen gewesen, die das aufgrund einer Recherche Jahrzehnte später auf einem Familientreffen berichtete. Seither wurde diese Erkenntnis mit dem Begriff der »guten SS« kleingearbeitet. Damit war gemeint: Er hat operiert, er war nicht aktiv in irgendwelche Schandtaten verwickelt. Das war glaubhaft.

Mein Onkel schwieg dazu, und ich habe ihn als einen Mann in Erinnerung, der immer nur gearbeitet hat. Seine außergewöhnlichen Fähigkeiten als Chirurg und Röntgenologe waren weit über die Stadt hinaus bekannt. Er hatte diese beinah durchsichtigen Chirurgenhände, vom vielen Waschen, sie waren rötlich, und ich habe sie, auf seinem Schoß sitzend – mein Vorrecht – oft betrachtet.

Meine beiden Vettern und ich – die »drei Kleinen« – schliefen im elterlichen Schlafzimmer. Das konventionelle Ehebett stand an der einen, unsere Klappbetten, zwei davon übereinander, an der anderen Wand; sie wurden über Tag hochgeklappt, damit Platz entstand. Neben dem Ehebett, am Fenster, war ein Waschtisch installiert. An ihm wusch sich mein Onkel morgens sehr früh, bevor er in das gegenüberliegende Krankenhaus ging; man sah aus dem Schlafzimmer den bereits hell erleuchteten Operationssaal. Mein Onkel machte nicht nur Katzenwäsche, sondern Vollkörperpflege. Wenn er an die unteren Partien kam, befahl er uns, uns zur Wand zu drehen. Ich linste unter der Bettdecke hervor und sah den Altmännerkörper mit dem schlaffen Hintern und auch etwas von dem Geschlecht, das mit einem Waschlappen bearbeitet wurde. Während er sich rasierte – wir durften, ja sollten nun wieder auftauchen – amüsierte er sich mehr als uns, indem er uns Rechenaufgaben stellte und die Jungen (mich als seine kleine Prinzessin nicht) der Lächerlichkeit preisgab, wenn sie versagten.

Meine Tante habe ich nie nackt gesehen. Sie verschwand im anliegenden Badezimmer und erschien zum Frühstück in einer properen Bluse und einem Rock, über dem sie eine weiße Ärmelschürze trug, was ihr ein professionelles Aussehen verlieh. Als Frau des Chefarztes und Vorsteherin eines großen Haushalts hatte sie immer ein oder zwei Mädchen zur Haushaltsausbildung unter ihrer Leitung. Nach ihrem Mittagsschlaf, den sie sommers wie winters in der offenen Eingangstür zur Terrasse hielt, zog sie sich für den Nachmittag und Abend um und legte die Ärmelschürze ab. Als wir noch kleiner waren, mussten auch wir nach dem Mittagessen ins Bett. Aus diesem erzwungenen Mittagsschlaf wachte ich oft völlig verwirrt und unglücklich auf und wusste nicht, wo die Treppe und welche Tageszeit es gerade war.

Im Sommer waren wir den ganzen Tag in dem großen Garten, dessen hinterer Teil zu einer Kuhle abfiel, wo sonntags von den Erwachsenen und Kindern Krocket und Boccia gespielt wurde. Oder von den Söhnen und dem Vater Fußball. Am Sonntagnachmittag verfolgten sie die Fußballspiele ihrer Lieblingsvereine am Radio. Das war die einzige Situation, in der mein Onkel laut wurde, wenn ein Tor fiel. Im Winter fror ich. Die Wollfäustlinge waren sofort durchnässt, schon nach dem ersten Schneeball, aber man durfte noch nicht rein ins Warme, sondern musste zwei Stunden draußen spielen. Bis heute friere ich schnell, und Skifahren wollte ich nie.

An Geburtstagen wurde auf einem selbst entworfenen Brett »Adlerschießen« gespielt: Auf jeder der bunten Federn und auf den einzelnen Körperteilen des Pappadlers war eine doppelte Würfelzahl aufgemalt, und jedes Teil war beladen mit einer kleinen Süßigkeit. Das Adlerherz trug eine 6:6. Wer die würfelte, ganz zum Schluss, wenn sonst kein Teil vom Adler mehr übrig war, hatte gewonnen und durfte den Hauptgewinn einheimsen. Das Spiel wird inzwischen in der vierten Generation bei kollektiven Familienfeiern gespielt; immer noch auf demselben Brett. Oder es wurde das edle Majong-Spiel mit echten Elfenbeinsteinen aus der Schublade des Wohnzimmerschranks hervorgeholt, die Mauern aufgebaut, und los ging's mit dem Farben-, Winde- und Drachensammeln. Ich liebte dieses Spiel, weil es so unaufregend und ästhetisch war: Man wartete geduldig, bis man an der Reihe war, nahm einen der verdeckten Mauersteine auf und freute sich, wenn er zu der Serie passte, die man komplettieren wollte.

In der Adventszeit wurde der Adventskalender aufgehängt. Jeden Tag war ein anderes Kind mit dem Aufmachen der kleinen Papptür dran, hinter der ein Bildchen mit einem Häschen, einem Apfel oder einer Puppe zum Vorschein kam. Das letzte Fensterchen öffnete sich am 4. Adventssonntag, und dann war Weihnachten nicht mehr weit. Wochenlang war gebastelt worden; nur selbstgemachte Geschenke waren echte Geschenke. Wir Kinder hatten ohnehin kein Taschengeld, und gekaufte Geschenke kamen überhaupt nicht infrage. Ich häkelte Topflappen, reihte Perlen zu Untersetzern und umsäumte Taschentücher. Die älteren Vettern machten Laubsägearbeiten, Schlüsselbretter, und bemalten sie mit Märchenmotiven. Der Weihnachtsabend war der aufregendste Abend des Jahres, wir konnten es vor Erwartung kaum aushalten. Die Flügeltür geht auf, meine Tante sitzt am Klavier vor dem strahlenden, mit Kerzen, Lametta und liebevoll jedes Jahr ein- und nun zum Schmücken ausgepackten bunten Kugeln, Holzengeln und selbst gebastelten Sternen. Unter dem Tannenbaum steht die Familienkrippe, ausgestattet mit Moos, das im Sommer gesammelt und getrocknet worden war, und den über Generationen vererbten Figuren der heiligen Familie, der drei Heiligen aus dem Morgenland und den Tieren (das Schaf mit gerollten Sägespänen als Fell). Wir singen »Oh du fröhliche«, »Süßer die Glocken nie klingen« und »Es ist ein Ros' entsprungen«. Einer der älteren Vetter liest die Weihnachtsgeschichte vor. In der Tür steht das Personal: die beiden Anlernmädchen und der Hausmeister mit seiner Familie; sie werden auch beschenkt. In der Tür steht auch die Flüchtlingsfamilie aus Schlesien. Er ein arbeitsgebeugter dünner Schuster, der in den notdürftig hergerichteten Dachbodenzimmern gleich wieder seinem Handwerk nachging. Sie eine dicke Frau, immer in schwarz. Wie die halberwachsene Tochter aussah, habe ich merkwürdigerweise völlig vergessen, offenbar gab es keinerlei Kontakt zwischen ihr und »uns«.

Und dann dürfen wir zu unseren Tischen gehen und nach den Geschenken schauen, die um den bunten Teller drapiert sind. Ich erhalte Pakete aus dem fernen Berlin. Meine Mutter hat mir ein weißes Wollhöschen mit einem roten Herz darin gestrickt, meine Großmutter ein türkisfarbenes Kleid mit gesmoktem Kragen genäht. Es gibt ein

Foto, das mich in diesem Kleid und einem Stofftier im Arm zeigt. Mein Vater, der damals schon in der Schweiz lebte, schickt Schokolade und diese köstlichen Konservendosen mit dicker Süßmilch. Ich teile sie redlich mit meinen Vetter-Brüdern. Dann geht's an den vorbereiteten Heringssalat, man darf ausnahmsweise vom Tisch aufstehen, wann man will, und zurück zu seinem Gabentisch gehen – und sich auf den nächsten Tag freuen, an dem man sich weiter seinen Geschenken widmen wird. Die Großen gehen in den Spätgottesdienst.

Das Haus, in dem sich dies alles abspielte, war eine alte Kastenvilla, wie sie sich gegen Ende des 19. Jahrhunderts Industrielle gern bauen ließen, mit Türmchen, einer großen Terrasse über dem entsprechend proportionierten Wintergarten und mit vielen Zimmern, die zu meiner Zeit mit Verwandten und anderen Kriegsgestrandeten belegt waren. Später nahm die Privatpraxis meines Onkels zwei der Erdgeschosszimmer ein. Wo spielten wir in diesem weitläufigen Haus mit der geräumigen Eingangshalle und der breiten Treppe ins obere Stockwerk? Ein Kinderzimmer gab es nicht. Ich erinnere mich an kein eigenes Plätzchen. Das Spielzeug wurde in dem mächtigen Wohnzimmerschrank aufbewahrt und nur auf Wunsch herausgegeben. Selbstverständlich durfte nie etwas über Nacht liegenbleiben. Ich erinnere mich an kein Bücherregal mit Kinderbüchern und weiß nicht, wo meine Puppe schlief, jedenfalls nicht in meinem Bett. Hingegen erinnere ich mich lebhaft an gemütliche Abend- oder Nachmittagsstunden, wenn meine Tante uns um sich versammelte und uns von Nils Holgersohns wunderbaren Reisen vorlas. Ich stellte mir vor, wie ich mich ins Federkleid der Wildgänse kuscheln und die Welt von oben betrachten würde.

Einmal wurde ich – war es noch vor Kriegsende oder kurz danach? – für ein paar Wochen in ein Kinderheim in der Nähe verschickt. Meine Tante fand, ich sei so dünn, und dort gäbe es reichlich zu essen. Ich war in diesem Heim das einzige Mädchen unter lauter älteren Jungen. Wir wurden aufgepäppelt, es gab ein zweites, mir nicht gewohntes Frühstück, dick mit Rührei belegte Brote, die die Jungen verschlangen; ich schenkte ihnen meine Schnitten. Nachts schliefen wir in zwei großen Schlafsälen, ich in einem Gitterbett (war ich denn noch so klein?). Da kamen die Jungen, erst zögernd, dann frecher, und wollten, dass ich mein Nachhemd hochhebe. Ich bebte vor Angst und Scham. Ich tat's, erst kaum, dann etwas mehr; die Jungengesichter eifrig über das Gitter gebeugt. Dann auch die aus dem zweiten Schlafsaal. Ich fühlte mich sündig, sprach mit niemandem darüber, auch später nicht, als ich wieder zuhause war.

Zu meinen schönsten Kindheitserinnerungen gehören Ausflüge mit dem Bus ins Sauerland, um dort Himbeeren zu pflücken und Pilze zu sammeln; alle kommen mit, die ganze Familie, auch unser Kinderfräulein Lalla. Sie kennt die Plätze, wo die Steinpilze und Pfifferlinge wachsen. Niemand sonst weiß das, nur sie, es sind Geheimplätze. Die beiden älteren Vettern schütteln Bucheckern von den Buchen in ausgebreitete Laken. Später werden wir sie am Gartentisch auspulen. Die schmackhaften Kerne, von denen wir uns so viele in den Mund stopfen, dass ein weißer Brei entsteht, den man genüsslich kaut und schluckt, werden weggebracht und kommen später als kostbares Öl in Flaschen zurück.

Es ist inzwischen Nachkriegszeit. Normalität hat sich eingestellt. Jeden Sonntag um 10.00 Uhr geht's los. Anfahrt in dem Opel, den mein Onkel bald hatte. Dann eineinhalb Stunden wandern, während die Küchenmädchen zuhause das Mittagessen vorbereiten. Nachmittags haben sie frei. Es gibt belegte Brote mit Fleischwurst und eingelegten sauren Gürkchen zum Abendbrot.

Ich an der Hand meiner Muttertante. Wir spielen »Lieblingslandschaften«. Dieses Spiel bestand darin, dass ich ihr meine Lieblingslandschaft ausmalte; welche sie mir ausmalte, weiß ich nicht mehr, vielleicht hörte sie mir nur zu, vielleicht erzählte sie mir aber auch von Orten an der Ostsee, wo sie früher gewesen war. Ich mag helle Wiesen, die gibt es im Sauerland, sanft gewellt, entlang von Wäldern, durch die der Spaziergang führt. Wald mag ich nicht, er ist kühl und dunkel, ich habe Angst, mich zu verlaufen und denke dabei an Hänsel und Gretel. Lieber schaue ich auf die sonnenüberstrahlte Wiese und pflücke Blumen. Vater geht schweigend neben Mutter.

Ich begleite meine Tante auf den Markt, auf den sie ihr Fahrrad schiebt, um die vielen Taschen zu transportieren. Alle grüßen sie; sie hat selbstverständlich ihre festen Stände und Marktmänner, bei denen sie einkauft. Ich begleite meine Tante auch zum Mangeln der Weißwäsche in einen kleinen Laden, in dem es immer nach Dampf und Sauberkeit riecht. Ich darf (denn ich betrachtete dies als Privileg, das mir als Mädchen zuteil wurde) ein Laken mit halten und sehen wie es durch die Mangel gezogen wird, an deren anderem Ende die Ladenbesitzerin steht und zusammen mit meiner Tante an den weißen Stücken arbeitet; nicht nur Bettwäsche, sondern auch die langen Baumwoll- und Damasttischtücher wurden auf diese Weise geglättet. Und einmal im Monat kam eine alte Näherin ins Haus, um Bettwäsche und Kleidungsstücke zu flicken.

Ich erinnere mich an praktisch nichts mehr aus meinen vier Grundschuljahren (1946-1950); nur an den ersten Tag der Einschulung. Meine Enttäuschung darüber, dass wir keine Hausaufgaben aufbekamen und ich keinen Anlass hatte, meine neue Schiefertafel aus dem Schulranzen zu holen und etwas auf die Tafel zu kritzeln (Konnte ich mit sechs Jahren schon ein wenig schreiben? Vermutlich ja.), es danach mit dem ebenfalls neuen Schwämmchen, das mit einem Bindfaden an der Tafel befestigt war, auszuwischen, um es noch schöner zu schreiben.

1948, mit acht Jahren, wurde ich für mehrere Monate in die Schweiz zu meinem Vater verschickt. Es waren praktische Erwägungen: In der Schweiz gab es gut und reichlich zu essen. Meine Tante wird darüber mit meiner Mutter und Großmutter korrespondiert haben; leicht fiel es ihr sicher nicht, ihr »Töchterchen« für länger wegzugeben. Die Bahnfahrt unter Aufsicht einer Rotkreuzschwester war lang. Ich hatte als kostbarsten Besitz eine Orange mitbekommen. Als ich sie endlich hervorholen und essen wollte, war sie weg; von einem der vielen mitfahrenden Kindern geklaut. Ich war untröstlich, ich wusste ja nicht, dass ich wenige Stunden später in einem Schlaraffenland ankommen würde, in dem es nicht nur Bananen und Apfelsinen, sondern auch sonst alles im Überfluss gab, von dem ein deutsches Kriegskind noch nicht einmal den Namen kannte.

Bei der Ankunft auf dem Bieler Bahnhof stand dort ein alter Mann mit einer jungen Frau und einem kleinen Kind. Der alte Mann war mein Vater, die junge Frau seine neue Frau und das kleine Kind meine Halbschwester. Er gab mir die Hand; ein fremder Mann, ich kannte ihn nur durch seine Briefe und Geschenke, die er mir nach der Scheidung von meiner Mutter regelmäßig schickte.

Mein Vater weiß nicht, was er mit mir reden soll, er sagt nur manchmal etwas Erzieherisches. Es kommt mir merkwürdig vor, es ist eine ganz andere Sprache als die meines Zuhauses bei meiner Tante: nicht direkt, ich verstehe nicht recht, worauf er hinaus will. Ich sage nichts (glaube ich). Wir machen einen Sonntagsausflug in seinem Sportauto, meine kleine dreijährige Halbschwester sitzt vorn bei ihrer Mutter auf dem Schoß, ich hinten. Das Sportverdeck ist zurückgeklappt; es windet. Mir ist kalt, deswegen kauere ich mich auf dem Hintersitz zusammen, den Kopf in die Arme vergraben. Mein Vater dreht sich halb um und sagt: Schau mal, was für eine wunderschöne Narzissenwiese. Ich schaue ertappt auf die Wiese. Ich schäme mich vor meinem Vater, seiner Frau und auch vor dem kleinen pummeligen Liebling; sie macht alles richtig, ich nicht. Ich bewundere sie. Sie ist einfach schnuckelig.

Es gibt unbeschreiblich gut und viel zu essen. Vor allem Butter, soviel man will, auf leckeren Brötchen und – neu! – Croissants. Die Frau meines Vaters lässt mich alles essen, was ich will, auch Süßigkeiten, und ich muss nichts essen, was ich nicht mag. Es wäre also nicht nötig gewesen, ihr heimlich einen Rappen aus ihrem Portemonnaie zu entwenden. Ich glaube, sie hat's gemerkt, aber sie hat nie etwas gesagt – oder doch? Aber dann nicht böse.

Ich musste oft auf meine kleine Halbschwester aufpassen (ich war hier keine Prinzessin), wenn mein Vater mit seiner Frau in seiner orthopädischen Praxis arbeitete. Einmal gehe ich mit ihr die Treppe hinunter, vorsichtig trage ich sie – da rutscht sie mir aus dem Arm und fällt. Panik: sie würde sich alle Glieder gebrochen haben, nie mehr würde ich meinem Vater und seiner Frau unter die Augen treten können, ich würde – es war zu schrecklich, um weiterzudenken. Meine kleine Schwester steht aber ganz munter auf, und der Tag geht weiter, als sei nichts geschehen. Ich war zu verängstigt, um ihrer Mutter und meinem Vater etwas von dem Vorfall zu sagen.

Ich ging in dem kleinen Dorf bei Biel auch in die Dorfschule. Ich erinnere mich an den Handarbeitsunterricht, in dem wir Mädchen (Wo waren die Jungen?) in einem schwitzigen Klassenraum saßen und handarbeiteten. Von Zeit zu Zeit stand eine auf, ging an die Waschschüssel mit seifig dreckigem Wasser und wusch sich die Hände – oder tat so, um mal aufstehen zu können. Ich wusch mir in dieser Schüssel nie die Hände. Als kleine Kinder zuhause in Lüdenscheid waren wir einmal die Woche gebadet worden, im selben Badewasser. Man hatte die Wahl: entweder als erste ins saubere Wasser, aber dann kurz, oder als letzte ins schmutzige Wasser, dann länger. Ich wollte immer ins saubere Wasser. – Von der Dorfschule weiß ich sonst nichts mehr, an kein einziges Gesicht kann ich mich erinnern, weder der Mitschülerinnen noch der Handarbeitslehrerin. Ich weiß auch nicht mehr, ob ich Schwizerdütsch verstand und wie ich mich verständigte. Ich glaube, die meiste Zeit schwieg ich; auch bei meinem Vater.

Die Frau meines Vaters hatte mir zu meinem Entzücken eine kleine Negerpuppe geschenkt. (Kann man sich vorstellen, dass es 1948 – geschweige denn davor – Negerpüppchen für kleine deutsche Mädchen zu kaufen gegeben hätte?) Für diese Puppe häkelte ich ein Kleid aus hellblauer Wolle, auf dessen Herstellung ich besonders stolz war, denn ich hatte gerade Stäbchenhäkeln gelernt. Nachmittags war ich oft allein, wenn mein Vater und seine Frau mit dem Auto in die Praxis gefahren waren und ihr Kind mitgenommen hatten (warum mich nicht?). Ich war dann mutterseelenallein, langweilte und bemitleidete mich und hatte Sehnsucht nach zuhause, nach meiner Tante und meinen Geschwistern. Ich hätte alle Süßigkeiten und Croissants gern dafür eingetauscht, um zurück zu dürfen.

Es ist heiß, schwül, Föhnwetter. Ich gehe durch den kleinen Garten, überquere die stille Landstraße (das kleine Haus lag etwas außerhalb des Dorfes), gehe weiter bis zur Böschung und überquere die Gleise, auf denen alle Stunde die Vorstadtbahn fährt. Jenseits der Bahn ist ein kurzes Stück Wiesenböschung, und da liegt der Bieler See. Ich setze mich mit meiner Negerpuppe ans Ufer. Habe ich denn kein Buch bei mir, um mir die Zeit zu verkürzen? Ich bin doch schon acht Jahre alt! Die Stunden, in denen ich auf die Rückkehr meines Vaters, seiner Frau und meiner kleinen Halbschwester warte, werden mir lang.

Ich erinnere mich nicht an den Abschied von meinem Vater und an die Zugfahrt nachhause.

1950, mit zehn, kehrte ich nach Berlin zurück. Ich habe erst spät in meinem Leben die Frage, zunächst an mich selbst, dann an meine Mutter zugelassen, warum sie mich nicht viel eher zu sich geholt hat. Oberflächliche Erklärungen, dass die Nachkriegsjahre in Berlin schwierig waren und ich in der Familie meiner Tante besser aufgehoben war, genügten mir. Aber es waren keine erschöpfenden Antworten. Ich glaube, ich habe nicht auf einer tieferen Erklärung bestanden, um meine Mutter nicht in Verlegenheit zu bringen. Mein späterer Mann hatte eine Erklärung: Es war mal wieder Deine tüchtige und herrschsüchtige Großmutter, die alles eingefädelt und die Beschlüsse gefasst hat: den, Dich 1943 von Deiner Mutter zu trennen, der sie eine Mutterrolle nicht zutraute (zu Recht) und Dich in die wohlgeordnete Sauerland-Familie ihrer Cousine in Sicherheit zu bringen, und schließlich denjenigen, erst dann auf Deine Rückkehr zu dringen, als Deine Mutter durch ihre zweiten Ehe wieder unter der Haube war.

Ja, so kann es gewesen sein …

Welche Kontraste! Nicht nur der zwischen meiner Sauerland Familie und meiner neuen Berliner Familie, sondern auch der zwischen den verschiedenen Häusern und Räumlichkeiten: Es gab nun kein großes Haus mit riesigem Garten mehr, sondern eine 3 ½ Zimmerwohnung mit Balkon in einem zweistöckigen Dahlemer Mietshaus, das mein Großvater Ende der dreißiger Jahre gebaut hatte und in dem meine Großeltern unter uns wohnten, seit die Amerikaner nach dem Krieg die kleine Villa konfisziert hatten, in der meine Großmutter noch mehrere Jahre Hauskeeperin war, um ein Auge auf Haus und Möbel zu halten (und dafür bezahlt wurde). Meine Mutter bewohnte eines der beiden Zimmer zum Garten, das andere war das Balkon- und Esszimmer, und nach hinten, zur Einfahrt in die Straße hinaus lag, das Schlaf- und Arbeitszimmer meines Stiefvaters. Mein

Zimmer war das halbe, ein 3 Meter 50 langer und 2 Meter breiter Schlauch, an dessen einer Längswand meine schmale Bettcouch stand. Am Fenster neben der Waschnische – es war an alles gedacht, was eine 2-Eltern-1-Kind-Familie benötigte, um auch bei beschränktem Wohnraum individuell zu leben – stand mein Schülerschreibtisch mit Bücherregal. Für mehr war kein Platz. Der gemeinsame Familienkleiderschrank befand sich auf dem Flur, auf dem man sich morgens traf, wenn mein Stiefvater eine neue Unterhose und neue Socken aus der Schublade zog und ich mir meine Schulkleidung für den Tag zusammenstellte.

Ich hatte ein eigenes Zimmer! Und konnte es kaum fassen: Ich durfte es nach meinem eigenen Wunsch streichen lassen, natürlich in rosa. Wie klein der Raum auch war: Er war immerhin groß genug, dass eine Freundin neben meiner Bettcouch auf der abnehmbaren Matratze schlafen konnte und wir als Kinder und Backfische lange Nachmittage in diesem kleinen Gemach mit Schularbeiten oder Kleidertausch beschäftigt waren, ohne gestört zu werden.

Als Kind ging ich davon aus, dass zwischen meiner Zimmerwand und der Küche ein langer Tunnel sein müsse – denn der Flur war ja so lang! Ich hörte meine Mutter morgens in der Küche hantieren und wusste mich von ihr durch diesen langen Tunnel getrennt. Ich habe diese Vorstellung nie auf ihren Realitätsgehalt überprüft. Dabei hätte ich festgestellt, dass Zimmer- und Küchenwand unmittelbar aneinander angrenzen. Aber bis heute ist dieser Kindertunnel als Schatten in meinem Kopf geblieben.

Nach dem Tod meiner Mutter erbte ich die Wohnung und hätte sie am liebsten verkauft und stattdessen eine neutrale Zweitwohnung erworben, die wir nach unserer Übersiedlung in unsere Wahlheimat Holland 1977 für unsere häufigen Berlinaufenthalte benötigten. Es machte mir Albträume, wenn ich mir vorstellte, dort vielleicht einmal als alte Frau zu leben und an dem unveränderten Ort, an dem meine Mutter gestorben war, selbst zu sterben. Der Pragmatismus siegte: Warum um alles in der Welt sollten wir eine Eigentumswohnung in bester Berliner Lage aufgeben?

Noch immer benenne ich die Zimmer so, wie ich sie als Kind und Jugendliche benannt habe, obgleich ich die Wohnung natürlich nach meinem Geschmack eingerichtet und von allem entrümpelt habe, was mich an die Haushaltsführung meiner Mutter erinnerte. In »meinem« Zimmer steht nun an derselben Längswand, an der meine Jungmädchencouch stand, mein erhöhtes »Altersbett« mit Qualitätsmatratze. Der Geist meiner Kindheit und Jugend weht noch ganz leicht durch alle Räume, und ich erinnere mich, wenn ich vom Flur in mein kleine Reich trete, an die etwas zudringlichen Gutenachtküsse meines Stiefvaters und an heiße Lektüre im Bett (Malaparte heimlich aus dem Bücherregal geholt). Die nahe am Fenster stehenden Birken stehen auch heute noch, früher habe ich an ihrem Grün das Wetter im Frühling abgelesen: Würde es an Pfingsten warm genug sein, um das neue, von meiner Mutter genähte Kleid mit dem roten Kirschenmuster anzuziehen?

Und ich höre auch noch den verabredeten Pfiff unter meinem Fenster (den leider meistens auch mein Stiefvater hörte, denn sein Zimmer ging zur selben Seite hinaus) von meinen Jugendfreunden, die mich zu einem Abendspaziergang und zu Küssen und anderen Genüssen abholen wollten.

Mein Mann beneidet mich darum, dass mir mein ganzes Leben hindurch, seit 1950, dieser Ort erhalten geblieben ist; er beneidet mich um eine räumliche Kontinuität, die er nie hatte. Wie seltsam, sagt er, das kommt doch kaum vor, dass einer in all diesen Jahrzehnten immer an den Ort seiner Jugend zurückkehren konnte. Dein Leben lang ist Dir Dein Kinderzimmer erhalten geblieben. Und er zählt mir seine Kinderumzüge und Wohnungen auf, von denen es keine mehr gibt. Mir aber wäre ein Wechsel und Abschied lieber gewesen als diese wie Klebstoff wirkende Kontinuität.

Wenn mich heute jemand fragte: Warst Du glücklich in jenen Kinderjahren, die Du in der Familie Deiner Tante und ihrer Familie verlebt hast, also zwischen Deinem dritten und zehnten Lebensjahr, dann würde ich die Antwort in zwei Teilen geben: einer konventionellen und einer ambivalenten. Die konventionelle Antwort wäre: Aber ja, ich muss glücklich gewesen sein, denn alle haben mich geliebt. Die ambivalente Antwort auf die Frage nach dem Kinderglück würde unklarer und unsicherer sein. Das hängt mit meinem Prinzessinnenstatus zusammen, den ich als kleines Mädchen in dieser Familie genoss.

Prinzessinnen sind von Natur aus einsam, sonst wären sie keine. Sie sind im Märchen immer Einzelkinder. Ich war ein exemplarisches Einzelkind, das diesen Status auch in der Großfamilie nie aufgegeben oder vergessen hat. Ich war mir nie – und das ist wörtlich zu nehmen – meiner selbst und meines Sonderdaseins nicht bewusst. Das war einerseits ein aufregendes und stolz machendes Gefühl – ich bin etwas Besonderes! – und andererseits ein einsames Gefühl: Ich bin eine unglückliche, eine verlassene Prinzessin. Wo ist meine eigene Mama? Ich war gewiss oft ein zufriedenes und glückliches Kind, aber ich war bestimmt kein lustiges Kind, auch wenn ich vermutlich nicht seltener lachte als andere Kinder.

Berufsträume

Das Spielen mit Berufen, die ich nicht ergriffen habe, ist mir bis heute eine liebe, zuweilen auch schmerzliche Tagträumerei. Sie hat ihre Wurzeln in der Kindheit, mehr noch in der Pubertät, es sind aber auch Träumereien neueren Datums darunter. Ich stelle fest, dass die Tagträume in Nachtträume übergehen, je älter ich werde, und dort ein neues Leben führen; tagsüber verliere ich mich kaum mehr in Berufsfantasien. Früher hatten diese Tagträume die Funktion, mir meinen realen Beruf einer Hochschullehrerin trotz aller Frustrationen plausibel zu machen. Sozusagen ein Pingpong zwischen dem Lust- und dem Unlustprinzip. Lust kennt keine Grenzen, das ist ja eben das Lustvolle. Unlust im Beruflichen geht zusammen mit Beschränkungen; das macht es zwar unlustvoll, aber in der Beschränkung liegt auch ein sinnstiftender Realismus. Traumberufe sind lustvoll und unrealistisch. Sie haben aber ein Hinterland, das sie mit realen Erfahrungen verbindet. Kein Tagtraum fällt aus der Luft. Es wird sich zeigen, dass meine Träume sehr wenig oder gar nichts mit meinem tatsächlichen Beruf zu tun haben, und das verweist bereits auf eine Grundkonstellation meiner Biografie.

Ich fange mit dem größenwahnsinnigsten meiner Träume an; er stammt aus eher neuerer Zeit. Es ist ein merkwürdiger Traum, denn meine Musikbildung ist ausgesprochen mangelhaft. Gleichwohl: Ich erträume mir, eine Dirigentin zu sein. Natürlich eine sehr gute, sonst hat dieser Beruf keinen Sinn. Ich teile auch das gängige Vorurteil, dass Männer, nicht Frauen, für diesen Beruf geschaffen sind. Mir ist klar, dass ein Dirigent eine enorme Macht haben muss, um das Orchester in seinen Bann zu ziehen, ihm seinen Willen aufzuzwingen. Es sind also gewiss auch männliche Herrschaftsfantasien, die ich mit diesem Traum habe. Aber viel wichtiger ist mir, dass diese Herrschaft auf der Symbiose zwischen Orchester und Dirigent beruht. Seine Macht löst sich von ihm ab, wenn er den Stab hebt und das Konzert beginnt, legt sich über die Mitwirkenden wie eine neue Luft (Abado). So stelle ich mir das jedenfalls vor. Ich habe sie alle in meiner Dirigentenhand, sie folgen meinem Willen – und ich bin ganz und gar in ihrer Hand. Sehr erotisch. An das Publikum hinter mir denke ich nicht. Ich sehe mich selbst auch nicht am Dirigentenpult; ich bin eine unsichtbare Dirigentin.

Ein Ableger dieses Traums ist der, eine Sängerin zu sein. Er geht auf viel frühere Zeiten zurück. Ich erinnere mich, dass ich in der ersten Schulklasse zum Direktor gerufen wurde, weil ich eine schöne Singstimme hatte. Als Gymnasiastin sang ich im Chor Sopran. Haydns »Vier Jahreszeiten«, mit sehr großer Befriedigung und Lust. Ich träume auch diesen Traum nicht aus Ruhmessucht, sondern weil mich das Motiv der Ökonomie daran fasziniert: Man trägt das Instrument in sich selbst, man ist autonom, singen kann man überall, sogar im Gefängnis. Ich verwerfe diesen Traum aber, so oft er auftaucht (zum Beispiel wenn ich Cathy Berberian oder Frederika von Stade höre), weil ich mir sage: Mit 50 oder 60 Jahren spätestens ist Schluss – und was mache ich dann? In meinem Kindheitszuhause im Sauerland wurde viel gesungen. Die Söhne meiner Tante spielten alle ein Instrument; einer der älteren spielte Cello. Dieses Instrument liebe ich bis heute und habe mir also auch vorgestellt, eine Cellistin zu sein. Aber dies war nie ein mit reichen Fantasien ausgestatteter Wunsch, eher ein Bedauern darüber, dass ich trotz einiger Monate Klavierunterricht kein Instrument erlernt habe. Der Traum bleibt latent. Aber er ist da. Das Klavier, auf dem meine Tante ihre Geige und Cello spielenden Söhne begleitete, hatte für mich nie etwas Verzauberndes; nein, es war das Cello, das mich als Kind beeindruckte, es war groß und hatte eine goldbraune Farbe und einen samtenen Klang …

Tänzerin sein zu wollen ist ein Überbleibsel aus meiner Jungmädchenzeit der fünfziger Jahre, in der ich Eiskunstläuferinnen bewunderte, mich in ihre Körpergewandtheit hineindachte und wie herrlich es sein müsste, das zu können, was sie konnten, und sich diesem Rausch hinzugeben. Am Abendbrottisch mit meinen Eltern hörten wir drei – meine Mutter, mein Stiefvater und ich – im Radio mit ebenso viel Hingabe die Schlagerparade, wie wir später im Fernsehen Eiskunstläuferinnen zusahen. Ich bewunderte nicht nur ihre gewagten Sprünge und schrie mit meiner Mutter auf, wenn eine der Traumköniginnen ausrutschte, sondern ich schielte auch auf das weiße Dreieck der Höschen, das man beim Springen und bei den Hebefiguren sah und notierte mit ungemütlichen Gefühlen, dass mein Stiefvater dasselbe tat.

Aber auch beim Traumberuf Tänzerin stellte ich mir die Frage: Was würde ich nach meinem altersbedingten Ausscheiden tun? Und außerdem, so sagte ich damals zu mir selbst, ist das Eiskunstläufer-Milieu dumm.

Ich hatte auch nie die geringste Lust, Ballettunterricht zu nehmen und eines dieser albernen Tüllröckchen anzuziehen. Ich habe überhaupt kein Schautalent; die Vorstellung, im Rampenlicht zu stehen, ist mir sogar in meinen Tagträumen lästig. Ich war deshalb in meinen Träumen auch nie eine Film- oder Theaterschauspielerin. Ich habe nicht nur kein Schautalent, ich habe auch nichts Spielerisches in mir. Weder spiele ich gerne Rollenspiele mit Kindern, noch habe ich die Fähigkeit, aus mir heraus und in eine Rolle hinein zu schlüpfen. Ich kann mich nicht vergessen, und das ist die erste Voraussetzung für diese Art Berufe.

Ich wäre gerne Architektin geworden, kein Wunder bei meiner Familiengeschichte. Ich war aber durch meinen Großvater, Architekt, einen seiner Söhne, Architekt, meine Mutter, Innenarchitekturstudium (abgebrochen), und später durch meine vielen Architektenfreunde zu direkt mit diesem Beruf verbunden, um ihn mir zu erträumen. Malerin fiel aus ähnlichen Gründen weg, auch hier hatte ich zu viele konkrete Vorbilder und Kenntnisse. Kunst kommt von Können, und ich wusste genau, dass ich zwar ein Maltalentlein habe, aber nicht mehr. Solch ein Wissen behindert das Träumen. Mein Leben lang hatte ich es mit Malern zu tun; mit einem bin ich verheiratet, und das ist kein Zufall. Um mich zu entschädigen, träumte ich mich in die Rolle der Ehefrau eines Industriellen mit großem Kunstverstand und sehr viel Geld. Ich würde mit ihm zusammen eine Sammlung aufbauen, wir würden viele bekannte Maler besuchen und, das vor allem, unbekannte entdecken und lancieren. Zur Gaudi meines Mannes und unseres Malerfreundes erzählte ich ihnen, dass ich einmal nahe daran war, diesen Traum zu verwirklichen. Ich war 23, als in einer passenden Gegend und zu einer unpassenden Gelegenheit ein gelbhaariger junger schottischer Graf vor mir niederkniete, mir von seinem Schloss und seinem Reichtum erzählte und um meine Hand anhielt. Hättest du ihn mal genommen, sagten meine beiden Malermänner wie aus einem Mund.

Eine andere Tagträumerei begann früh und hält bis heute an, ja, wird sogar stärker, was paradox ist, wenn ich mein Alter bedenke. Es geht um Mode und Modedesign. Ich träume diesen Traum vermutlich deswegen, weil ich es nie verstanden habe, mich wirklich elegant anzuziehen. Am weitesten bringe ich es noch mit einem sportlich legeren Stil, den ich so zu gestalten weiß, dass er nicht in die Nähe von gehobenem C&A-Sortiment kommt; ich kaufe entweder billiger oder teurer ein. Aber mit wirklicher Eleganz hat das nichts zu tun. Elegant gekleidete Frauen (Italienerinnen in Mailand, Schweizerinnen in Zürich) verschaffen mir ein starkes sinnliches Vergnügen – und Neid. Warum ist mir diese Fähigkeit nicht gegeben? Ich wäre gern berufshalber nahe an dieser Eleganz gewesen, die in exquisiten Ateliers kreiert wird; stoffliche Kunst.

Diese Sehnsucht kann ich bis in meine frühe Pubertät zurückverfolgen. Ich war sozusagen ein besserer, interessanterer Mensch, wenn ich elegante Kleidung trug. Als Jugendliche war unsere Begierde nach Eleganz zwar ausgeprägt, konnte aber nur bescheiden befriedigt werden. Wir knöpften Twinset-Strickjacken auf dem Rücken und fanden das unübertroffen; ich trug einen engen Popelinrock, in dem meine ansonsten liberale Großmutter Anzeichen für eine sexuell bedenkliche Entwicklung ihrer Lieblingsenkelin sah. Mein Stiefvater kaufte mir einmal zum Entsetzen meiner Mutter ein sündhaft teures Strickkostüm in der aufregenden Farbkombination türkis und grün in einem der elegantesten Läden auf dem Ku-Damm. Es war für die damalige Zeit so elegant, dass ich es praktisch nie trug.

Bis jetzt ging es bei meinen Berufsträumen zumeist um künstlerische Neigungen, nun schwenke ich in eine andere Richtung: Anwältin für die Schwachen und Entrechteten. Es geht wieder tief in die Kindheit, in die Familie meiner Tante. Peinvolle Erinnerung an den älteren meiner kleinen Vetter-Brüder, der machte noch mit fünf, sechs Jahren ins Bett. Meine Tante war außer sich, sie schlug ihn sogar. Ich hatte furchtbares Mitleid mit ihm und fühlte mich solidarisch mit seinem Leid. Frühmorgens half ich ihm, das corpus delicti so zu drapieren, dass es nicht auffallen sollte. Später Pietro auf dem Gymnasium, der als Gastarbeiterkind von einigen Lehrern scheel angesehen wurde. Das empörte mich. Als Jugendliche, etwa mit 13, 14 Jahren, hatte ich ein klares Klassenbewusstsein, wusste genau, dass ich zur Oberschicht gehörte und interessierte mich deshalb für das, was darunter lag. Einer meiner negativen Tagträume – in verschiedenen Wandlungen bis heute erhalten – führt mich in eine sehr arme Familie. Ich stelle mir vor, wie das auszuhalten wäre, welche Strategien ich entwickeln würde, um den Familienmitgliedern (insbesondere dem verstockten Familienoberhaupt) beizubringen, wie man mit wenig Geld besser haushalten könne. Damals wusste ich noch nichts von John Ruskin und den vielen anderen Sozialreformern und war mir auch nicht der frauentypischen sexuell getönten Masochismusfantasie bewusst, die derartige Träume anheizt.

War Politik und Politikerin ein Berufstraum? Nein. Politische Macht zu haben war mir nie eine Verführung. Es ist in diesem Zusammenhang bezeichnend, dass ich nie eine formelle Position in irgendeiner Partei oder einem Club inne hatte, nie organisiert gewesen bin; ich hatte immer eine Abneigung gegen jegliche Art von kollektiven Zusammenschlüssen.

Eine berühmte Schriftstellerin vielleicht? Das läge nahe. Wie viele junge Mädchen führte ich in meiner Pubertät Tagebuch und setzte diese Gewohnheit über viele Jahre fort. Im Gymnasium hatten wir eine Schülerzeitung, in deren Redaktion ich war. Ich erinnere mich an eine meiner ersten literarischen Produkte, sie trug den Titel »Mein Freund der Boxer«. Auf diesen Titel war ich mächtig stolz, wegen seiner Doppelbedeutung. Es handelte sich nämlich um einen Hund aus der Nachbarschaft; ich war 14. Später, mit etwa 16, schrieb ich einen Artikel in dieser Schülerzeitung über Anne Frank. Auch auf diesen Aufsatz war ich stolz und fand mich mutig, zu schreiben, dass es mir gar keinen so einen großen Eindruck mache, wenn uns Anne Frank im Geschichtsunterricht vorgeführt würde. Ich hätte den Verdacht, dass ihr Schicksal Alibifunktion habe, um nicht über die eigentlich schlimmen Dinge der NS-Zeit reden zu müssen. Oder so ähnlich. Ich weiß nicht mehr, ob und welche Reaktionen dieser Artikel bei der Lehrer- und Schülerschaft hervorgerufen hat.

Ich weiß auch nicht mehr, wie konkret ich als Jugendliche über den Beruf Journalistin als eine Möglichkeit für mich nachdachte. Die Universität stand mir jedenfalls als Berufsfeld nicht vor Augen. Ein paar Wochen nach meinem ersten Semester in Freiburg i. Br. war ich die sehr junge Geliebte eines sehr viel älteren Journalisten (er wird mich durch einen Großteil dieses Buches begleiten). Damit hatte der im Keim vorhandene Traum seine Realisierung in einem Mann gefunden, den ich zunächst nur bewundern konnte. Aus einer Art Instinkt habe ich es dann aber vermieden, in seine Fußstapfen zu treten und selbst eine Journalistin zu werden. Ich fühlte, ich würde auf zu dünnem Eis stehen und wollte auf keinen Fall durch seine Protegierung in diesen Beruf einsteigen.

Zu meinen eher jüngeren Berufsträumen und Faszinationen gehört das Fach Übersetzen und Dolmetschen. Es ist ein intellektueller Traum. Ich finde es erregend, nachzuprüfen, wie ein Sprachäquivalent in einer anderen Sprache – englisch-deutsch, deutsch-englisch oder holländisch-deutsch, deutsch- holländisch (meine Leser werden später erfahren, welche Rolle diese Sprachen in meiner Biographie spielen) – vom Übersetzer gefunden wird. Und woran er (sie) scheitert oder aber wie er/sie die Sprachkluft siegreich überspringt. Es handelt sich hier nicht so sehr um einen Tagtraum als vielmehr um eine dauernde Reflexion über Sprache, Sprachmöglichkeiten und die Unerreichbarkeit des Ideals einer vollkommenen Entsprechung zwischen zwei Sprachen. Diese Reflexion bezieht sich ihrer Natur nach auf die literarische, nicht so sehr die wissenschaftliche Sprache; hier sind Übersetzungsschwierigkeiten bei guter Sprachkenntnis einfacher zu überbrücken. Zwar hatte und habe ich in meinem Beruf als Wissenschaftlerin mit den ungeheuerlichsten Sprachungetümern zu tun, zum Beispiel mit bis zur Unkenntlichkeit verzerrten Bemühungen deutscher Kollegen, einen deutschen Gedanken ins Englische zu übertragen; ich stelle dann aber zumeist fest, dass schon der deutsche Gedanke nicht klar war.

Ich muss beim Abschreiten meiner Berufsfantasien der Ehrlichkeit halber noch einen Tagtraum nachtragen, der mir peinlich ist, weil er sich bis in die frühen Jahre meiner Berufstätigkeit erhalten hat: Ich stelle mir vor, ich sei die Frau eines Anthropologen und begleite ihn auf seinen Pfaden in aufregende fremde Gegenden. Dort und später zuhause unterstütze ich ihn mit Energie und Intelligenz, seine Feldnotizen in Bücher und Artikel umzusetzen und die nächste Exkursion vorzubereiten (bin also nicht Margret Mead!). Fantasiere ich mich hier kleinmädchenlieb in die Rolle der dienenden Frau, die dem genialen Männe zur Hand geht? Hier liegt ein wunder Punkt, der mich unsanft aus meinen Tagträumen reißt. Es ist das Thema: die beste Zweite. Ich bildete mir ein, viel besser, stärker und begabter zu sein, wenn ich in einer Produktion nicht die Erste sein müsste. Ich denke gern mit, befinde mich gern in produktiver Opposition zu dem, was der Erste Mann oder (durchaus auch) die Erste Frau vorschlägt. Ich fühle mich dann frei für unkonventionelle Hypothesen und noch nicht eher ventilierte Ideen. Als Zweite bin ich, obgleich Frau, sehr männlich, indem ich völlig in Produktionslust aufgehe, auf die Sache eingestellt, keine weiblichen Zicken, unermüdlich, bis das Produkt, in enger Zusammenarbeit mit dem Team, auf der Schiene ist. Ich kann, wenn es darum geht, zehn Stunden hintereinander diskutieren und alle Schwierigkeiten eines Projekts ins Auge fassen, zum Beispiel, wie man eine sozialwissenschaftlich knifflige Recherche angeht, wie man sich nicht scheuen sollte, einen außerwissenschaftlichen Standpunkt einzunehmen, um dem Problem eine neue, interessantere Seite abzugewinnen; wie man – ich – eine gruppendynamisch ersprießliche Atmosphäre herstellt oder in Tag- und Nachtarbeit einen Bericht oder Artikel fertigstellt. Das alles kann ich – es gehört ganz einfach zum Beruf einer Hochschullehrerin. Aber es gehört nicht zu diesem Beruf, es schwierig zu finden, Erste zu sein, wenn man meint, eine viel bessere Zweite zu sein. Ich habe mich über diese Schwäche erst getröstet, als ich wusste, dass ich nicht die Einzige mit diesem Problem bin; es ist Teil des Generationsschicksals von Frauen in hohen Positionen, immer noch, damals noch viel mehr als heute, und für mich als Länderwechslerin von Deutschland in die Niederlande noch einmal doppelt. Meine Sehnsucht, Wissenschaft mit Literatur zu verbinden, hat mich im übrigen nie verlassen und ich habe mir ihre Realisierung später als Wissenschaftlerin zeitweilig zugestanden.

Mit dem Alter kommt die Einsicht, dass einen das Kindische, das Utopische dieser Träume bei steigendem Wissen um die Wahrheit der Wiederkehr des ewig Gleichen nicht verlässt.

Mutter und Mütter

Was ich als junge Frau genauer wissen wollte, war, was meine Mutter (geb. 1912) ihrer Generation voraus hatte in ihrem Verhältnis mit ihrer Tochter, mit mir. Sie war modern, weil sie mir nie etwas anderes angetragen hat als Gleichgestelltheit. Sie monopolisierte keine Macht (wie meine Tante, die die große Familie schmiss), nicht intellektuelle Überlegenheit (die hätte sie sich nie zugetraut), nicht mütterliche Weisheit (sie empfand sich nicht als Mutter) und keinerlei Tabus. Ich konnte immer alles sagen und fragen. Und was ich nicht fragte, aus Scheu, ging nicht auf das Konto meiner Mutter, sondern war der Zeit der fünfziger Jahre geschuldet. Unser Verhältnis war bereits damals ein durch und durch psychologisiertes Verhältnis, und zwar von beiden Seiten; ich war ihr in dieser Hinsicht ebenbürtig. Wie sie sich fühlte, körperlich und überhaupt in diesen fünfziger Jahren, konnte ich über alles Nichtgesagte hinweg erfühlen. Ja, ich konnte mich sogar, als Fünfzehnjährige und später, in ihre Kriegs- und Vorkriegsbiographie hineinarbeiten, an Fotos entlang, die sie als Endzwanzigerin zeigen, mit prallen Armen, ein glatzköpfiges Baby auf dem Arm – mich –, lachend mit ihrem Schäferhund, dessen Namen sie auf ihren Pullover mit Schwedenmuster eingestrickt hatte. Sie und ihre Freundin als Gärtnerinnen im Gewächshaus, wo sie eine Champignonzucht betrieben. Meine Mutter lachend, vital, aber nicht glücklich. Ihre Freunde und Geliebten waren die Freunde ihrer angebeteten Brüder. Zusammen mit meiner Großmutter bildeten diese beiden älteren Brüder das Dreigestirn, an dem sie ihr Leben ausrichtete. Sie hat ihrer Mutter getrotzt, aber sie hat sich nie von ihr emanzipiert.

Als junges Mädchen ging ich trotz großer Liebe zu meiner Mutter davon aus, dass ich eine andere Frau werden würde. Aber ich hatte keine Vorstellungskraft, woraus das Andere bestehen würde. Zunächst nur Körperfantasien: Meine Haut war weißer, mein Busen würde (leider) größer werden. Würden meine Beine später je so dünn werden, wie ihre im Laufe der Jahre geworden waren? Und warum hatte ich nicht ihre ausdrucksvollen grünen Augen geerbt, sondern die wasserblauen meiner Großmutter?

Schon als junges Mädchen notierte ich mit äußerster Schärfe weibliche Körpereigenschaften und extrapolierte sie ins mütterliche Gefühlsleben. Ich notierte die unsinnliche Qualität des Ehekusses zwischen meiner Mutter und meinem Stiefvater. Ich fand diesen Morgen- und Abendkuss eine angenehme Zuschauerfahrung. Er gab mir allerdings keinen Aufschluss über das sexuelle Hinterland beider. Heute, im eigenen sexuellen Gelände bewandert, weiß ich natürlich mehr. Im Zeitraffer weiß ich, wie meine Mutter ihre sexuellen Wünsche nach und nach auf kleine versunkene Inseln geschickt hat. Als Mädchen kraulte ich ihr die wollüstig hingehaltenen braunen Arme mit den frühen Altersfältchen. Sie hatte zu der Zeit schon begonnen, ihren Körper zu entsexualisieren und einen Rausch durch eine unerwartete Begegnung auszuschließen – aber nicht aus ihren Träumen (denke ich).

Da meine Großmutter nie getrennt von meiner Mutter gelebt hat, sondern immer in ihrer allernächster Nähe und, seit ich zurück in Berlin war, in meiner, dachte ich auch viel über sie nach. Sie wohnte erst unter uns, dann Haus an Haus mit uns. Ich liebte sie, und ich registrierte ihre Körperlichkeit mit ebenso interessiertem Blick wie die meiner Mutter. Der Kontrast hätte nicht größer sein können. Meine Großmutter hatte einen großen, fleischigen und sehr weißen Busen. Er hob sich aus dem Ausschnitt ihres schwarzen Kleides und hatte eine tiefe Falte. Noch als Siebzigjährige trug sie ihren Busen mit Stolz. Mir war schon vom Augenschein her klar, dass sie zu einer anderen Frauengeneration gehörte als meine Mutter. Das Zeitalter der spätbürgerlichen Männergalanterie war zwar Anfang der fünfziger Jahre endgültig vorbei, aber meine Großmutter verkörperte dieses Geschlechterverhältnis noch mit der größten Selbstverständlichkeit. Sie blieb ohne Anstrengung auch im Alter eine sinnliche Frau, weil sie sich ihr Leben lang, ganz im Gegensatz zu meiner Mutter, auf eine gesellschaftlich sanktionierte Bewunderung und Anerkennung stützen konnte, die ihr die Männer ihrer Generation über die Zeitläufte hinweg zollten. Sie war Jahrgang 1880. Der Erste Weltkrieg, Revolution und Republik, das Dritte Reich und die Nachkriegszeit haben ihr kaum etwas angehabt. Sie blieb schön, selbstbewusst und herrschsüchtig. Merkwürdigerweise ist mir ihre Sexualität schon als Mädchen deutlicher und plausibler gewesen als die meiner Mutter, obgleich ich (wie bei meiner Tante) nie ihre Beine oder ihren Leib entblößt gesehen habe. Aber aus der Art, wie die Seide ihres schwarzen Kleides ihren Bauch umspannte, wenn sie neben mir im Konzertsaal saß, konnte ich mühelos erschließen, wie sie neben meinem etwas spirrligen Großvater im Bett gelegen haben muss, jede Nacht, bis er starb.

Meine Mutter schlief nicht in einem Bett mit ihrem Mann, weder mit ihrem ersten noch ihrem zweiten. Sie gehörte einer Zwischengeneration an. Libertär, großbürgerlich und sozusagen in die Zeitläufte geworfen, in die meine Großmutter, trotz aller Turbulenzen, mit Ruhe hineingewachsen war. Diese Frauen haben unsichere, zeitoffene Töchter hervorgebracht, mit vielen beruflichen und gesellschaftlichen Chancen. Desorientiert in allem. Eine Auflehnung gegen den mütterlichen Stil kennzeichnet die Fraktion dieser Töchtergeneration, zu der meine Mutter und ihre großbourgeoisen Freundinnen gehörte. Gebildete junge Männer in modischen Anzügen benutzten die Träume und Begabungen dieser neuen Frauen für sich. Meine Mutter segelte mit ihnen auf dem Wannsee, fuhr mit ihnen in offenen

Sportautos nach Travemünde oder Sylt, im Winter nach München und Garmisch-Partenkirchen, und ließ sich erobern. Das tat sie unter dem äußerst wachen, wasserblauen Blick meiner Großmutter, der sie sich zwar so weit wie möglich entzog, aber dem Gefühl, nie so groß und schön und selbstbewusst wie ihre Mutter zu werden, konnte sie sich nicht entziehen.

Mein Großvater betete meine Großmutter an. Was nicht heißt, dass sie sexuell mit ihm glücklich war (denke ich, meinte ich bereits damals als junges Mädchen zu fühlen). Sie hat aber nicht, würde ich aus heutiger Einsicht sagen, wie meine Mutter, zugelassen, dass sich Inseln der sinnlichen Lust weitab vom festen, gegenwärtigen Lebensland bildeten. Sie ließ nicht zu (und das war keineswegs ein unbewusster Vorgang), dass ihre Sinnlichkeit sich unter ihre Haut zurückzog in entfernte Zonen ihres Selbstgefühls. Auch ihre unbefriedigte Körperliebe führte sie mit sich wie ihre gestickten Perlentäschchen, ihre Rosenholzmöbel und ihren mit der Zeit immer kostbarer werdenden Amethystschmuck. Sie behielt bis in ihr hohes Alter ihre rotgoldene Haarfarbe, ließ sie sich später färben. Ihre Sinnlichkeit entäußerte sie täglich in den unzähligen kleinen Handlungen, die ihr zu lieben Gewohnheiten geworden waren: Sie ordnete Schnittblumen in Vasen an, zerschnitt mit Eifer und in herkömmlicher Unkenntnis der tieferen psychoanalytischen Bedeutung die schädlichen Schnecken, die an den Stilen der Pflanzen im Blumengarten saßen, sang die Arien ihrer Lieblingsopern und ließ sich von den Nachbarn und Dahlemer Dorfbewohnern grüßen. Sie lachte oft so herzlich, dass ihr die Tränen kamen, und wenn sie ihre sich in hellsten Tönen überschlagende Lachstimme wieder eingefangen hatte, sagte sie, noch unter Tränen: zu komisch, mit dem Akzent auf dem »zu«, und wiederholte die Phrase, die sie komisch gefunden hatte unter erneutem Lachen, bis der gesamte Vorgang stufenweise abklang.

So toll, auch über Gewagtes, lachte auch meine Mutter und imitierte dabei, ohne sich dessen bewusst zu sein, ihre Mutter, denn auch sie legte die Betonung auf das »zu«, wenn sie rief: zu komisch! Und tatsächlich könnte man sagen, dass in diesen ungezügelten Lachanfällen auch Wollust mit an die Oberfläche gespült wurde, köstlich in den Moment eingelassen wie die echte Lust.

Über ihre sexuellen Erlebnisse hat mir meine Mutter, als ich sie als junge Frau danach fragte, zwar bereitwillig Auskunft gegeben (sie war so unprüde, dass mir das als Mädchen, bei allem Stolz auf eine so unkonventionelle Mutter, nachgerade unheimlich war; im Sommer lief sie gern nackt durch die kühle Wohnung und sonnte sich, nur mit einem kleinen runden Hut bekleidet, auf dem Markisenbalkon). Aber mit diesen Auskünften ist im Nachhinein weniger anzufangen als mit den indirekten Informationen. Natürlich habe ich sie gefragt, wie das früher ging mit den Verhütungsmitteln. Und habe erfahren, dass die Männer, mit denen sie zusammen war, so versiert in der Liebe waren, dass die Frauen einigermaßen beruhigt sein konnten. Oder, wenn sie das nicht waren, selbst für sich sorgten. Oder, wenn es doch mal schief gegangen war, nicht mittellos dasaßen, um den Schaden diskret zu reparieren. Aufgeklärte Ärzte gab es im Berlin der Weimarer Zeit und auch noch später – jedenfalls in den Teilen Großberlins, die meine Mutter bewohnte und kannte. Aber wie geliebt und wie die Liebe erfahren wurde, wie oft und wie schön, wie vielfältig und ob nur zu zweit, das zu fragen habe ich mich erst einige Jahre später getraut, aber da war es schon zu spät für inhaltsreiche und genaue Antworten. Da hatte die Erinnerung schon Löcher, oder es wird mit höherem Alter zu schmerzlich, und man beginnt deshalb lieber mit dem Schönfärben.

Diese kosmetische Arbeit hat meine Mutter im Vergleich zu anderen Frauen ebenso dezent ausgeführt, wie sie früher ihr Gesicht geschminkt hat: ein paar Härchen weggezupft mit der Pinzette aus ihren etwas zu vollen Augenbrauen, den Mund Ton in Ton nachgezogen. Unter dünner Schicht blieb das, was ich wissen wollte.

Ich kann hier etwas Erstaunliches nachtragen: Sehr viel später, so etwa mit 75, erzählte meine Mutter mir, dass sie vor ein paar Jahren einen Briefwechsel mit einem alten Freund aufgenommen hatte – oder er mit ihr – , der sich zu einer Art Altersliebe auf Entfernung entwickelte. Sie hielt diese Korrespondenz tief geheim, erlebte noch einmal eine Zärtlichkeitsfülle, nach der sie sich so gesehnt und die sie weder in ihrer ersten noch zweiten Ehe gefunden hatte; sie erlebte, begehrt zu werden. Wo sind diese wunderbaren Briefe? fragte ich begierig. Natürlich hatte sie sie verbrannt.

Oder vielleicht doch nicht genau genug gefragt, obgleich Fragen und Zuhören zu meinen starken Seiten gehören. Aber es gibt Fragen, die einem erst kommen, wenn man selbst ein Stück weiter in der Generationsspirale gekommen ist. Das Bewusstsein dieses eigenartigen Generationenzusammenhangs entwickelt sich erst allmählich und erreicht seinen Zenit, wenn man selbst fünf Generationen überblickt: Großeltern, Eltern und Verwandtschaftsumfeld, die eigene Generation, die seiner Kinder und schließlich die der Enkelkinder. Das ist dann ein recht hoher Aussichtsturm, auf dem man so etwa mit 70 Jahren steht; so alt bin ich heute. Ich kann von ihm, getragen durch meine Erinnerungen an die Erzählungen meiner Großeltern, noch in die letzten zwei Jahrzehnte des 19. Jahrhunderts blicken …

Meine Mutter starb im Alter von 94 Jahren. Sie war nach dem Tod meines Stiefvaters einige Jahre zuvor ein letztes Mal in ihre alte Rolle geschlüpft und lebte noch ein paar Jahre lang so, wie sie vor und nach ihrer ersten Ehe gelebt hat und seit ihrer zweiten gern gelebt hätte: als Junggesellin.

Aus Nicht-Ehefrauen und Nicht-Müttern werden keine Großmütter wie sie im Bilderbuch stehen. Meine Mutter konnte mit unserem Sohn als Baby und Kleinkind ebenso wenig anfangen wie damals mit mir. Sie wartete, dass er größer würde, ein Junge, dem sie Kamerad sein würde. Und das wurde sie, auch wenn sie ihn selten sah. Ihm war egal, ob sie nach herkömmlichen Maßstäben eine gute oder schlechte Großmutter war, Großmutter ist Großmutter. Als sie im Sterben lag, brachte sie noch die Energie auf, auf ihn zu warten, bis er aus Amsterdam angereist kam. Und er, inzwischen ein Graphikdesigner, findet es nicht merkwürdig, dass er sich ihren Vornamen auf seinen linken Oberarm hat tätowieren lassen, in einer von ihm entworfenen Schrift und ihr zum Angedenken.

Wenn ich von heute auf mein Leben zurückschaue, wird mir klar, dass ich drei Mütter hatte; eine davon habe ich immer noch. Es sind dies meine leibliche Mutter, mein viel älterer Liebhaber Robert und mein späterer Mann. Ich habe lange gebraucht, um mir darüber klar zu werden, dass meine Mutter deshalb keine Mutter für mich war, weil sie mir eine Schwester und Kameradin war, noch dazu eine, die ich beschützen zu müssen glaubte. Ich weiß noch, wie erstaunt ich war, als mir eine Psychoanalytikerin zu verstehen gab, dass ich weniger einen Vaterkomplex hätte – was ich angesichts meines abwesenden leiblichen Vaters und meines nur zu anwesenden Stiefvaters sowie meines so viel älteren Liebhabers dachte –, sondern einen Mutterkomplex. Oder besser gesagt, dass mir die Mutter viel mehr gefehlt hat als der Vater. Ob sie's so geradeheraus gesagt hat, weiß ich nicht mehr. Aber das war es, was bei mir einschlug und was meine Sicht, wie ich sie heute auf meine Mutter habe, bestimmte.

Entgegen aller Vulgärpsychologie – und auch entgegen meiner eigenen Interpretation – war Robert gar nicht in erster – in tiefer – Linie der lange gesuchte Vaterersatz, obgleich er das auch war. Sondern ich fand in ihm eine männliche Mutter, eine ideale Kombination von Frau und Mann. Er war mir Mutter in zweifacher Hinsicht: Zum einen beschützte er mich, so wie ich immer von meiner leiblichen Mutter beschützt hatte werden wollen, denn einen leiblichen Vater in dieser Rolle hatte ich nicht. Ich konnte an diesem Muttervater nuckeln, soviel ich wollte, es war ausgeschlossen, dass er mir nicht die Brust geben würde, wenn ich sie brauchte. Ich holte bei ihm Urvertrauen nach. Natürlich ist das unmöglich, es gibt nur ein Urvertrauen, und das hat man als Baby. Aber wenn man es als Baby nicht bekommen hat, dann ist ein älterer Liebhaber, der sich als Mutter entpuppt, ein seltenes Glück. (Dass dieses Glück kein reines war, werde ich noch beschreiben, aber hier, an dieser Stelle meines Buches, wo es um Mutter und Mütter geht, stehe ich zu dem Glück.)

Zum anderen war Robert mir eine Mutter, die stark und intellektuell war, beides Eigenschaften, die ich meiner eigenen Mutter so gerne zugeschrieben hätte. Darüber hinaus hatte er ein intuitives Verständnis für und eine große Kenntnis von Frauen; eine männliche Frau – und dabei ein Frauenmann. Dass alle Frauen auf ihn flogen und er, soweit ich das miterlebt habe, jede zur Liebhaberin hatte, die er wollte, hatte nichts mit einer männlichen Macho-Attitüde zu tun, sondern nur damit, dass er sie, wie verschieden sie auch waren, sensuell und intellektuell bis ins Feinste verstand. Und weil ich eine junge Frau war, mit einer Mutter, die er selbst in seiner und ihrer Jugend als Geliebte gehabt und seither nie aus den Augen verloren hatte, erfasste er auf Anhieb, dass er mir außer dem Liebhaber auch Mutter sein müsste.

Es war diese Doppelbegabung seinerseits und meine Doppelsehnsucht nach Mann und Mutter andererseits, die die Anziehungskraft, die wir aufeinander ausübten, ausmachte und die für Außenstehende unverständlich war. Jene sahen zunächst nur, dass ein weltgewandter älterer Herr ein junges Häschen an der Hand führte. Wer genauer hinsah – nur einige Frauen taten das – sagte, wir sähen und seien uns ähnlich wie Geschwister. Das waren wir tatsächlich auch noch. Ohne Altersunterschied. Wir hielten uns an den Händen wie inzestuöse Geschwister (ja, Musil), und vielleicht war das sogar das festeste Band, das uns verband. Es gab nichts, was wir nicht voneinander verstanden. Wie Geschwister waren wir einander treu, aber das hatte bei uns nichts mit Sexualität zu tun – er eroberte andere Frauen, ich andere Männer; er war bis zur Raserei eifersüchtig, ich verbot mir Eifersucht. Es war eine Art Nibelungentreue, die bis ans Ende der Welt reichte; jedenfalls dachten und empfanden wir das lange so. Als Liebhaber besprach er mit mir das Geschlechterverhältnis aus der Sicht der Frauen, aus der Sicht der Männer (die er verachtete), aus seiner eigenen und meiner; mit ihm habe ich haarfeine und schier endlose Gespräche über Frauen und Männer, und deswegen auch über ihn und mich, geführt. Später, während der Zeit der Frauenbewegung, war ich von diesem Programm nicht beeindruckt, ich wusste alles schon, hatte schon lange in diesem allerintimsten Geschlechterkampf und Dialog gelebt.

Als ich mir selbst gegenüber nicht mehr verhehlen konnte, und auch nicht mehr wollte, dass ich genug an der mütterlichen Männerbrust genuckelt hatte und mein Weltmann mir leider auch nicht dabei helfen konnte, mich von ihm loszumachen, um meinen eigenen Weg zu gehen, zerbrach ich unsere Beziehung; das war so, als versuchte ich, eine Vollglaskugel mit der bloßen Hand zu zerschlagen. Es gelang mir erst nach mehreren Anläufen. Frauen, Freundinnen, haben mir dabei nicht geholfen. Alles zerbrach, wie ich (nicht er) es gewollt und (wir beide) gefürchtet hatte, aber ich (und er?) konnte noch viele Jahre in eine unzerbrochene Glaskugel schauen, in der ich (und er!) uns in Splittern sah.

Meine dritte Mutter wurde mein Mann fürs Leben. Ich fand ihn spät, nach vielen lustigen und hässlichen, kurzen oder auch längeren Liebesbeziehungen und Liebesversuchen. Ich fand ihn bei einem Projekt, an dem wir beide arbeiteten. Das war 1971. Dass die Liebe etwas mit der Arbeit zu tun haben müsse, war zur damaligen Zeit, in der soviel mit beiden experimentiert wurde, eine Überzeugung, die keineswegs nur ich hatte. Wir hatten sie alle irgendwie – die Frauen mehr als die Männer. Ich besaß diese Überzeugung schon sehr früh, sie löste die Fantasie des Prinzen auf dem weißen Pferd ab, der angestürmt kommt, um die Prinzessin im Galopp davon zu tragen – in wundervolle unbekannte Welten.

Ich hatte in meiner Zeit mit Robert alles daran gesetzt, um mit ihm zusammen zu arbeiten; für ihn wäre das anfangs vielleicht nicht so wichtig gewesen, aber als er merkte, dass eine andere Form der Liebe für mich nicht ausgereicht hätte und ich noch kein eigenes Arbeitsfeld hatte, bezog er mich in seine journalistische Arbeit mit ein. Das war mir lange genug, aber mit meiner Trennung von ihm hatte ich auch meine berufliche Selbständigkeit erworben.

Aufs erste gesehen war B. in allem das Gegenteil von Robert. Er machte von sich nichts her und war schon aufgrund seines Jahrgangs (1944) mit dem so viel älteren Robert, dessen Erfahrungen und beruflichem Status nicht vergleichbar. Aber B. war bereits als sehr junger Mann mit 16, 17 Jahren als eine Art Junggenie unterwegs gewesen, hatte in Darmstadt den Aufbruch in die Moderne in Musik und Malerei miterlebt und stellenweise mitgestaltet. Er hatte (und hat), Robert gar nicht so unähnlich, eine sehr scharfe Zunge, die er nicht nur nicht im Zaum halten wollte, sondern auch nicht immer konnte. Als ich ihn kennenlernte, notierte ich bei mir: Künstler, hoch intelligent, lässt sich von niemandem etwas weismachen und hört jedem zu, der etwas zu sagen hat. Er war zwar in den politischen Auseinandersetzungen und Flügelkämpfen der sechziger, siebziger Jahre sehr aktiv, aber immer und bei jeder Diskussion anderer Meinung als die anderen, weil er nicht nur politisch, sondern vor allem ästhetisch genauer hinsah; unkorrumpierbar.

Wir begannen zu reden. B's Fähigkeit, die kompliziertesten psychologischen, politischen und künstlerischen Verhältnisse und Probleme zu analysieren, gepaart mit seiner Unkonventionalität gerade in den Zeiten linker ideologischer Dogmatik, machten mir Eindruck. Wie ein ferner Klang drang der Ton meiner Gespräche mit Robert an mein Seelenohr. Dasselbe Gespür für feinste Nuancen, die die Liebes- und Geschlechterbeziehungen bestimmen. Es muss damit zusammenhängen, dass auch dieser Mann, trotz seiner Zurückgenommenheit im sozialen Verkehr (ganz im Gegensatz zu Robert), eine mächtige Anziehung für sehr verschiedene Frauen hatte. Er wurde aus sehr ähnlichen Gründen wie Robert mein Muttermann und ist es stets geblieben. Auch er gab mir ein Urvertrauen, das ich mütterlicherseits nicht bekommen hatte. Am Anfang unsere Beziehung wertete er meine Robert-Liebe ab, wie ich es selbst zu tun geneigt war. Aber das traf den Kern nicht. Im Rückblick gibt es für mich keinen Zweifel, dass diese beiden Männer, der eine damals 30 Jahre älter, der andere vier Jahre jünger als ich, Eckpfeiler in meinem Leben sind. Und trotz vieler anderer Herren und Jünglinge, interessanten und weniger interessanten, denen ich begegnet bin, komme ich im Träumen und Wachen immer auf ein Grundthema, das sich wie ein roter Faden durch mein Leben zieht: meine Beziehung zu meiner Mutter. Keine Liebe hielt, wenn sie zu dieser Beziehung nichts beizutragen hatte. B. hat dazu viel beizutragen. Er liebte meine Nicht-Mutter sofort, und sie ihn. Er sagte ihr lachend, was sie an mir verbrochen habe und dass das jetzt nicht mehr schlimm sei. Sie hat ihm das geglaubt.

Warum habe ich meine Tante nicht zu meinen Müttern gezählt? Sie, bei der ich meine Kindheit verbracht und die ich, wie meine Vettern, »Mutter« genannt habe? Es hat wiederum etwas mit meiner leiblichen Mutter zu tun: gegen sie durfte jene Mutter nicht antreten, denn das war meine Mutter, die ich mit niemandem teilen wollte. Und es hat etwas mit Sprechen zu tun: Alle in meiner Sauerlandfamilie wurden im selben Ton angesprochen, mehr oder weniger, wie das in großen Familien üblich ist. Sprache galt im Haus meiner Tante nicht als etwas Besonderes; jeder sprach halt irgendwie und vertraute ohne Hintergedanken darauf, verstanden zu werden. Ich glaube, ich nicht. Ich wollte mehr.

Ich habe Sprechen und Sprache als Überlebenstechniken erkennen und nutzen gelernt. Als Kind, Jugendliche oder auch als junge Erwachsene hätte ich das so nicht ausgedrückt. Aber ich ahnte schon sehr früh (wie früh?) die Potenzen von Sprache. Fragen und Zuhören wurden zu meinen bevorzugten Instrumenten, mir die Welt zu erschließen. Ich glaube allerdings nicht, dass ich in der Familie meiner Tante mit den zahlreichen Geschwistern viel Gelegenheit hatte, um Fragen zu stellen und mit Zeit und Ruhe interessante Antworten zu erhalten. Ein Kind in den 1940ern fragte nicht. Man registrierte, was von einem gewollt wurde, und richtete sich danach. Die Sprache um mich herum war warm und kalkulierbar: wann man zum Mittagsschlaf ins Bett oder zum Essen die Hände gewaschen haben musste; wie die Erwachsenen die Vorfreude auf Weihnachten mit Liedern und sprachlich begleiteten Bastelarbeiten zu erhöhen wussten. All das ließ neue Fragen nicht recht zu. Man wurde nicht zum Fragen ermutigt.

Während ich dies noch einmal lese, fallen mir die Tagebuchaufzeichnungen meiner Tante zur Entwicklung ihrer Kinder ein, die einer der Söhne später zusammenstellte. Darin äußert sie sich ausgiebig über die komische Kleinkindsprache ihres Jüngsten und berichtet von einem anderen Sohn, dass er immer soviel wissen wollte. Von mir sagt sie: ein ganz schlaues kleines Persönchen. Meine Tante hat, wie alle Mütter, voller Entzücken die Entwicklung ihrer Kinder beobachtet und beschrieben Aber als Kind hatte ich nicht das Gefühl, da denke eine an mich als ein Ich. Das ist vermutlich ungerecht, sie hat auf mich jedenfalls viel mehr konkrete Gedanken und Aufmerksamkeit verwendet als meine eigene Mutter, und ich durfte dort ganz und gar Kind sein. Zu meiner eigenen Mutter habe ich mit zweieinhalb Jahren – dieses Alter ist verbrieft, denn es war vor meiner Sauerlandzeit 1943 – den Satz gesagt: Mutter, soll ich Dir den Aschenbecher bringen?

Dieser Satz einer knapp Dreijährigen ist an sich nichts Besonderes, sprachgewandte Kinder können in dem Alter 7-Worte-Sätze sagen, sondern er ist bezeichnend für das Mutter-Kind Verhältnis. Meine Mutter war stolz darauf (warum eigentlich?), dass ich nie Kindersprache sprach und nie von mir oder ihr in der dritten Person redete, sondern sofort »ich« oder »du« sagte (ob das stimmt?) Und zweitens fällt natürlich der Inhalt auf: Ich will ihr, der Raucherin, den Aschenbecher bringen.

Aus der ersten Zeit bei meiner Tante ist auch ein Satz verbrieft, er lautet: Darf ich den Quirl ablecken? Auch hier perfekte Grammatik und Wortgewandtheit für ein Kleinkind (Quirl), aber es geht doch wohl um eigene Gelüste, sich die süßen Teigreste einzuverleiben.

Ich hörte mir die Küchensprache der Dienstmädchen an, die sprudelnd war, zumeist lustig – und ein bisschen subversiv (was die Frau Professorin da nicht wieder gefordert hat mit dem Silberputzen). Die Sprache meiner Tante war klar; unmöglich (und zumeist unnötig), ihr zu widersprechen. Die Sprache ihrer Freundin Erna, der Klavierlehrerin, war dagegen hysterisch-überdreht, sie lachte laut und sehr grell. Ich fand das ein wenig genant; ich koalierte als kleines Mädchen mit meinem schweigsamen Vater-Onkel, dem diese Busenfreundin seiner Frau – sie kam jeden Sonntagabend zum Essen – immer etwas auf die Nerven ging. »Ach, Du liebe Zeit«, sagte er immer kurz, bevor sie eintraf: »Da kommt Eeerna.«

Die Sprache meiner beiden Vettern, also meiner damaligen kleinen Brüder, ist mir nicht mehr bewusst. Wir müssen ja wohl viel miteinander geredet haben – aber wie klang das? Ich weiß nur, dass ich ihnen Geschichten erzählen musste, wenn wir (zu früh, es war im Sommer noch lange hell) in unseren Klappbetten mit den geblümten Gardinen lagen, die wir um die heruntergeklappten Betten zogen und so kleine Zelte schufen. Ich schaute auf die Blumen- und Blättermuster der Gardinen, um meine erzählerische Fantasie auf Trab zu bringen, habe aber vermutlich nicht sehr spannende Stories erfunden.

Es gab in der personellen Besetzung meiner Sauerlandfamilie eine Verwandte, die kinderlos war. Sie wohnte in einem großen, von düsteren Bäumen umstandenen Haus und holte mich manchmal zum Übernachten zu sich. Mir gefielen diese seltenen Besuche, weil ich dort als ein Einzelkind behandelt (eigens für mich zubereitete Milchsuppe) und angesprochen wurde: eine sozusagen individualisierte Sprache. Ich war dann aber doch immer froh, wieder in die Großfamiliensprache einzutauchen.

In Berlin (1950-1959) ist alles neu: Sprache, Sprechen und Zuhören. Es liegt auf der Hand, dass in einer Kleinfamilie – Mutter – Stiefvater – (Stief-)Tochter – anders kommuniziert wird als in einer Großfamilie: intimer, erwachsener, schon in den ersten Jahren, in denen ich eigentlich noch ein Kind war. Mir wurde schnell klar, dass hier ganz andere Codes galten als dort – ich war fasziniert und desorientiert in einem. Faszinierend war der kameradschaftliche Ton, den meine Mutter mit mir anschlug – sie hatte gar keinen anderen zur Verfügung, sie kannte Kinder ja nicht. Sie behandelte mich ohne Umschweife als eine Person, die autonom ist und deswegen auch verantwortlich für alles, was sie tut und sagt. Diese Verantwortung zu tragen fiel mir schwer, machte mich aber auch stolz. Sätze wie: Das musst Du selbst wissen, das musst Du selbst entscheiden, ich stelle mir vor, dass Du … waren in der Großfamilie nie gefallen. In Berlin nun aber ununterbrochen. Die Stunden mit meiner Großmutter waren dagegen erholsam, hier musste ich nichts tun, nur nach der Schule pünktlich zum Mittagessen bei ihr sein, das sie, nicht meine Mutter, jeden Tag für mich bereitete; hier galten Worte für das, was sie ursprünglich waren, es gab keine Zwischentöne, das war mir von meiner Tante her vertraut.

Die Kinderzeit in meiner Großfamilie und die Jugendzeit in meiner Kleinfamilie haben in mir eine Hypersensibilität für Schwingungen in der Sprache, im Sprechen, im Gespräch zwischen Gesprächspartnern geweckt; ein Kapital für mein weiteres Leben. Der Zusammenbruch von Kommunikation, auch wenn er nur für eine kurze Zeit eintritt, ist mir bis heute eine Katastrophe. Mit Einsatz aller meiner Kräfte und einer Spitzfindigkeit, die meine Gesprächspartner entnerven können, soll die Katharsis herbeigeführt werden. Hier liegt die Wurzel meiner Liebe zu Robert und später zu B: sprechen, verstehen und verstanden werden bis ins Innerste. Den Gedanken, dass Sprache ein offenes System ist, dass es immer eine neue Wendung gibt, die Festgefahrenes verflüssigen kann, habe ich früh gefasst und bis heute an ihm festgehalten.

Zum Thema Sprache und Zuhören gehört das Schweigen. Ich habe als Kind vermutlich viel geplappert, aber ich weiß, dass ich auch sehr viel geschwiegen habe; schweigend konnte man abtauchen. Dazu gehörte, was ich meine Klo-Fantasie nenne. Sie entstammt der Zeit in meiner Sauerlandfamilie, irgendwann zwischen vier und sechs Jahren und etwas älter. Die Toilette war der einzige Raum, wo ich ungestört sein konnte, ein Ort also für das ungestörte Ausspinnen von intimsten – schweigenden – Gedanken.

Ich male mir aus, dass mein Lebensbereich sich nicht über die Ausmaße des kleinen Kloraums ausdehnt. Diesen winzigen Raum richte ich ein: ein Klo mit Klobrille (auf der ich sitze), ein Bett würde, ebenso wie ein Tisch, bei Bedarf von der Decke heruntergelassen werden können; es gäbe auch ein Regal mit Spielzeug und Büchern – und ich wäre ungestört beim Lesen. Aber nicht nur beim Lesen, auch beim stillen Träumen von der fernen Mutter. Ich weine. Mit Genuss. Ich fühle mich als eine Prinzessin, die darauf wartet, erlöst zu werden.

Meine Mutter war für mich auch eine Prinzessin, allerdings eine andere als ich; nicht so sehr, weil sie kein Kind war, sondern vor allem, weil sie so schön, so mutig und so weit weg war. Sie fuhr 1948, gleich nach der Währungsreform und als die Züge wieder verkehrten, aber überfüllt waren, auf dem Dach des Zuges, um mich zu besuchen. Auf dem Dach! Jahrelang schauderte ich bei diesem Gedanken und was passieren würde – aber wunderbarer Weise nicht passierte –, wenn der Zug durch einen Tunnel fuhr und sie zerquetscht würde. Es kam eine fröhliche Frau, sie war auf einmal da (ich erinnere mich an keine Begrüßung) und verschwand ebenso schnell, wie sie gekommen war (ich erinnere mich an keinen Abschied). Ich weiß nicht, was ich gesagt habe und ich weiß auch nicht, wie ihre Stimme geklungen hat.

Zwischen Schweigen und Sprechen und Zuhören liegt die weite Landschaft des Lesens. Ich erinnere mich an so gut wie nichts aus den vier Grundschuljahren 1946-1950. Mit großer Deutlichkeit steht mir aber eine Begebenheit vor Augen, von der ich wusste, als sie sich zutrug, dass sie mein ganzes Leben umkrempeln würde. Ich konnte lesen! Ich lernte es offenbar sehr schnell. Es war eine Offenbarung, ein geradezu religiöses Erlebnis, das mich überwältigte. Ich fühlte mich auserkoren und einzigartig. Meine beiden kleinen Vetter-Brüder sah ich nie lesen, und die Älteren hatten zuviel zu tun. Konnten die Küchenmädchen lesen? Die Hausmeistertochter las vielleicht, aber das war irgendwie ein anderes Lesen, es hatte mit meinem Lesen nichts zu tun.

Dies war mein Lesen, mein Besitz, den mir nie mehr jemand würde wegnehmen können. Ich würde nie mehr allein sein, und ich würde, wenn ich wollte, unabhängig von allen Menschen sein.

Vater und Väter

Ich schreibe einen Postmortem-Brief an meinen Vater, den zu schreiben ich lange Zeit nie ein Bedürfnis hatte; der Vater war jahrzehntelang als Person gar nicht in meinem Bewusstsein. Erst als ich an diesem Buch arbeitete, erstand er, als mein Erzeuger, sozusagen wieder vor mir auf.

Lieber Pap,

schreibe ich, an meinem PC sitzend, Du bist von heute aus (2010) gerechnet seit 45 Jahren tot. Ich war 25 Jahre alt, als Du in jenem Sommer starbst, mit 75. Meine Mutter war Deine zweite Ehefrau, Du warst 22 Jahre älter als sie, Jahrgang 1890. Meine Großeltern, Jahrgang 1870 und 1880, waren mehr Deine Generationsgenossen. Ich habe Dich in meinem Leben bewusst nur dreimal gesehen: mit acht Jahren, mit 14 Jahren, kurz vor oder nach meiner Konfirmation, und ein letztes Mal mit 18 Jahren, kurz vor meinem Abitur.

Ich habe in den letzten Tagen Deine Briefe an mich gelesen, sie stammen aus den fünfziger Jahren, ich war anfangs ein Kind, dann eine Jugendliche, und ich lese sie heute als Siebzigjährige, nur ein paar Jahre älter als Du damals. Das ergibt verwickelte Zeit- und Generationenverhältnisse und führt zu eigenartigen Gedächtnisleistungen und Löchern in meiner Erinnerung. Was habe ich von Dir gewusst, wissen wollen? Mit acht Jahren, damals, als ich zu Dir in die Schweiz verschickt wurde, war ich zu klein, um bewusst zu fragen. Mit 14 Jahren, wieder in der Schweiz, wollte ich begeistert von Dir sein, war's aber nicht, Du warst mir einfach zu alt, ich wusste kein Gespräch mit Dir zu führen. Du warst im Übrigen Atheist, und ich hatte gerade meine kurze, wenn auch intensive »Glaubenszeit« hinter mir, die ich einem sehr aufgeklärten Pastor im Konfirmandenunterricht verdankte. Mit 18 Jahren warst Du mir zu konventionell und ich für Deinen Geschmack zu links, zu modern. Und überhaupt – es war endgültig zu spät für eine lebendige Beziehung. Ich dachte deshalb, auch jetzt schnell über unsere Beziehung hinweggehen zu können. Wir wollen sehn.

Meine Mutter hat sich von Dir bereits nach eineinhalb Jahren scheiden lassen (ja, sie von Dir, nicht umgekehrt, 1941). Es gibt aus dieser kurzen Zeit ein Foto, auf dem Du mit ihr und mir zu sehen bist. Ich sitze auf dem Arm meiner Mutter, die mir ihr Gesicht mit einem etwas distanzierten Interesse zuwendet. Du stehst neben ihr, und Dein Gesichtsausdruck ist merkwürdigerweise derselbe wie ihrer. Ich bin auf dem Foto kahlköpfig und habe sehr abstehende Ohren, schaue nicht meine Mutter an, sondern an ihrem Gesicht herunter auf den Kragen ihres geblümten Kleides. Du, mein Vater, trägst einen legeren Sommeranzug – es muss Sommer gewesen sein, denn ich bin ein Märzkind – mit ebenso legerem Schlips, ein Taschentuch in der Jacketttasche. Alles englischer Stil. Es gibt von diesem Tag noch ein anderes Foto, meine Mutter trägt dasselbe Kleid, hier schaut sie mich sehr liebevoll an, aber nicht unbefangen. So als dächte sie: wie eigenartig, ich eine Jungmutter. Auch auf diesem Foto wendet sich mein Babygesicht interessiert von ihr ab, vielleicht um nach etwas auf dem Rasenboden zu schauen. Und noch einmal zwei Fotos: Wieder ich auf dem Arm meiner Mutter, und wieder schaut sie auf mich mit diesem etwas bedenklichen Ausdruck; ihr Gesicht ist verschattet, nicht nur äußerlich. Ich schaue sie wiederum nicht an, sondern mit halboffenem Mund und kleinen Schlitzaugen an ihr vorbei nach vorne, vermutlich hin zum Fotografen. Und ein letztes Foto: ich auf Deinem Arm, Du in Deinem guten englischen Anzug. Du sitzt in einem Korbsessel und hältst meinen kleinen Körper mit Deinen großen Händen etwas auf Abstand. Dein Gesichtsausdruck ist auf diesem Foto ausgesprochen freundlich. Du scheinst zu denken: Ich also wieder Vater – warum nicht?

Lieber Pap, was für Briefe schrieb ich Dir als Kind und Jugendliche? In meiner Pubertät fühlte ich mich mir selbst gegenüber verpflichtet, Dich in meine Biographie einzubauen. Kein wirklich ursprüngliches Gefühl trieb mich an, eher eine etwas verquere Konventionalität: Ich habe zwar einen merkwürdigen Vater, aber immerhin habe ich einen. Ich gefiel mir wohl in dieser Attitüde. Versteh bitte: Ich war als Jugendliche nicht in Not, nicht auf der Suche nach meinen »roots«, wie heute viele mit unklaren Familienverhältnissen. Meine Familienverhältnisse waren zwar verwickelt, aber sie bargen keine Geheimnisse. Meine Mutter hat Dich nie verschwiegen, verherrlicht oder verdammt. Sie hat immer gesagt, wie's gewesen war mit Dir. Unerfreulich im Wesentlichen. Sie war die Frau eines Mannes geworden, der mit ihrer Mutter und ihrem Vater wesentlich mehr Interessen und Erfahrungen teilte als mit ihr; ein Generationsbruch. Und da ich später einen ebensolchen riesigen Altersunterschied mit meinem Geliebten erlebt habe, kann ich mir vorstellen, dass das nicht gut gehen konnte. Das Einzige, was ich an Eurer Ehe nie verstanden habe, trotz aller Offenheit meiner Mutter, war: Weshalb habt Ihr überhaupt geheiratet?

Im Laufe der Jahre habe ich mir von Eurer Beziehung und Ehe ein Mosaik zusammengesetzt, das aus Sekundärmaterial besteht: den knappen Antworten meiner Mutter, den Erzählungen meiner älteren Halbgeschwister (merkwürdigerweise nicht meiner Großmutter, sie habe ich nie nach Dir gefragt), Fotos, eigenen, aber nicht immer getreulichen Erinnerungen und eben Deinen Briefen. Es kommt dabei ein Bild zustande, von dem ich gern gewusst hätte, ob Du es auch so gesehen hast:

Meine Mutter kannte Dich über Familienbande schon mehrere Jahre. Du warst oft im Haus ihrer Eltern und auch gut mit ihren Brüdern und deren Freundinnen, später Frauen, befreundet. Du warst, wie man heute sagen würde, ein womanizer, und zwar einer der besonderen Art. Deine erste Ehe hast Du als sexuell Unerfahrener begonnen (das weiß ich von Deiner Tochter aus dieser Ehe, meiner Halbschwester). Du und Deine erste Frau waren beide Blümchen in dieser Hinsicht. Wie diese Ehe auseinandergegangen ist, tut hier nichts zu meiner Sache. Jedenfalls hast Du Dich dann ziemlich ausgiebig emanzipiert und fandest meine Mutter vermutlich auch deswegen attraktiv, weil sie nicht verklemmt war. Außerdem war sie schön. Aber das waren Deine anderen Freundinnen auch (eine wurde später die Frau meines Lieblingsonkels). Schöne und attraktive junge Frauen gab es im Berlin der dreißiger Jahre viele. Das kann es nicht gewesen sein, was Dich dazu bewogen hat, gerade sie zu heiraten. Ich glaube, Du hast sie einfach geheiratet, ohne weitere Gründe und Überlegungen. Es gibt keine Liebesbriefe, dazu war die Ehe zu kurz.

Warum meine Mutter Dich geheiratet hat? Ich glaube, ich habe recht mit meiner Annahme, dass sie vor allem aus der Tochterrolle heraus wollte. Sie selbst hatte auf meine diesbezügliche Frage keine überzeugende Antwort, und das war nicht Taktik oder Scham oder sonst eine Abwehr. Sie hatte als junge Frau keinen Lebensplan, es war Krieg, und vieles in ihrem Leben war nicht geklärt, vor allem nicht, aus welcher ihrer verschiedenen Neigungen sie einen Beruf machen wollte oder konnte. So ist es zu einer eigenartigen Koalition zwischen Dir, ihr und ihrer Mutter gekommen: Sie wollte weg, und ihre Mutter wollte ihre unentschlossene Tochter unter die Haube bringen – auch wenn es eine altersunangemessene Haube war.

Du hast meine Mutter bereits nach wenigen Wochen betrogen. Das weiß ich von ihr selbst, sie hat es mir später freimütig erzählt. Warum, ist mir völlig schleierhaft. Und ihr, als sie es mir erzählte, auch. Sie nahm es hin, folgte Dir mit ihrem Fahrrad ungesehen bis zu dem Haus, in dem Du verschwandest. Ihrem Selbstwertgefühl wird diese Recherche sehr geschadet haben, davon bin ich überzeugt. Sie selbst stellte ihre kurze Ehe und die Scheidung eher so dar, dass sie froh war, als sie ihr Leben als ungebundene junge Frau wieder aufnehmen konnte. Das Kind – ich – war von Euch beiden gewollt, auch das hat sie mir glaubhaft erzählt. Du warst zwar ein womanizer, aber Du warst auch sehr konservativ. Zu einer Ehe gehörte ein Kind, wie zu Deiner ersten Ehe, aus der drei hervorgingen.

Wir beide hatten sehr schlechte Karten, eine Vater-Tochter Beziehung zu entwickeln. Von Dir ging die Familiensaga, dass Du ein unmöglicher Vater warst; für alle Deine fünf Kinder, aus allen drei Ehen. Die Saga wurde insbesondere von meinen beiden älteren Halbgeschwistern an mich weitergegeben (Dein Ältester war als junger Mann bei einem Segelunglück ertrunken), und sie war sehr überzeugend. Du hast meinen schwerst kriegsversehrten Halbbruder (ein halbes Bein weg, das andere gebrauchsunfähig) auf dem Gewissen, denn Du hättest so schlau sein und Deine ruhende Schweizer Staatsangehörigkeit (aufgrund unserer Familienherkunft aus Neuchâtel) zur rechten Zeit aktivieren können, dann wäre er nicht als deutscher Soldat eingezogen worden. Stattdessen hast Du in der Nazizeit und im Krieg als Arzt in Berlin weiterpraktiziert. Natürlich warst Du kein Nazi, niemand aus unserer Berliner Familie war einer. Es gibt aus der Zeit unmittelbar vor Kriegsende ein Dokument, Du hast es auf Deiner Schreibmaschine geschrieben (für wen?), aus dem hervorgeht, dass Du unter ziemlich hohem Risiko einer untergetauchten Jüdin als Arzt geholfen hast. Diese Tat hätte ich Dir immer zugetraut, und sie ist auf geradezu unglaubliche Weise viele Jahrzehnte später bestätigt worden, als ich in meinem Ferienort in Österreich ein Buch in die Hand bekam, in dem die ortsansässige Autorin Kriegsschicksale dokumentiert, unter anderem das jener Jüdin, der ein Arzt – Du – das Leben gerettet hat. Aber wie konnte ein gebildeter Antinazi so dumm sein und sich und seine Kinder nicht in die Schweiz retten? Heute, über 60 Jahre nach Kriegsende, kann ich mir besser vorstellen, warum Du geblieben bist. Es war ja Dein Leben, dieses Berlin, und in der Schweiz war nichts.

Meine ältere Halbschwester hast Du auch auf dem Gewissen. Sie hat ihren Bruder gleich nach dem Krieg im Heidelberger Militärlazarett eineinhalb Jahre lang gepflegt, inzwischen warst Du in die Schweiz ausgewandert. Sie war zu der Zeit bei den Amerikanern Dolmetscherin und wurstelte sich durch, bis mein Bruder wieder einigermaßen zusammengeflickt war; ein 20jähriger Kriegskrüppel. Das Verhältnis zu Dir war, was meine Schwester anging, gestört; was meinen Bruder anging, für immer zerstört. Er selbst hat seine Kriegsverletzung in Lebensglück umgemünzt (sogar ein Buch mit fast diesem Titel darüber geschrieben): Er meinte, ohne diese äußere Verkrüppelung wäre er zu einem innerlichen Krüppel geworden, charakterlich; so arrogant und eingebildet wie er als Jugendlicher und junger Mann gewesen sei. Das mag man glauben oder nicht. Jedenfalls arbeitete er sich wenig später von einem kleinen, miesen Strumpfvertreter zu einem erfolgreichen Reklamefachmann mit eigenem Büro hoch und heiratete eine jener Schweizer Schönheiten, die durch stille Eleganz auffallen. Wie Du hatte er ein Faible für Oldtimer, und wie Du im Vorkriegsberlin, hatte er ein Segelboot, das ihm Bewegungsgefühle vermittelte. Damit segelte er auf dem Bodensee und gab Blinden Segelkurse. Er hatte ein erstaunliches pädagogisches Talent, das er an diesem ungewöhnlichen Ort und mit diesen ungewöhnlichen Schülern einsetzte.

Ich hatte von allen Deinen Kindern am meisten Glück. Du hast mich zwar nicht schützen und lieben können, und Du warst mir wegen Deiner Abwesenheit auch kein männliches Modell, an dem ich mich hätte orientieren können, aber wir waren einander so fern und fremd, dass ich keinerlei Ressentiments gegen Dich hatte – und habe.

Noch einmal: Was kann ich aus Deinen Briefen über unser Verhältnis erfahren? Der erste erhaltene Brief stammt vom 23.2.1948, der letzte vom 8.1.1960. Aus ihnen sprechen viele Missverständnisse. Du willst mich aus der Ferne bilden, schenkst mir als zwölfjährige C. F. Meyers Gesamtausgabe. Ich fand diesen Dichter, von dem wir später in der Schule »Jörg Jenatsch« lesen mussten, zum Sterben langweilig. Ich schenke Dir als 15jährige eine selbst zusamengestellte Auswahl von Gedichten, unter anderem von Rilke. Du zerreisst ihn in der Luft, bist nicht fürs Schwebende. Du fühlst Dich der angelsächsischen Romanliteratur verpflichtet, liebst englische Krimis und englischen Humor. Ich berichte Dir von vielen Theaterbesuchen in Berlin (auf Schülerkarte, für 0,80 DM), Du zeigst Dich interessiert und musst zugeben, dass Ihr in dem kleinen Ort bei Biel kulturell in einer Wüste lebt. Du schickst mir, um Dich für Rilke & Co. zu revanchieren, eine Sammlung Deiner Lieblingsaphorismen und fragst mich, welche mir besonders gut gefallen. Einer lautet: Früher führte man Briefwechsel – heute erledigt man Korrespondenz. Du ahnst schon, wie solche Sentenzen bei mir ankommen werden, denn Du schreibst resigniert: »Ich finde, dass doch nur wenige meiner Sprüche Dir gefallen könnten«, sagst aber in demselben Brief mit Stolz, dass Aphorismen und Gedichte machen in unserer Familie erblich sind. Ich fand das damals albern, heute scheint mir, dass da was dran ist.

Was Du über mich gedacht hast, geht aus Deinen Briefen ohne doppelten Boden hervor: Habe durchaus Interesse an dieser Tochter, allerdings gar nicht unangenehm, dass sie so weit weg ist, das macht alles einfacher, ihre Briefe sind etwas unbeholfen, eine gediegene Bildung hat sie nicht, aber das kann noch kommen. – Du bist mir sympathisch, weil Du ungeniert sagst, was dir die vornehme, aber verzopfte Potsdamer Schule an Bildung vorenthalten hat und bist stolz – zu Recht! – auf Deine Eigenarbeit, Dir das Versäumte anzueignen. Du hast bis in Dein hohes Alter immer noch lernen wollen. Du konntest viel, Du sagst in einem Deiner Briefe, Du seist gar nicht gern Arzt geworden, viel lieber wärest Du Architekt und »Erfinder« gewesen.

Du bist mir aber unangenehm, wenn Du mich brieflich bilden willst; ich begehre dagegen auf, schockiere Dich mit moderner Literatur und, das vor allem, mit moderner Malerei, die ich Dir durch Bildpostkarten antrage. Du bist entsetzt: Poljakoff ist ein Schmierfink. Dein Geschmack hört irgendwo im 19. Jahrhundert auf. Du bist Dir sicher, dass Dein Geschmack hochwertiger und dass die Moderne ein Abgang ist. Ich protze mit meiner Progressivität (nicht direkt, aber Du merkst das natürlich). Du spürst dasselbe wie ich: Wir kommen einander nicht näher, daran ändern auch die vielen Briefe nichts.

Einmal hast Du mir die Leviten gelesen, das finde ich heute als Deine 70jährige Tochter großartig, als ich Dir nämlich, wie's für die Fuffis einschlägig war, mit der Kollektivschuld kam. Da hast Du wunderbar vom Leder gezogen, was das für ein Quatsch sei, es gäbe immer nur individuelle Schuld und Schuldzuweisung, man könne nicht eine ganze Generation verantwortlich machen. Damals habe ich diese Philippika als reaktionär abgebucht. Heute wären wir uns einiger.

Kürzlich wurdest Du mir überraschend erneut interessant. Ich hatte einen Bericht hervorgekramt, den Du als junger Militärassistenzarzt im Ersten Weltkrieg verfasst hast. Ich war für die Lektüre bestens präpariert, denn ich hatte gerade mehrere Werke von Ernst Jünger gelesen und stellte nun fest, dass Du in Deiner Beschreibung des Stellungskriegs vor und um Verdun, was Stilistik und Detailfülle anbelangt, mit Ernst Jünger mithalten kannst, und ich machte mir klar, dass Ihr Generationsgenossen wart. Auch sonst hätte Euch viel miteinander verbunden: Ihr wart beide deutsch-national, ohne die widerliche Großmannssucht oder gar den Rassismus, der auch zu dieser politischen Richtung gehört. Beide hattet Ihr ähnliche Ideale: körperliche Ertüchtigung, Eleganz, Liebe zu Frauen und Pferden (und zu Autos und Segelbooten, was Dich angeht) und das elitäre Bewusstsein der Werte der Aristokratie, zu der Ihr beide nicht gehörtet. Ihr hättet Euch begegnen können und Euch vermutlich in mancherlei (allerdings gewiss nicht in jeder) Hinsicht gemocht.

Ich erhielt durch diese Lektüre – es handelt sich um ein Manuskript von 16 eng bedruckten Seiten, geschrieben »während des Winterurlaubs, Dezember 1916 i. d. Maschine diktiert« – einen neuen Blick auf Dich, meinen leiblichen Vater. Zwar warst Du, ähnlich wie Jünger, fasziniert von der Materialschlacht (und dachtest 1916, ganz ähnlich wie Jünger, noch fröhlich, dass die Deutschen den Krieg wegen ihrer Materialüberlegenheit gewinnen würden), aber als Arzt hattest Du dann reichlich Gelegenheit, die Kehrseite dieser Schlacht unter die Hände zu nehmen. Mir vermittelte dieser Bericht einen objektiven Blick auf Dich als einen jungen Mann von 26 Jahren. Hier war »noch alles drin«, was später etwas betrüblich ins Resignative und Unzeitgemäße abgesackt ist.

Du hast das Kriegsende in einem Vorort von Berlin erlebt. Dein Schreibmaschinenbericht aus dem letzten Kriegsjahr zeigt Dich als einen disziplinierten, nun schon älteren Mann, der den vielen gefährlichen Situationen (Russeneinmarsch von Potsdam, Deiner Geburtsstadt, auf Berlin, Plünderungen, Hunger, Vergewaltigungen) gewachsen ist und der ebenso genau und bildreich wie das Verdun-Manuskript die Szenerie beschreibt – nun sehr viel menschlicher. Du hast Angst, dass es schief gehen kann, die Gewehre der Russen sitzen locker, und die Nazis sind noch nicht alle getürmt, aber Du bist auch mutig und kaltblütig, wenn es um die versteckten Juden in Deinem und Deiner Freunde Haus geht. Es sind chaotische Tage und Zeiten. Du schlägst Dich auf keine Seite, beobachtest, schneidest nie auf – das beeindruckte mich an diesem Bericht am meisten.

An die Weimarer Republik hast Du ebenso wenig wie Jünger geglaubt.

Pap, mein Lieber, wir würden uns heute, als annähernd Gleichaltrige, besser verstehen als damals. Wir würden uns allerdings nicht bis auf den Grund unserer Seelen verstehen, es würde immer ein Rest Fremdheit zwischen uns bestehen bleiben, so wie damals auf dem Bieler Bahnhof, als Du mir die Hand gabst, aber keinen Kuss. Und wenn ich mir Dich gar als Großvater meines Sohnes vorstelle, als er so jung war wie ich damals mit acht Jahren, wäre das Band, das schon Dich und mich nur sehr lose umschlungen hat, zerrissen.

Es ist schon merkwürdig: Weil Du so alt warst, kann ich sozusagen über Deine Schulter noch tief ins 19. Jahrhundert blicken. Ich sehe dort meinen Urgroßvater und Deinen Großvater, Emil du Bois-Reymond, im Anatomischen Museum des Universitätsgebäudes Unter den Linden, später (1877) im eigenen Physiologischen Institut seine berühmt gewordenen Tierexperimente planen, die zur Entdeckung tierischer Elektrizität führten.

Es gab Tierställe und ein Aquarium mit Süß- und Meerwasserbecken, ein Ranarium (für Frösche), ein »Sommerranarium« auf dem Hof, Dampfmaschine, Gasmotoren, Wassermotoren, aber noch keine elektrische Beleuchtung, Batterie-, Eis- und Kadaverkammern, Instrumenten- und Präparatesammlungen … Der Direktor (Emil du Bois-Reymond) hatte nicht nur ein Amtszimmer, sondern auch ein chemisches und ein physikalisch-physiologisches Labor, eigene Ställe für Hunde und Kaninchen, ja sogar ein »Privatranarium des Direktors«.

So steht's in einer Biographie von Peter W. Ruff.

Schaue ich zur anderen Seite unseres Stammbaums, so treffe ich in der ersten Hälfte des 19. Jahrhunderts auf meine Urgroßmutter, Fanny Mendelssohn, die Komponistin und Schwester des Komponisten Felix Mendelssohn, der demzufolge mein Ururgroßonkel ist. Diese sind beide wiederum Abkömmlinge des jüdischen Philosophen Moses Mendelssohn. Als wir in der Schule »Nathan der Weise« von Lessing lasen, war mir diese Familienlinie nicht klar. Das hing nicht nur mit meiner Mutter, Deiner zweiten Frau, zusammen, die mir hierüber nie etwas erzählt hat (es gar nicht gekonnt hätte, so fern und fremd waren ihr diese Vorfahren), sondern auch mit Dir: Du hast nie mit unseren weltberühmten Vorfahren angegeben, das war Dir aus geheimnisvollen Gründen ähnlich peinlich wir mir. Um ehrlich zu sein, habe ich erst durch die in der Frauenbewegung erschienenen Biographien von Fanny Mendelssohn als meiner Vorfahrin Kenntnis davon bekommen. Und dann ist da auch noch der Kupferstecher Daniel Chodowietzki, der ebenfalls in unsere Familie gehört. Fühltest Du, wie ich später, dass wir kein Recht hatten, uns auf sie zu berufen, weil wir ihr Erbe nicht weitergeführt haben? Denn musikalisch brach die Verbindung völlig ab; keiner aus unserer Familie hat in der Musik etwas geleistet. Und auch auf naturwissenschaftlichem Gebiet können wir nach Emil du Bois-Reymond und seinem nicht minder berühmten Bruder Paul (Mathematiker) mit nichts Nennenswertem aufwarten.

Es gab nicht nur väterlicherseits berühmte Vorfahren. Auch auf der Seite meiner Großmutter gab es solche; sie stammte nämlich von den Kuhlenkampffs ab. Der Geiger Georg K. war ihr Bruder, ihrer beider Vater der Opernkomponist Gustav K. Eindruck machen mir meine berühmten Vorfahren in Bezug auf mich selbst auch heute nicht, ich fühle mich nicht durch mein Erbgut mit ihnen verbunden. Als junge Erwachsene, brausend vor Empörung über jeglichen Anklang an Rasse und Blut, wollte ich von Vererbung ohnehin nichts wissen, und es kann sein, dass Du, mein Vater und Antifaschist, aus ähnlichen Sentiments eine Abneigung gegen Abstammungsüberlegungen hattest. Auch darüber würde ich heute gerne mit dir reden, aber es muss bedauerlicherweise bei diesem spekulativen Brief bleiben.

Adieu, mein Lieber

Mein Stiefvater (1906-1991) war der zweite Ehemann meiner Mutter. Es fällt mir schwer, über ihn zu schreiben, ihm gerecht zu werden. Er war ein schwieriger Mann, voller Widersprüche. Er stammte aus einer Berlin-Potsdamer Familie der Hochbourgeoisie, sein Vater war ein hochrangiger Militärarzt gewesen, der Beziehungen bis hin zum Kaiserhaus hatte. Mein Stiefvater entsprach in seinem wissenschaftlichen Werdegang nicht den väterlichen Erwartungen, er wurde nämlich kein Mediziner wie sein älterer Bruder, sondern brach dieses Studium ab, wandte sich stattdessen der Psychologie zu, promovierte über Hirnverletzte des Ersten Weltkriegs, machte eine Ausbildung zum Psychoanalytiker und setzte seine Karriere als Professor an der Pädagogischen Hochschule in Berlin fort; zu seinem Leidwesen nicht an der Universität. Das war damals für jemanden mit diesem familiären und politischen Hintergrund eine nicht ganz standesgemäße Berufslaufbahn. Hierin liegt auch eine der Wurzeln für seine Lebensunzufriedenheit. Er löckte gern und oft übertrieben gegen den Stachel, insbesondere wenn es um Psychiater ging, deren medizinische Ausbildung er nicht hatte, oder um die politische Haltung von Personen in der Zeit des Nationalsozialismus und in der Adenauerzeit. Gegen das Establishment zu sein, war in den 1950er Jahren ungewöhnlich. Er war es prinzipiell, aus Lust am Widerspruch.

Widersprüchlich war auch sein Verhältnis zu meiner Mutter. Nachdem seine erste Ehe gescheitert war, hatte er sich 1949 mit einer eingefleischten Junggesellin verbunden. Das kam seiner Unkonventionalität, auf die er stolz war, entgegen; andererseits war er aber auch ein klassischer Vertreter seines Geschlechts. Ich habe ihn nie einen Nagel in die Wand schlagen, den Staubsauer betätigen oder gar in der Küche helfen sehen. In seiner Jugend war er ein begeisterter Motorradfahrer gewesen, er erzählte gern von abenteuerlichen Fahrten und seinem Wagemut. Von seinem Mut berichtete er auch, wenn die Rede auf die Nazizeit kam, die er als Heerespsychologe an der Ostfront verbracht hatte. Meine Mutter und ich glaubten ihm ohne weiteres sein Anti-Nazitum, aber seinen politischen Mut glaubten wir ihm nur zum Teil. Er war vermutlich intelligent und gewandt genug, um sich durch die Zeiten hindurch zu schlängeln, ob es allerdings eine Großtat war, ein Hitlerbild einmal nicht zu grüßen, bezweifelten wir, widersprachen aber wohlweislich nicht. Die Haltung seines Bruders, Militärarzt und weniger anti als mein Stiefvater, leuchtete uns mehr ein, seine Kriegsberichte erschienen uns realer. Er erzählte ohne Aufschneiderei, wie er in einer holländischen Stadt gegen Kriegsende das Schlimmste verhindert hatte. Wir spürten: Er war sehr mutig gewesen.

Meine Mutter hielt sich bei politischen Gesprächen nicht immer zurück, sie vertrat einen liberal-aufgeklärten Standpunkt, der meinem Stiefvater nie radikal genug war. Aber es waren sie und ihre Brüder, die mit Leuten des Widerstandes verbunden gewesen waren, wenn auch am Rand, und es war meine liberal-konservative Großmutter, die den Sohn ihrer jüdischen Freunde ohne den Schatten von Bedenken in ihrem Haus aufnahm und mit lokalen Nazigrößen verhandelte, um seinen Abtransport zu verhindern; zumindest hinauszuzögern. Zu den Brüdern meiner Mutter ist zu sagen, dass einer von ihnen, Architekt wie sein Vater, trotz seines tiefen Abscheus vor den Nazis es mit sich vereinbar hielt, Hermann Göring eine Villa zu bauen.

Wir lebten, wie alle Familien unserer Kreise, in den beginnenden Wirtschaftswunderjahren: gesichert, aber sparsam. Meine Mutter profilierte sich als Hausfrau – das war sie ja noch nie gewesen, auch nicht in ihrer kurzen ersten Ehe – gewissenhaft, aber ohne Lust. Mein Stiefvater war der Familienernährer (inklusive Alimentenzahlung an seine erste Frau und seinen Sohn aus dieser Ehe). Ich war das Kind. Aber nicht nur – ich war auch die Beobachterin dieser Ehe, die einen doppelten Boden hatte. Ich beobachtete aus nächster Nähe, wie ein Mann und eine Frau miteinander redeten und schwiegen. Ich erlebte eine Mann-Frau-Kommunikation, die mich hin und her warf zwischen Beruhigung und Beunruhigung. Ich spürte die verdeckten Aggressionen in den sprachlichen Äußerungen und tastete sie auf ihren Bedrohlichkeitsgrad ab. Es wurde nie laut, dafür waren beide Erwachsenen zu diszipliniert. Ich merkte aber, dass ich ein verstörendes Element in dieser Ehe war: Mein Stiefvater war regelrecht verliebt in mich, und weder konnte noch wollte er das verbergen. Schwer zu sagen, was aus dieser Ehe ohne mich geworden wäre.

Ich schlug mich auf die Seite meiner Mutter, konnte aber nicht umhin zu erkennen, dass die intellektuelle Potenz bei meinem Stiefvater lag. Trotzdem misstraute ich seiner wissenschaftlichen Produktion. Es müssen die mir übermittelten Vorbehalte meiner Mutter gewesen sein, die mich zu dem stillen Urteil brachten, seinen Aufsätzen fehle es an Schwung und Souveränität. Es erschien mir irgendwie unprofessionell und verquält, was er zu Papier brachte. Zu diesem merkwürdigen Urteil konnte ich als Jugendliche wohl kaum gekommen sein, ich muss es mir irgendwie subkutan aus tausenderlei Seitenbemerkungen meiner Mutter und atmosphärischen Schwingungen gebildet haben, die durch diese Anfangsfünzigerjahre in meinem Familienumfeld wehten. Mit dem Sensorium allergenauester Aufmerksamkeit, in welcher Ehe meine Mutter gelandet war, erfasste ich alles; intuitiv auch das intellektuell Unbefriedigende der Arbeiten meines Stiefvaters. Auch später, als ich erwachsen und urteilsfähig war, empfand ich die Lektüre seiner Aufsätze als anstrengend, vor allem stilistisch. Es machte mich aber stolz, dass er mich nicht als ein Kind behandelte, sondern als eine Partnerin, die er ins Vertrauen zog. Ich sprach (etwa ab meinem zwölften Lebensjahr) mit meinem Stiefvater über meine Mutter und mit meiner Mutter über ihn. Ich qualifizierte mich quasi als junge Therapeutin, der es, schon aus Eigeninteresse, darum zu tun war, dass alles im Lot blieb. Auch meine Mutter tat alles, um eine gleichmäßige Stimmung im Haus zu erhalten und machte es mir dadurch unmöglich, einen Konflikt mit meinem Stiefvater zu riskieren.

»Lolita« war ein Bestseller Ende der fünfziger Jahre, alle lasen und sprachen über dieses Buch. Als ich es las, war die Zeit, als mein Stiefvater etwas zu lange und etwas zu vertraulich an meinem Bett saß, um mir gute Nacht zu sagen, schon einige Jahre vorbei. Und er war kein Humbert-Humbert, dazu war er zu ängstlich und ich ein zu normales Kind. Es geht hier auch weniger um manifeste Übergriffe als vielmehr um seinen Phantasiehaushalt, dessen reiche Ausstattung mir nicht entging, und sei's nur in dem zärtlichen Kuss auf meine Wange und den zärtlich gemurmelten Gute-Nacht-Worten, die ich soweit wie möglich überhörte. Ich nahm es meiner Mutter übel, dass sie mich nicht vor seinen Zudringlichkeiten bewahrte, fühlte aber ihre Ohnmacht und Verlegenheit.

Mein Stiefvater hatte in der Zeit, als ich ihn kannte, keinen einzigen Freund, noch nicht einmal einen ihm nahestehenden Kollegen, obgleich er mit dem Ehepaar Mitscherlich und mit dem Theologen und Philosophen Paul Tillich gut bekannt war. Ich hörte ihn nur auf seine PH-Kollegen schimpfen, wie blöd sie seien, wie anpasserisch, wie karrieresüchtig, und wer alles ein Nazi gewesen war.

Er war aber durchaus ein guter Gastgeber. Wenn Verwandte oder Freundinnen meiner Mutter zu Besuch kamen, überbot er sich in Liebenswürdigkeit und Freigiebigkeit.

Je älter er und ich wurden, desto entspannter wurde unser Verhältnis. Als ich aus dem Haus und an vielen Orten war, hat er mir ungezählte Briefe geschrieben, in denen seine Sehnsucht nach mir mitschwang – eine Sehnsucht, die ich mit lebhaften und harmlosen gemeinsamen Briefen an ihn und meine Mutter zur Seite schob. Ich bemühte mich, ihm in seinen wissenschaftlichen Arbeiten zu folgen, fragte ihn nach Kongressen und Publikationen und machte eine sehr komplizierte Zeit mit, als ihm eine Universitätsprofessur (eine »richtige«) in einer anderen Stadt angeboten wurde und meine Mutter vor Angst, aus ihrer vertrauten Berliner Umgebung und Wohnung (und der täglichen Versorgung meiner alten Großmutter) herausgerissen zu werden, fast verrückt wurde. Ich war wieder Ehetherapeutin: Ihr schrieb ich (aus New York, wo ich damals war), sie solle nicht durchdrehen, es sei ja noch gar nichts entschieden, und wenn, so würde er bestimmt nicht in eine neue Beziehung/Ehe abdriften (ihre völlig unbegründete Angst; ihr lebenslanger Minderwertigkeitskomplex – dabei war mein Stiefvater ein solcher Angsthase, dass er ein solches Manöver nie gemacht hätte; sie hin und wieder heimlich betrügen schon eher). Ihm schrieb ich, dass ich mich für ihn freue. Es entwickelte sich dann so, wie ich gedacht hatte: Er benutzte den Ruf, um Bleibeverhandlungen zu führen und bessere Arbeitsbedingungen für sich herauszuschlagen – und alles blieb beim Alten.

Später, als Erwachsene, habe ich ihm seine Lolita-Leidenschaft verziehen, und dabei haben mir mein Mann und unser Malerfreund bei einem guten Glas Wein geholfen, als sie sagten: Na, hör mal, du warst doch auch ein süßer Fratz, da hätten wir an seiner Stelle auch gern mal zugegriffen!

Mein leiblicher Vater nicht anwesend, mein Stiefvater kein Vater. Mein dritter Nicht-Vater, Robert, war ein lebenslanger Freund meiner Mutter, mit der er Anfang der 1930er

Jahre einmal ein Verhältnis gehabt hatte, als beide Anfang zwanzig waren. Ich habe sie später oft gefragt, warum sie diesen jungen, interessanten und attraktiven Mann nicht festgehalten und stattdessen meinen so viel älteren Vater geheiratet hat. Sie hatte hierauf keine überzeugende Antwort. Vielleicht gab es die auch nicht; warum man mit diesem und nicht mit jenem lebt, hat nichts mit Stringenz oder irgendeiner Logik zu tun. Als ich nach ihrem Tod ihre Briefe an diesen gleichaltrigen jungen Mann las, wurde mir klar, dass sie mir etwas vorenthalten hatte oder dass ihr Gedächtnis tatsächlich mit einem Nebelschleier überdeckt war. Denn diese Briefe zeugen von einer tiefen Liebe und Bindung, die nicht sie, sondern er nach einer Zeit, die ich nicht datieren kann, zugunsten einer anderen Freundin löste. Sie wollte sich modern geben, nicht eifersüchtig sein, geradezu masochistisch lebte sie die Liebe zu der neuen Frau mit und hoffte; vergeblich.

Als dieser alte Freund Robert im Sommer 1959 wieder einmal zu uns auf Besuch kam, war ich gerade von meinem ersten Studiensemester in Freiburg i. Br. in die Ferien nachhause gekommen. Wir gingen mit ihm zum Essen aus, das heißt, er führte uns aus, wie das seine Gewohnheit war; mein Stiefvater hatte an solchen Abenden nicht viel zu sagen, Robert beherrschte das Gespräch, erzählte Klatsch und Aktuelles aus der Politik und dem Literaturbetrieb, berichtete nonchalant von seinen vielen Reisen, seinen Reportagen und seinen Buchplänen. Ich sah diesen Familienfreund nun, 19jährig, mit neuen Augen: ein Weltmann! Ich war hin und weg.

Ich stillte an ihm meine Sehnsucht nach Welt, nach informierter Meinung, nach Souveränität, nach künstlerischen und literarischen Ausdrucksformen und, ja, das auch und vor allem, nach Sicherheit. Welch Paradox! Wo sollte denn, bitte schön, die Sicherheit herkommen im Verhältnis einer sehr jungen Frau mit einem so viel älteren Mann (1910 geboren), noch dazu verheiratet und fünffacher Vater? Es war eine Sicherheit, die sich nur abgeschirmt von der Außenwelt herstellen ließ – und die herzustellen Robert auch immer nur zeitweise gelang. Er baute Nester für mich und uns, richtete Ferienwohnungen und Zweitwohnungen ein, wir betraten Hotels und wurden mit abschätzenden Blicken taxiert und natürlich mit der einschlägigen Frage bedacht: Ihr Fräulein Tochter, nehme ich an, ein Einzelzimmer? Ich genierte mich, aber er trat so auf, dass das Hotelpersonal höflich blieb.

Wichtiger als das schräge Außenbild auszuhalten und so weit wie möglich zu negieren, war damals für mich, dass mir dieser Mann zur absoluten Richtschnur für alle, wirklich alle Fragen ans Leben wurde. Wenn ich einmal die Sexualität und Erotik in einen gesonderten Raum einschließe, so war mir das Wesentlichste, dass ich durch ihn und seine politische und journalistische Tätigkeit erfuhr, was es heißt, ein unabhängiger Liberaler zu sein. Ich habe durch meine Beziehung zu ihm meine in Ansätzen bereits vorhandene Abneigung gegen jegliche Bindung an ein Kollektiv legitimiert, besser gesagt: sie ist mir ganz klar und bewusst geworden.

Die Haltung und Existenz eines unabhängigen Liberalen und Intellektuellen war für ihn prägend; er hat sie unbeirrt im Nationalsozialismus und als einfacher Soldat im Krieg durchgehalten, später als freier Journalist in Adenauers Republik. Er war eigenartiger Weise ein Mann ohne Angst. Das war keine Angeberei, das war das, was Menschen, die ihn nicht aus sehr naher Nähe kannten (Nähe war bei ihm gleichbedeutend mit Liebesverhältnissen), als eine Art Gläsernheit im Umgang mit ihm erfuhren. Das war, was eine kluge Journalistin in einem ihm mit großer Anerkennung gewidmeten Nachruf so ausdrückte: »Interessiert haben ihn die Menschen nicht.« Und in diesem besonderen Sinn interessierte er sich auch nicht für sich selbst.

Interessiert war er ausschließlich an seiner Arbeit, an seinen Projekten, der Wirkung seiner Recherchen im öffentlichen Raum. Er war der in die Öffentlichkeit Hineinwirkende schlechthin – ohne seine Schreibmaschine nicht vorstellbar.

Ich weiß nicht mehr, wie alt ich war, als ich mir überlegte, dass es einen Unterschied gäbe zwischen Tätigkeit und Produzieren. In der Arztfamilie, in der ich als Kind lebte, waren alle Mitglieder in dauernder Tätigkeit. Alle Kinder hatten, wie das für meine Generation prägend ist, ganz unabhängig vom sozialen und kulturellen Milieu, feste Aufgaben im Haushalt, geschlechtsspezifische: Ich musste abtrocknen und erlebte dabei die Küchenaktivitäten mit, die meine Tante jeden Morgen anordnete. Leben und Überleben hieß tätig sein, das galt in jener Zeit für Männer, Frauen und Kinder. Produktivität im engeren Sinn war das nicht.

Als mein Onkel seine Arbeit als Chirurg am Städtischen Kreiskrankenhaus wieder aufnahm, notierte ich, dass er eine Sonderstellung in der Familie einnahm, die auf etwas anderem als Tätigsein fürs Tägliche beruhte. Mittags erscheint er totmüde aus dem Krankenhaus und bekommt eine nur für ihn bestimmte Kalbfleischplatte, von der ich beim Abtragen auf dem Weg in die Küche heimlich nasche. Diese Vorzugsbehandlung beeindruckte mich; ich leitete daraus eine direkte Verbindung zwischen Produktivität, Männlichkeit und Vorzugsbehandlung ab.

Nach meiner Rückkehr nach Berlin 1950 gab es in den ersten Jahren meiner Jugend nur sehr wenige produktive Männer in meiner Umgebung. Ich nenne stellvertretend meinen Stiefvater, einen Onkel und meinen Großvater. Von ihnen war mir zunächst unklar, dann jedoch zunehmend deutlicher, dass sie produktiv und nicht nur tätig waren. Ich wollte deshalb auch produktiv sein, wie die Männer. Mein Stiefvater wäre als zweiter Ehemann meiner Mutter der Erste gewesen, um mir in dieser Hinsicht Aufschluss zu geben. Aber seine Arbeit und sein Beruf blieben mir schleierhaft. Ich schaute auf meine Mutter: Für sie war Produktivität die Auseinandersetzung mit Materialien und die Gestaltung bzw. Umgestaltung dieser Stoffe. Sie hatte nach dem Krieg eine alte Knipsschere gefunden, mit der früher die Straßenbahnschaffner die Fahrscheine ungültig knipsten. Diese Schere und ein größerer Posten Fallschirmseide brachten sie auf die Idee, Lampenschirme zu produzieren und zu verkaufen. An ihrem Schreibtisch mit der aufgelegten Sperrholzplatte arbeitete sie in den Nachmittagsstunden und fältelte Seide, später auch Pergament, bis daraus die typischen Fünfziger-Jahre-Stehlampenschirme entstanden. Ein von ihr selbst entworfenes Metallschild stellte einen Lampenschirm dar und zeigte ihren Namen und ihre Besuchsstunden an. Sie hatte es außen an der Hauswand befestigt. Als junge Frau hatte sie eine Lehre bei Marcel Breuer, einem damals berühmten Innenarchitekten, gemacht und hinterließ mir aus dieser Zeit einen selbst getischlerten, sehr eigenwilligen fünfeckigen Couchtisch. Sie liebte Handwerkliches in allen Formen – und die Menschen, die dies machten, die Handwerker. Meine Ehrfurcht vor Handwerkern, mein Vertrauen in ihr Können, habe ich von ihr übernommen. Meine Mutter war, mit einem Wort, etwas zwischen tätig und produktiv sein. Und sie hat mir vermittelt, niemals Produktive bei ihrer Arbeit zu unterbrechen: Arbeit geht immer vor.

Meine Mutter war unendlich stolz auf ihren Vater, der nicht nur halb Dahlem gebaut hat, sondern auch am Bau des Admiralspalastes an der Friedrichstraße und vieler anderer Berliner Gebäude und Wohnsiedlungen mit beteiligt war. Er war zu seiner Zeit ein sehr bekannter Architekt, aber so bescheiden, dass er sich gern im Hintergrund aufhielt und nie etwas von seinen wirklich großen Fähigkeiten hermachte. Meine Großmutter hätte es gern gesehen, wenn er stärker in den Vordergrund getreten wäre, in dem sie immer stand, während meine Mutter ihren Vater gerade wegen seiner Bescheidenheit liebte. Für mich war er ein sehr alter Mann, er war vielleicht noch schweigsamer als zu früheren Zeiten. Hin und wieder tauchte er aus seinem Bürozimmer auf, in dem er an Dingen arbeitete, die ich nicht sah (Studierte er am Ende seines Lebens noch einmal seine erfolgreichen Projekte, beugte er sich über alte Pläne und Zeichnungen?). Dass er aber ein Produzent war, wenn auch einer im Ruhestand, leuchtete mir intuitiv ein. Er war ein hervorragender Aquarellist, wie es viele Architekten seiner Generation waren, aber er konnte mehr als die meisten.

Mein Onkel war, wie sein Vater, ein erfolgreicher Architekt und ebenso bescheiden, wenn auch selbstbewusster. Wie sein Vater hatte er eine dezidiert auftretende (schöne) Frau geheiratet und wie seine Eltern drei Kinder in die Welt gesetzt. Er war in meiner frühen Jugend mein Lieblingsonkel. Ich liebte ihn aus mehreren Gründen: Erstens sah er gut aus (wie ich es damals bei meinem ältesten Vetter in meiner Sauerlandfamilie empfand), und das befriedigte meine ästhetischen Ansprüche. Zweitens liebte meine Mutter ihn und erwähnte ihn häufig zum stillen oder auch geäußerten Ärger meines Stiefvaters, der sich aus der Architektenfamilie seiner Frau ausgeschlossen fühlte. Drittens, und das ist hier das wichtigste: Ich wusste, dass im fernen Westdeutschland viele Gebäude von ihm standen und dass er ein florierendes Büro hatte. Ich wusste, dass er wohlhabend war, viel wohlhabender als wir, vielleicht sogar reich (sehr reich sogar, wie mir später klar wurde, als ich den Wert seiner umfangreichen Bildersammlung aus der klassischen Moderne beurteilen konnte). Kurz: Hier war ein Mann, der meinen Vorstellungen eines erfolgreichen Produzenten entsprach. Wenn ich mit ihm und seiner Familie für ein paar Tage mit nach Westdeutschland fuhr, zeigte mir seine Frau aus dem Auto die Siedlung, die er gebaut hatte, man konnte sie am Rande der Autobahn sehen. Später ging ich in Berlin am Zoo ins Aki-Kino (das war ein Kino, in dem nur Nachrichten und Kurzfilme liefen), das sein Büro entworfen hatte.

Meine Mutter und mein Stiefvater sammelten in den fünfziger Jahren damalige aktuelle Kunst (Nay, Thieler, Schuhmacher, Trökes), indem sie sich bei einer Galerie einschrieben, die Bilder gegen Gebühr auslieh, welche man nach einer gewissen Zeit auch erwerben konnte. Es gehört zu meinen guten Jugenderinnerungen, mit meinen Eltern in Ausstellungen zu gehen und ihnen zuzuhören, wenn sie sich mit meinem Lieblingsonkel über moderne Kunst unterhielten. Es war also die klassische und neuere Moderne in der Kunst, die mir Produzieren und Produkte in diesem Bereich anschaulich machte.

Meine eigene Produktion beschränkt sich aufs Schreiben. Ich bin zwar nur auf einige wenige meiner wissenschaftlichen Arbeiten wirklich stolz, aber schreiben erfahre ich als ein Glück.

Freunde und Freundinnen

Auf dem Dahlemer Gymnasium (1952-1959) wurden mir soziale Unterschiede deutlich. Auf der Volksschule hatte ich mit Kindern aller Milieus zusammengesessen. An ein Mädchen erinnere ich mich noch genau. Sie kam aus der damals wie heute im Betrieb befindlichen Domäne Dahlem und hatte eine bäuerliche Sprache. Auf ihrem groben und freundlichen Gesicht lag immer ein entschuldigendes Lächeln, als wolle sie sagen: Ich kann nichts dafür, dass ich hier bin. Wofür sollte sie sich entschuldigen? Sie gehörte auf die Volksschule und wusste, dass dies die Endstation ihrer Bildungslaufbahn war, ebenso gut wie »wir« wussten, dass wir noch viele Schuljahre vor uns hatten. Ich weiß nicht mehr, wie die Mischung der Gesellschaftsschichten in jenen zwei letzten Volksschuljahren war, die ich in Berlin mit seiner sechsklassigen Volksschule absolvieren musste, erinnere mich aber noch gut an unseren Klassen- und Sportlehrer, Herrn Nordmann. Er benutzte die Sportstunden gerne dazu, mit uns in der Turnhalle zu toben, lieber mit den Mädchen als mit den Jungen, und wir Mädchen waren alle verliebt in ihn. Ich gehörte zu seinen Lieblingen und spürte nur halb, dass seine Erziehungsideologie etwas bedenklich war: Der deutsche Junge muss hart sein. Und das deutsche Mädchen?

Der Übergang von der Volksschule aufs Gymnasium war groß. In meiner neuen Klasse hatte sich nach kurzer Zeit ein vierblättriges Mädchenkleeblatt gebildet, es repräsentierte das soziale Spektrum, das damals diesen Schulzweig besuchte: Ich war die Vertreterin des Großbürgertums, Fraktion der freien Berufe (mütterlicherseits) sowie des gehobenen Beamtentums (Familie meines Stiefvaters). Meine beste Freundin Bärbel war das Kind geschiedener Eltern, ihre Familie bestand aus der von ihrer Arbeit als kleiner Angestellten überlasteten Mutter und ihren beiden älteren Brüdern, der Vater kaum sichtbar im Hintergrund. Meine zweite Freundin, Sieglinde, war die Tochter eines mittleren Beamten. Sie hatte drei Schwestern und eine hochblondgefärbte Mutter. Rosie war die Vierte im Bunde. Sie kam aus dem, was man heute eine Unterschichtfamilie nennen würde; ihre ältere Schwester ging zwar zeitweilig auch aufs Gymnasium, aber es umgab sie, vermutlich nicht zu Unrecht, der Verdacht sehr früh- und freizügiger sexueller Betätigungen. Warum wir Rosie in unserem Kreis zuließen, weiß ich nicht mehr; ehrlich gesagt, fanden wir sie ein bisschen dumm, aber das wurde durch ihre ältere Schwester wettgemacht und machte ihren Reiz aus. Diese Schwester war sozusagen das Verbindungsglied zur erwachsenen Frauenwelt. Mit Rosie besprachen wir so aufregende Dinge wie Menstruationssorgen und natürlich alle Arten von Verliebtheiten.

Das Kleeblatt entwickelte sich folgendermaßen: Zunächst war Bärbel meine Busenfreundin, dann kam Sieglinde neu in die Klasse, und mir war klar, dass sie intelligent war. Sie war Klassenbeste, dafür bewunderte ich sie und verglich meine eigenen Leistungen mit ihren; nur in Deutsch war ich so gut wie sie (ein bisschen besser sogar, fand ich). Ich begann um sie zu werben; mit sehr schlechtem Gewissen meiner Erstfreundin Bärbel gegenüber. Ein Loyalitätskonflikt. Ich war 13 und holte mir Rat bei meiner Mutter. Sie löste das Problem, indem sie mir riet, sie einfach beide zu meinen Freundinnen zu machen. Das glückte, und ich nahm nun eine Zweiteilung vor: Bärbel war eben Bärbel, und mit Sieglinde konnte ich über Bücher und andere komplizierte Dinge reden.

Auf unserer als Elitegymnasium bekannten Schule waren Arbeiterkinder eine Seltenheit. In meine Klasse ging Pietro, Sohn einer italienischen Gastarbeiterfamilie. Er war kein guter Schüler, und einige der zumeist älteren Lehrer mit zweifelhafter politischer Vergangenheit straften ihn regelrecht für seine Herkunft ab. Ich habe ihn im Kapitel über meine Berufsträume unter der Kategorie Anwältin für die Entrechteten und Schwachen bereits kurz erwähnt. Hellwach für alles Psychologische und Soziale merkte ich, wie die Vorurteile dieser Lehrer sich Bahn brechen wollten. Als Klassensprecherin – das passte zu meinem Auftreten und meiner sprachlichen Gewandtheit – machte ich es mir zur heiligen Pflicht, gegen jegliche Ungerechtigkeit anzugehen, die man Pietro antun wollte. Ich warf mein ganzes Gewicht als allseits anerkannte und beliebte Schülerin in die Waagschale, wenn es irgendeine Unklarheit über ihn zu beseitigen oder zu rechtfertigen galt. Dieser Pietro betrug sich übrigens keineswegs wie ein geschlagener Hund, sondern steckte schweigend, aber würdevoll ein. Ich war nicht die einzige, die es für ihn aufnahm, es gab noch andere Großbürgerkinder in meiner Klasse, die genauso erzogen waren und handelten, aber ich war die Lautstärkste. Innerlich machte ich mir enorme Vorwürfe, wenn ich fand, dass ich den selbstgestellten Ansprüchen nicht genügte. Zu intrigieren oder Schadenfreude an der Niederlage einer Mitschülerin zu erleben, nein, das kam nicht in Frage.

Wir mussten damals bei jedem neuen Lehrer aufstehen und Auskunft über den Beruf unserer Väter geben, eingeschlossen möglicher Scheidung der Eltern. Pietro schnitt beim Beruf des Vaters am schlechtesten ab. Ich hatte es besser, verwies mit einem gewissen Stolz auf meine verwickelten Familienverhältnisse, dass meine Eltern geschieden, meine Mutter aber nun mit einem Professor verheiratet sei (sagte ich das mit diesen Worten?). Auch meine Freundin Bärbel gab sich als geschiedenes Kind zu erkennen – das war in ihrem Fall schon weniger großartig. Ich benutzte meine soziale Position, um Bärbel zu verteidigen, was zuweilen nötig war. Als schlechte Schülerin schockierte sie die überwiegend konservative Lehrerschaft, vor allem aber den stockkonservativen Direktor (Vorsitzender der Goethevereinigung), als sie eines Tages mit hautengen schottisch-karierten Dreiviertelhosen in die Schule kam. Hosen zu tragen war 1954 für Mädchen not done, setzte sich allerdings in den kommenden Jahren gegen alle Widerstände durch. Auch Rosie war schlecht in der Schule. Um ihr Schicksal kümmerte ich mich nicht. Im Gegensatz zu Bärbel trug sie einen Petticoat unter ihrem Glockenrock, der ihre Pummeligkeit attraktiv machte. Alle, auch die Lehrer, wussten, dass sie den gymnasialen Ansprüchen nicht genügte, nahmen es aber hin.

Ich habe diese Gymnasialzeit früher einmal für einen befreundeten Kollegen, einen Kinder- und Jugendsoziologen, der autobiographische Dokumente sammelte, so beschrieben:

»1955 war ich 15 und zum ersten Mal richtig doll verknallt; in den älteren Bruder meiner Schulfreundin Bärbel. Er hieß Norbert. Er hatte ein schmales hochmütiges Gesicht und ein Motorrad. Wochenlang ging ich mit der Erwartung zu Bärbel nach Hause, um ihn zu sehen. Er war fast nie da, aber ich hoffte bis zur letzten Minute eines jeden dieser langen Sommernachmittage, dass das Geräusch des Motorrades vor dem Reihenhaus mich aus meiner Sehnsucht erlösen würde. Wenn er in den Garten trat, so behandelte er uns, vor allem mich, mit charmanter Zuvorkommenheit. Ich wusste, es war nur Spiel. Von Rosie erfuhren wir, dass er etwas mit ihrer älteren Schwester hatte – was aber, blieb für mich im Undeutlichen hängen. (Wollte ich es damals nicht so genau wissen?)

Rosie war fast so kokett wie ihre ältere Schwester. Sie wusste aber merkwürdigerweise nicht, wo die Babies herkommen. Bärbel und ich machten deshalb einen Aufklärungsspaziergang mit ihr in den nahen Grunewald. Ihr Dackel war mit von der Partie und diente uns als Demonstrationsobjekt. Wir wussten alles über Babies, aber sie wusste mehr, Interessanteres. Sie glaubte uns übrigens nicht recht;

unsere biologischen Kenntnisse interessierten sie nur am Rande. Spannender fand sie (und wir), wie ihre ältere Schwester sich die Männer angelte, mit Korsetts, eng geschnürten Taillen und steif gebügelten Blusen. Sie war Vertreterin für Damenoberbekleidung (DOB) und hielt sich berufshalber oft in der Schweiz auf.

Bärbel war ein Ass im Sport. Sie hatte schlanke, muskulöse Beine, die ich erbittert bewunderte und sie mit meinen vollen Schenkeln verglich, die sich schnell bläulich verfärbten, wenn es kühl war. Sie trug die grünen Turnhosen unseres Gymnasiums als Shorts und hatte auch keinen Kinderbauch mehr. Ich hatte Gummis in meine Turnhosenbeine gezogen, das sah aber auch blöd aus und machte meine Oberschenkel nicht schlanker. Erst als ich mir zusammen mit Sieglinde eng anliegende schwarze Trikot-Sportkleidung zulegte und wir uns zu recht begabten Gymnastikturnerinnen entwickelten, war ich etwas zufriedener mit meinem Erscheinungsbild. Dazu schneeweiße Söckchen und weiße Turnschuhe, um die Beine so braun wie möglich erscheinen zu lassen. Auch auf Sieglindes Figur war ich neidisch, sie hatte nämlich die dünnste Taille von uns allen (56 oder 58 cm; ich dick in den 60ern).

Die jährlichen Schulsportfeste waren für meine Freundin Bärbel Triumphtage. Wie weit würde sie dieses Jahr springen? Und auf der Aschenbahn war sie die beste 100 Meter-Läuferin. Ich musste auch laufen und springen. Peinlich der dicke Jugendbusen in dem plumpen BH – die älteren Jungen feixten, wenn ich lief.

Alles in Sonnenlicht getaucht, der Sportplatz mit den Eltern und entspannten Lehrern, und wird er mich sehen, der Schwarm aus der 13b?

Nicht von Norbert mit dem Motorrad, sondern von Ulli, Bärbels lustigem jüngeren Bruder, bekam ich meinen ersten »nassen« Kuss. Zungenkuss war das Äußerste, was wir in dieser Hinsicht zu denken wagten. Der Initiationskuss. Jede von uns erwartete dieses Ereignis wie eine herrliche Entjungferung. Bärbel war uns voraus. Für uns alle gänzlich unerwartet und kaum glaubhaft, hatte sich ein wesentlich älterer Schüler in sie verliebt, vielleicht war er sogar schon aus der Schule raus. Sie hütete diesen Kuss, dem sehr schnell die wirkliche Entjungferung folgte, lange als Geheimnis vor uns. Ich war baff, als sie es mir erzählte, wir waren 15 oder knapp 16.

Ich merkte, wie ich meine Herrschaft über sie verlor. In der Schule wurde sie noch schlechter, ich schützte sie. Denn ich liebte sie und ihren Garten und das tobende Jungenleben darin, die Brüder und die Freunde ihrer Brüder, viele davon angehende Architekten. Ulli, der Lustige, raufte mit uns. So wurde Berührung möglich und blieb zugleich unsichtbar. Ein wilder Jungmädchen-Eros, unerkannt.

Der heiße Sommernachmittag. Da wird endlich wahr, was ich mir so oft ausgemalt hatte: der Mann, die Frau, der Kuss. An die Hauswand drückt er mich, hat übrigens Angst, das sehe ich in seinen braunen lustigen Augen. Sein kleiner Kirschmund presst sich auf meinen, öffnet sich. Todesschreck: die hastige, spitze Zunge. Das ist also der so lang ersehnte erste Kuss. Vom falschen Mann, ich wollte ihn von Norbert. Aber da nun passiert ist, was in den Schneiderjungmädchenbüchern immer nur angedeutet wird, soll's auch schön und echt sein. Und wirklich, ich zittere, wische mir hinterher den Mund ab, trete in ein anderes Sonnenlicht zurück in den Garten – süßes Geheimnis.

Auf dem Rad durch den lauen Abend nach Hause. Da sitzen sie am Tisch, die zwei Erwachsenen, die mich, jeder mit anderen Interessen, lieben und genau beobachten. Harmlos tun, nein wirklich, sie können es unmöglich sehen. Den Kuss ins schmale Bett des kleinen Einzelkindzimmers retten. Ein zerrendes Gefühl: Das war's nicht, ich wollte einen anderen Kuss. Schön war er aber doch, und ich habe nun auch mein Geheimnis, bin eingeweiht und aufgenommen in die Mädchengemeinschaft, die ihn hat und auf die anderen niederblickt, die ihn noch nicht haben. Scharfe Trennungslinie in der Klasse. Die Jungen wissen noch von gar nichts.

Der Sommer ist endlos und hält wunderbare Geschenke für mich bereit. Wie kam es zu jenem Tag, an dem Bärbel, ihr Motorradbruder Norbert und ich, nur wir drei, auf unseren Rädern zur Havel fuhren und einen seligen Tag im Schlauchboot paddelten? Über den Kopf seiner Schwester hinweg verständigten sich unsere Augen, seine und meine. Jetzt war es nicht mehr nur galante Zuvorkommenheit eines älteren Bruders der kleinen Freundin seiner Schwester gegenüber, mit der er mich ansah. Prickelnde Ruhe. Auch meine Beine sind heute schön, schöner als die meiner Freundin, weil ein Mann auf sie sieht und die Sonne sie schützt vor'm blau werden. Das sprudelnde helle Wasser, die Haut immer weicher und wärmer, und sportlich war's auch, wir paddelten die Havel rauf und runter. – Der Kuss wurde aber an diesem Tag noch nicht gegeben und genommen.

Die zwei am Abendbrottisch sind neidisch, mir ist das egal. Diesen Tag können sie mir nicht abfragen, abgucken, ich werfe ihnen nur kleine Erlebnisbrocken hin.

Der Kuss – wann wurde er denn nun ausgetauscht? Ich glaube, es war Winter. Schnee lag. Das Motorrad war auch dabei. Da ereignete es sich dann endlich, wieder draussen, an der Hauswand, und endlich, endlich so, wie ich das gewollt hatte. Das war nun doch eine andere Erfahrung, dieser Bruder hatte keine Angstfünkchen in seinen Augen, der wollte nur noch eins, und weil es natürlich nicht ging, mich gleich auf ein Bett zu werfen und auszuziehen, küsste er mich so wild und wüst, wie ich mir das in meinen Jungmädchenträumen vorgestellt hatte. Und die im Jungmädchendasein errichteten Grenzen zwischen Kopf, Mund und Busen riss er gleich nieder. Drückte mir nicht nur seine Lippen auf und öffnete meinen Mund für sein Zungenglied, sondern hielt mich auch so eng in seinen Armen, wie alle angebetenen Filmschauspieler ihre Liebsten, O. W. Fischer zum Beispiel. Und das war mir für eine gute Weile genug.«

Mein Jugendleben ging weiter. Als Oberschülerin ging ich mit meinem Freund Peter Rühe sehr oft ins Theater, das Westberliner Schiller- und Schlossparktheater und das Ostberliner Brechttheater. Es war noch die Zeit des selbstbewussten bürgerlichen Theaters mit hervorragenden Schauspielern (Ernst Schellow, den alle jungen und älteren Damen anhimmelten) und einem Repertoire, das sich aus Klassik und Moderne zusammensetzte. Peter war ein sehr ernsthafter Gymnasiast, und nie hätte ich damals gedacht, dass er sich zu einem der ersten und bekanntesten Poptheoretiker entwickeln würde (dieser Auf- und Umstieg vollzog sich außerhalb meines späteren Gesichtskreises, ich habe seine Biographie gegoogelt). Als Oberschüler feierten wir Parties, tanzten so wild, wie's sein musste, Rock'n'Roll, tranken Rotweinfusel und probierten unsere Anziehungskraft auf das andere Geschlecht aus. Ich las enorm viele Bildungsklassiker: Thomas Mann (seinen Bruder Heinrich erst später und Klaus Mann noch viel später), Musil, Hesse, Fontane, Goethe, Nietzsche und Edelkitsch, den meine Mutter und ihre Freundinnen lasen (Vicki Baum, Pearl S. Buck). Ich kannte von meiner Heimatstadt nur wenige Viertel, und zu denen gehörten der Wedding und Kreuzberg nicht. Ich verlebte eine behütete Dahlemer Jugend.

Nach einer Herzensfreundin habe mich mein ganzes Leben gesehnt. Es ging mir nie um viele Freundinnen, sondern um eine, eben meine. Ich hatte und habe Freundinnen, aber mein Traum war ein anderer. Um das zu verstehen, muss ich noch einmal auf meine Mutter zu sprechen kommen. Sie war es nämlich, die diesen Wunsch in mir entstehen ließ und seine Erfüllung zugleich vereitelte. Dazu muss ich etwas ausholen: Ein Jahr, nachdem ich zurück in Berlin war, mit elf Jahren, fragte sie mich, ob ich etwas dagegen hätte, wenn sie den Mann heirate, mit dem sie seit zwei Jahren zusammenlebte und mit dem wir nun unsere Kleinfamilie bildeten. Ich sehe uns noch beide in ihrem Schlaf-Arbeitszimmer sitzen; sie in ihrem kleinen Kindersessel, der heute bei mir in der Wohnung steht und auf dem ich abends meine Kleider ablege. Ich saß auf einem ebenfalls kleinen Sofa. Von beiden Möbelchen hat sie sich nie getrennt. Es war eine gemütliche Zeit, mein zukünftiger Stiefvater war für ein paar Monate zu einem Gastsemester in Amerika, und meine Mutter und ich genossen unsere Zweisamkeit. Mit meiner Mutter in ihrem schönen, sonnigen Zimmer war es eigentlich immer gemütlich. Sie hatte ihre Kaffeetasse auf dem fünfeckigen selbstgetischlerten Couchtisch vor sich und rauchte.

Es muss in dieser Zeit gewesen sein, als ich einmal mit ihr einen Ausflug zu einer Bekannten machte. Sie hatte von einem Freund aus der Nachkriegszeit (ein Uhrmacher, das passte zu ihr) ein Herrenfahrrad übernommen, es war grün und sie nannte es »Knöpfchen«. Bei jenem mir unvergesslichen Ausflug saß ich vor ihr auf der Seitenstange auf einem kleinen Kissen, und wir jauchzten jedes Mal, wenn es ihr gelungen war, um eines der vielen Schlaglöcher (noch aus dem Krieg) herumzufahren und wir auf den Sandwegen durch den Grunewald auf dem Weg nach Westend nicht umgekippt waren. Ich weiß noch, welches Kleid sie trug …

Und nun diese Frage. Ich fühlte mich verpflichtet zu sagen, dass ich natürlich nichts gegen ihre Heirat einzuwenden hätte. Was hätte ich einwenden können? Mein Stiefvater hatte mich mit großer Freude als seine kleine Stieftochter angenommen, ja, er war geradezu entzückt von mir. Die Frage meiner Mutter stürzte mich damals in ein Gewissensproblem, denn viel lieber wäre ich mit ihr allein geblieben. Sie war unsicher, das spürte ich. Sie hatte damals einen unangenehmen Ausschlag auf ihrer Nase, Schmetterlingskrankheit nannte sie ihn und überpuderte ihn jeden Tag sorgfältig, voller Angst, er könne sich ausbreiten (die Schmetterlingsflügel). Sie fand sich hässlich. Ich sagte: Aber das sieht man doch gar nicht! Dieser Ausschlag verstärkte ihr Gefühl, nicht begehrenswert zu sein. Mich beleidigte das stellvertretend; gleichzeitig fühlte ich mich solidarisch mit ihr. Durch ihre ganze Art – eine Mischung aus Depressivität (ich muss sie beschützen) und Burschikosität (die ich mochte und imitierte) – war sie für mich eher eine ältere Gleichaltrige als eine sehr viel ältere Mutter, die einer anderen Generation angehörte. Man könnte also vielleicht sagen, dass sie in meinem Jungmädchenleben den Platz besetzte, der eigentlich einer Freundin gebührt hätte. Die fand ich zwar später in Bärbel und Sieglinde, aber es blieb ein Traumrest. Ich war als Jugendliche und später als Erwachsene auf der Suche nach einer starken und schönen Frau, einer Mischung aus Klassik (meine Tante, meine Großmutter) und Abenteurertum, das ich immer in meiner Mutter gespürt habe; einer Frau, die ich selbst werden und sein wollte. Und eine solche Freundin wollte ich haben.

Damals, als ich meine Mutter sozusagen an meinen Stiefvater abgeben musste und es nichts wurde mit unserer gemütlichen Zweisamkeit, wuchs in mir der Wunsch nach einer innigen Mädchenfreundschaft. Es sollte eine Freundschaft sein, in der ich völlig entlastet wäre, nicht darüber nachdenken müsste, ob alles in Ordnung sei, ob ich etwas zu tun versäumt hätte, und ich wollte nicht beschützen, sondern beschützt werden. Überhaupt wollte ich nicht dauernd denken müssen, ich wollte eine symbiotische Freundinnenfreundschaft – eine, in der ich alles sagen, alles teilen, alles geben und nehmen könnte, ohne Hintergedanken. Und ich wollte eine solche Freundin nicht mühsam finden müssen, sondern sie sollte mir zufliegen, mein Alterego, am liebsten eine Zwillingsschwester (das doppelte Lottchen). Nie mehr allein sein.

Mir fällt ein, dass ich, wenn meine neuen Eltern ins Kino gingen, Angst hatte, allein in der Wohnung zu sein. In meiner Sauerlandfamilie war ich nie allein im Haus gewesen, schon gar nicht abends. Nun ging ich in das Zimmer meiner Mutter und machte mir auf ihrer Schlafcouch aus den bunten Kissen ein Nest, in das ich mich legte und auf ihre Rückkehr wartete.

Meine erste, mir noch erinnerliche Freundinnensehnsucht (es war noch auf der Volksschule) galt meiner Cousine Marlene. Sie kam mit meinem Lieblingsonkel und ihren beiden jüngeren Geschwistern jede Weihnachten auf Besuch und schlief auf einer Matratze neben mir in meinem kleinen Zimmer. Wir waren beginnende Backfische, noch halbe Kinder. Für meine Sehnsucht, sie ganz für mich alleine zu haben, hatte sie keine Antenne, sie war an ein Geschwisterkollektiv gewöhnt. Immerhin: Wir lasen im Bett »Heidi« und weinten beide wie die Schlosshunde. Aber während sie einfach weinte, weinte ich mit einem halben Auge auf sie: Empfand sie Heidis Schmerz und Freude, nachdem Clara wie durch ein Wunder gerettet worden war, ebenso stark wie ich? Bemerkte sie, dass ich weinte, und spürte sie, dass meine Tränen auch uns galten? Nach Neujahr fuhr sie mit ihren Geschwistern und Eltern wieder fort und verließ mich ohne ersichtlichen Abschiedsschmerz.

Viel länger dauerte meine Freundschaft mit Bärbel auf dem Gymnasium. In dieser Freundschaft hatte ich, wie bereits erwähnt, die Führung – jedenfalls in der Schule. Ich habe zwar mit ihr alles besprochen, was junge Mädchen in diesem Alter miteinander besprechen, zum Beispiel, welchen Pullover wir schick fanden und welche Lehrer blöd, und sicher haben wir auch über unsere Eltern gesprochen, über ihre immer missgelaunte Mutter, vielleicht auch über ihren Kummer über die geschiedene Ehe, aber ob ich ihr meine Beschwernisse mit meinem Stiefvater erzählt habe, der mich ein wenig zu lieb hatte? Ich bin mir nicht sicher.

Es war eine lustige, eine gute, eine herzliche Freundschaft. Und eine, die sich zumeist in ihrem Garten mit ihren älteren Brüdern und deren Freunden abspielte, die sich in mich, und ich mich in sie, verliebten. Das war schön. Ich habe Bärbel jedoch später, wie auch Marlene und Sieglinde, aus den Augen verloren, und das lag wohl mehr an mir als an ihr.

Warum habe ich sie mir nicht bewahrt, diese Jungmädchenfreundschaften? Gewiss, ich habe halsbrecherische Liebes- und andere Abenteuer hinter mich gebracht und war nach dem Abitur viele Jahre fort aus Berlin, aber ist das ein Grund, seine Freundin aufzugeben? Eine beste Freundin aus der Schulzeit ist doch eine, der man auch aus der Ferne schreibt, mit der man telefoniert, auf deren Wiedersehen man sich freut, wenn man mal wieder am Ort ist. Amnesie: Ich weiß nicht mehr, wie ich sie verloren habe. Unsere Lebensläufe gingen auseinander, wir konnten uns nicht mehr zuwinken, und die goldene Zeit in ihrem Garten war vorbei.

Ich war, würde ich aus heutiger Sicht sagen, auf der Suche nach etwas, das Bärbel nicht vermuten und nicht befriedigen konnte: meine Neugier danach, wie ich im Spiegel einer Anderen, mir Seelenverwandten aussähe. Bärbel war das nicht, mit ihr verband mich keine Seelenfreundschaft, sondern eine sehr liebe Jungmädchenfreundschaft, aber es blieb eine Leerstelle. Ich schaute mich nach einem solchen Mädchen um. Zunächst fiel mein Auge, wie gesagt, auf Sieglinde, die Klassenbeste. Mit ihr konnte ich nicht nur über passende Pullover und taillenenge Röcke sprechen, sondern auch über Bücher und Theaterstücke. Sie hätte es vielleicht werden können, wonach ich mich sehnte – aber sie wurde es nicht, irgendwie war sie mir zu lahm. Wir nannten sie »Schnecke«, durchaus liebevoll, sie nahm das nicht krumm und stand zu ihrer Langsamkeit (und Gründlichkeit, die ich nicht hatte). Auch später, als wir für kurze Zeit zusammen studierten, blieb sie zwar eine Freundin, aber eine Freundin fürs Leben wurde sie mir nicht.

Es gab damals noch ein anderes Mädchen in einer meiner gymnasialen Klassen; sie hatte hohe Backenknochen, sehr schräg stehende blaue Augen und trug den seltsamen Namen Turit. Sie kam irgendwo von weit her und hielt sich fern von unserem Mädchenkleeblatt. Es wurde gemunkelt, sie habe einen älteren Freund, mit dem sie bereits zusammenlebe. Ich fand sie spannend, aber ich kam nicht an sie heran, sie hielt Abstand. Mir war damals noch nicht klar, dass es das war, was mich an ihr reizte: dieser Abstand, dieses andere, geheimnisvolle Leben. Vielleicht wäre sie es gewesen, nach der ich Ausschau hielt, eine Außenseiterin, die eine verwandte Seite in mir anschlug.

Ich wurde selbst zu einer Außenseiterin, als ich mich mit 19 Jahren in Robert verliebte. Mit einem Schlag entfremdete ich mich mit dieser Liebe zu einem dreißig Jahre älteren verheirateten Mann von meinen Altersgenossen. Gerade in dieser Zeit hätte ich eine Herzensfreundin gut gebrauchen können. Ich war aber durch diese extreme Beziehung so in Beschlag genommen, dass ich alle Hände voll zu tun hatte, um in Balance zu bleiben. Während meiner Jahre mit ihm habe ich einige Frauen kennengelernt, die mir kurzfristig zu Freundinnen wurden, aber nun hatte Robert den Platz meiner Mutter als »Verhinderer« für intensive Frauenfreundschaften eingenommen; einerseits weil er meine Bedürfnisse nach Symbiose abdeckte (jedenfalls erfuhr ich das damals so), andererseits, ganz praktisch, weil er und ich so oft den Wohnort wechselten.

Als ich 1966 aus New York nach Berlin zurückkehrte (ich berichte über meinen Amerika-Aufenthalt später) und dort mein Studium fortsetzte, hatte ich nach langer Zeit endlich Gelegenheit, mich in vertrauter Umgebung auch nach neuen Freundinnen umzuschauen. Es war die Zeit, in der alles in Bewegung war – ich am meisten. Ich entdeckte meine eigene Generation, von der ich so lange getrennt gewesen war. Ich war nun Teil einer größeren Gruppe von

Gleichaltrigen, jungen Männern und Frauen, die mir ähnlich waren, wie mir schien. Wir taten und wollten dasselbe: Wissen erlangen, Beziehungen ausprobieren, über eine bessere Gesellschaft diskutieren und sie verwirklichen, uns aufregen. Ich habe in jener Zeit auch neue Freundinnen gefunden, Christine zum Beispiel, mit der ich Soziologie studierte und die ein Händchen dafür hatte, sich gut anzuziehen, was mir nie so perfekt wie ihr gelang; mit ihr habe ich ausdauernd über die Beziehungsprobleme mit unseren damaligen Freunden gesprochen; es war die Zeit, in der wir alle dachten, dass nicht nur die Gesellschaft, sondern auch die Liebe neu gemacht werden müsse.

Die Sehnsucht nach einer symbiotischen Frauenfreundschaft blieb, angereichert mit einem neuen Motiv: Ich wollte erobert werden, so wie mich Männer eroberten. Dieses wundervolle Gefühl wollte ich auch bei Frauen erleben, und das musste umso wundervoller sein, als dabei alles wegfallen würde, was die Frau-Mann-Liebe so kompliziert macht: Geschlechterkampf, Eifersucht, Verlassensangst. Es ist mir nie zuteil geworden, nie hat eine Frau ernsthaft um mich geworben; ich (unerkannt) um viele.

Jahre später, ich war inzwischen in die Niederlande übergesiedelt, lernte ich auf einer Konferenz zwei Frauen kennen, die sozusagen spielerisch um mich warben, vielleicht weil ich als Ausländerin interessant war, oder auch aus anderen Gründen. Beide waren bekannte holländische Feministinnen. Ich entschied mich sofort für eine von beiden, sie hieß Carolijn und war eine Frau, von der man sagt: mit der kann man Pferde stehlen. Ich war hingerissen von der Erfahrung, erobert zu werden. Ich war so verliebt in sie, dass ich überhaupt nicht verstand, dass sie es nicht mit eben solcher Stärke auch in mich war. Aber sie hatte andere Probleme, Männerprobleme. Ich nahm meine Rolle als Trösterin an. Und so wie ich als Kind und Jugendliche meinte, meine Mutter (und Bärbel) schützen zu müssen, fand ich es nun nötig, meine neue Freundin zu beschützen – eine Liebesgabe, die sie gar nicht haben wollte; sie betrachtete sich als voll-emanzipiert. Damit stand für sie nicht im Widerspruch, dass sie weinte, wenn sie über ihre unglücklichen Beziehungen sprach. Schon nach sehr kurzer Zeit – genau genommen nach wenigen Tagen – hatte sich die Dynamik von Erobern und Erobertwerden umgedreht, und ich war es, die um sie warb. Ich liebte ihren kleinen sehnigen Körper, der mich irgendwie an meine Mutter (und auch an Bärbel) erinnerte. Zudem hatte sie so etwas wie Berliner Humor, der mich heimatlich berührte. Wie viele Holländer sprach sie fließend, wenn auch nicht korrekt deutsch. Das machte ihre Burschikosität und Lustigkeit (wenn sie lustig war) nur umso liebenswerter.

Carolijn und ich arbeiteten zeitweilig zusammen in einer Gruppe, die die Lebenserinnerungen niederländischer Zeitzeugen aus der Zeit der deutschen Besetzung sammelte. Wir waren befreundet, innig und sinnlich, aber es blieb ein Rest von unbefriedigter Sehnsucht meiner-, nicht ihrerseits. Ich glaube, sie machte sich nicht klar, wie tief meine Sehnsucht war; sie fand, wie wir miteinander umgingen, ganz in Ordnung. Ich weiß noch, wie erstaunt sie reagierte, als ich anfangs forderte, wir müssten uns nun mindestens einmal die Woche sehen, um uns alles aus unserem bisherigen, nicht gemeinsamen Leben zu erzählen, unsere Fotobücher zusammen anzuschauen, um uns die Biographie der anderen zu bebildern und einzuverleiben. Einmal die Woche? Einmal im Monat wäre viel; sie war sehr beschäftigt. Das war ich, inzwischen Hochschullehrerin an der Universität Leiden, auch, aber das zählte für mich nicht. Wir besuchten in Amsterdam (wo sie mit ihrem Freund und ihrer kleinen Tochter wohnte) die altmodische Grachtensauna, gingen gern und oft ins Kino und machten zwei, drei kurze Damenreisen in die Ardennen und nach Griechenland.

In Griechenland, Korfu, ließen wir uns, Damenliebe

hin, Damenliebe her, auf den einfachen Charme von zwei griechischen Fischern ein, der jüngere wandte sich Carolijn zu (sag dem bloß nicht, wie alt ich bin, flüsterte sie mir zu), der ältere mir. Sie waren sehr höflich und selbst darüber erstaunt, welche merkwürdigen Fische da in ihre Netze geschwommen kamen. Wir nützten ihre Treuherzigkeit aus, verabredeten uns mit ihnen um 4 Uhr morgens auf ihrem Boot, um mit ihnen aufs Meer fischen zu fahren. Dort ereignete sich die ebenso peinliche wie komische Szene, dass wir beide das Wasser nicht halten konnten und sehr dezent in eine uns mit abgewandten Köpfen hingereichte alte Konservendose pinkelten. – Das waren schöne Zeiten, aber auch traurige; für sie, weil sie an ihre unglücklichen Männerlieben dachte, für mich, weil ich nur an sie dachte. Ich verfasste ein Gedicht auf sie, in dem ich ihre türkisblauen Augen und ihren begehrenswerten Rücken zitierte; mein Musikermann verwandelte den Text in eines der vielen Lieder, der auf einem Tonträger meine Liebe überdauerte.

Unsere Freundschaft ging unschön zu Ende. Carolijn unterstellte mir bei einer politischen Auseinandersetzung, ich würde ihr in der NS-Zeit notfalls nicht die Tür geöffnet haben. Das kam sehr unerwartet, denn politisch lagen wir auf einer Linie. Sie kam aus einem »roten Nest«, wie die Holländer sagen, ihr Vater war und blieb ein aktiver Kommunist. Wenn Carolijn bei uns zum Essen war, tauschten mein Mann und ich unsere wechselseitigen Ländergeschichten mit ihr aus, insbesondere die politischen. Carolijn bewegte sich durch die holländische Politik- und Kulturszene mit eben solcher Selbstverständlichkeit wie alle Amsterdamer Intellektuellen. Zu deren Habitus gehörte eine gezügelte Deutschfeindlichkeit, gepaart mit Pauschalurteilen, die der Kompliziertheit der deutschen Politik und Kultur selten gerecht wurden. Amsterdamer Intellektuelle fühlen sich prinzipiell links, intellektuell und den anderen Stadt- und Landesbewohnern überlegen. Carolijn war eine geradezu klassische Vertreterin dieser holländischen Spezies.

Geblieben aus meinen holländischen Jahren ist mir außer einigen wenigen jüngeren Kolleginnen und den Partnerinnen befreundeter (Ehe-)paare nur eine Freundin, Marijke. Sie war (und ist) ein paar Jahre älter als ich und hat einen für die holländische Frauenbewegung gar nicht untypischen Lebenslauf. Wie alle bürgerlichen und großbürgerlichen Töchter begann sie ein Studium, wobei das Studentinnendasein in den 1960er Jahren hier noch sehr stark geschlechtsspezifisch organisiert war, sowohl was die Fächerwahl anbelangte – Französisch, Niederländisch, Kunstgeschichte – als auch das Studentenleben selbst, mit streng getrennten Männer- und Frauenvereinigungen und rituellen Veranstaltungen, auf denen die Geschlechter sich begegneten und wo auf Semesterabschlussbällen zukünftige Verbindungen geschlossen wurden. So auch bei Marijke. Sie heiratete einen Mathematiker, der Professor wurde und mit dem sie eine Dreikinderfamilie gründete. Sie engagierte sich in der aufkommenden Frauenbewegung und ließ ihre latent lesbischen Neigungen manifest werden. Sie zog für ein paar Jahre mit einer Freundin zusammen, die Kinder betreute ihr Mann. Das war gewiss ungewöhnlich, noch dazu bei einer Lehrerin, die sie inzwischen geworden war. Noch ungewöhnlicher fand ich, als kulturelle Außenbeobachterin, eine Szene, die in einem bekannten Amsterdamer Café stattfand. Dort versammelten sich zu Marijkes 50. Geburtstag ihre Freunde und Freundinnen, ihre Eltern (beide Lehrer), ihre Kinder, aber nicht ihr »Ex«. Und alle lauschten mit großer Selbstverständlichkeit und Heiterkeit den Festreden, in denen ihre lesbische Lebensweise keineswegs ausgeblendet wurde.

Marijke hat literarische Ambitionen, sie hat einige Bücher geschrieben – eines über ihre Studentinnenzeit, in dem sie beschreibt, wie zu ihrer Zeit die Töchter an den akademischen Mann gebracht wurden. Das war in Deutschland/Berlin die Zeit, in der ich, drei Jahre jünger als sie, aufs lustigste und kräftigste mit meinen Jugendfreunden flirtete, während Marijke mit einem Strickkörbchen in ihre Studentinnenvereinigung zog. Sie ist eine durch und durch reelle Frau geworden und hat, im Gegensatz zu so vielen Amsterdamer Intellektuellen, nichts Übertriebenes an und in sich. Sie hat einen unbestechlichen Verstand, und sie ist treu; wir sind uns treu. Seit mehreren Jahren lebt sie mit ihrer ebenfalls lesbischen (und ebenfalls geschiedenen) Partnerin zusammen, jede in ihrer eigenen Wohnung und mit vollen Terminkalendern.

Wenn ich heute, mit 70, auf all diese Jahre zurückschaue, so tauchen aus dem Erinnerungsstrom einige Frauen wie Nixen auf. Sie sitzen vor mir auf ihren Flussfelsen, und ich erkenne in ihren Gestalten Teilstücke meiner Sehnsüchte von damals. Angelika Schrobsdorff zum Beispiel, eine Freundin von Robert, die Anfang der 1960er Jahre einen Skandalroman über alle ihre Herren schrieb und Ende der 1970er ein großartiges Buch über ihre Mutter und ihre komplizierte Jugend in Berlin und Bulgarien. Ich wohnte in meiner Münchner Zeit ein paar Wochen in ihrer Wohnung und inspizierte heimlich ihren Kleiderschrank und ihre Wäscheschublade, in der sie ihre Garderobe und ihre seidenen Unterhöschen und Spitzenbüstenhalter aufbewahrte. Sie war so elegant, dass ich mir immer wie ein Trampel neben ihr vorkam. Tauschen wollte ich nicht mit ihr, ich wollte einfach nur so elegant wie sie sein und hätte gern ihre großen, schräg stehenden braunen Augen gehabt. – Vera Elyachiv, eine israelische Journalistin, auch sie um einige Jahre älter als ich (und ebenfalls eine Freundin von Robert) mit dem faszinierenden Schicksal einer aus dem KZ Entkommenen. Wie beneidete ich sie um ihre Tapferkeit und Lebensklugheit! Sie war extravagant und ganz eindeutig eine Männerfrau; keine mögliche Freundin für mich. – Irena Vrkljan, Jugoslawin, zehn Jahre älter als ich, Lyrikerin, in ihrer Jugend eine südländische Schönheit; ich war überglücklich, als ich ihr und ihrem Berliner Schriftstellerfreund Benno Meyer-Wehlack meine Berliner Wohnung stundenweise überlassen konnte, damit sie einen Ort für ihre Liebe fänden; eine Liebe, die unverbrüchlich wurde, für einander und immer auch für mich. – Die verrückte Mi aus der Pariser Existenzialistenszene, die mit den einschlägigen Schriftstellern dort befreundet gewesen war, Camus zum Beispiel, und die mir in meiner Polen-Zeit (ein späteres Kapitel) eine gute Kameradin wurde. Auch Ulrike Meinhof, über die ich noch berichten werde, gehörte zu diesen Frauen, die ich mir zeitweilig als Traumfreundinnen angeeignet habe.

Es hat mit meiner Beziehung zu Robert zu tun, dass ich in meiner Zeit mit ihm keine jungen Frauen kennenlernte, die meine Freundinnen, gar Herzensfreundinnen hätten werden können. Es waren immer in erster Linie seine Freundinnen.

Im Laufe der Jahrzehnte habe ich mich von der Zwangssehnsucht einer »besten (einzigen) Freundin« befreit und genieße die Beziehungen, die sich erhalten haben, umso mehr. Aber – und daran zeigt sich die Persistenz frühkindlicher Erwartungen und Enttäuschungen: Wenn zum Beispiel heute meine Lieblingsfreundin Doris ganz beiläufig ihre Freundin X erwähnt, gibt es mir einen winzigen Stich in mein abgehärtetes Herz.

März 2010. Ich war sehr gespannt auf diesen Nachmittag: Nach vielen Jahrzehnten würde ich meine ehemalige Schulfreundin Bärbel wiedersehen. Als sie die Treppe heraufkommt, die sie als Schülerin immer heraufgestürmt war, um mich zu besuchen, erkenne ich sie nicht gleich und wäre auf der Straße an ihr vorübergegangen. Nach kurzer Zeit habe ich mich in ihr Gesicht eingesehen, ein sehr gut erhaltenes, schön gebräuntes Gesicht mit dem etwas trotzigen, aber zum Lachen aufgelegten Mund und den braunen Augen, die oft traurig blicken konnten, so lustig wir's als Mädchen auch zusammen hatten. Ich erzählte ihr nichts von meinem Schreibprojekt, und schon gar nichts von diesem Kapitel; noch nicht. Im Austausch unserer Erinnerungen bedurfte es nur kleiner Nachfragen meinerseits, um dahinter zu kommen, warum unsere Jungmädchenfreundschaft nicht gehalten hatte. Erinnerung, sprich! Sie hat gesprochen, aber eine zuverlässige Quelle ist die eigene Erinnerung nicht, wenn vergangene Wirklichkeiten aus verschiedener Sicht beleuchtet werden. Und es ist ein Schock, damit konfrontiert zu werden.

Der für meinen inneren Monolog über Erleben und Erinnern wichtigste Perspektivwechsel, den Bärbel mit ihren Erinnerungen an uns und an damals vornahm, war ihre Antwort auf meine Frage, wie wir uns aus den Augen verloren hatten. Es stellte sich heraus, dass sie mit knapp 16 Jahren das Gymnasium verlassen hatte und als Au-pair-Mädchen nach England gegangen war. Aus drei Gründen: erstens, weil ihr das Lernen immer schwerer fiel, zweitens, weil ein wesentlich älterer Mann sie verführte, und drittens, weil ihre Mutter auf diese Beziehung eifersüchtig war. – Auch hier das déjà vu: Als Bärbel den Namen dieses Mannes nennt, sehe ich auch ihn wieder vor mir. Er war der Halbbruder einer meiner Jugendlieben aus ihrem Garten.

Wir gleichen im weiteren Gespräch unsere Biographien miteinander ab: Ihr Liebhaber war 15 Jahre älter, meiner 30 Jahre; beide bekannte Journalisten. Sie war mit 16 drei Jahre jünger als ich mit 19, als wir eine solch altersunangemessene Liebe eingingen, ohne das voneinander zu wissen. War das alles Zufall, diese eigenartige Parallelität unserer Lebenswege? Oder waren diese unzeitgemäßen Liebesbeziehungen vielleicht gar nicht so außergewöhnlich, wie ich gedacht hatte? Lag darin nicht auch etwas Zeittypisches, das mit dem Geschlechterverhältnis zu tun hat, wie es damals interpretiert wurde, von uns als jungen Frauen, aber auch von den Männern, die uns verführten und von denen wir uns verführen ließen? Es war in unserer Generation offenbar gar nicht so selten, der tradierten Frauenbiographie einen solchen Kontrapunkt entgegenzusetzen, vielleicht sogar weniger selten als heute. Ich war also gar keine solche Außenseiterin gewesen, wie ich mir eingebildet hatte, teils stolz, teils besorgt. Und Bärbel hatte ich möglicherweise einfach deshalb verloren, weil sie eher als ich aus der Normalbiographie ausgestiegen und aus meinem Gesichtsfeld entschwunden war.

Bärbel, eine Schulabbrecherin. Ich hatte schon damals nie an sie als ein Dummerchen gedacht, eher an eine, die's mit der Schule nicht so hatte, dafür umso mehr mit Sport, worum ich sie beneidete – und um den Berliner Frotzelton, den sie von ihren Brüdern übernahm und im Gegensatz zu mir perfekt beherrschte. Er kam mir damals als das summum an Nonchalance und Opposition gegen den Zeitmief vor. Wie gerne war ich als Jugendliche aus der immer etwas anstrengenden Kommunikation bei mir zuhause zu ihr und in ihren Garten entflohen! Dort war ein ununterbrochenes Gealber und Geblödel, das mich ergötzte. Als kurz nach unserer Wiederbegegnung einer jener Jugendfreunde, dem sie von unserer Begegnung erzählt hatte, mit jenem so lange verschollenen Frotzelton bei mir anrief, nahm ich ohne jegliche Mühe oder Überraschung und ohne nachzudenken, diesen Ton auf, so als seien inzwischen nicht 50 Jahre vergangen – bis wir in die Gegenwart zurückkehrten und uns wie vernünftige Erwachsene unterhielten.

Ich gehe in meinen Rückblicken weiter und finde eine Bärbel und mich verbindende Komplementarität: Der Wärme und Erotik, die meine Erinnerungen anheizen, wenn ich an sie und ihre Brüder und Freunde denke, entspricht bei ihr die Wärme und Geborgenheit, die sie bei mir zuhause am Abendbrottisch mit meiner Mutter und meinem Stiefvater genoss, wo kein Krach und keine knatschige Mutter war, sondern einfühlende Gespräche stattfanden und gute Bilder an den Wänden hingen. Bei unserer Begegnung erwähnte Bärbel meinen Stiefvater mit großer Zuneigung und Dankbarkeit. »Er war der Einzige, der mir sagte, ich sei nicht dumm – und dem ich das glaubte. Und bei Euch zuhause habe ich gelernt, was Kunst überhaupt ist.« Während sie über meinen Stiefvater spricht, fallen mir die vielen Kinderfreuden ein, die er uns verschafft hat: in der besten Eiscafeteria Berlins (oben am Hallenseetor) soviel Eis essen, wie wir wollen; aufs Oktoberfest gehen und mit allen Schwungmaschinen so oft fahren und fliegen dürfen, wie wir wollen. Dampferausflüge mit meiner Mutter, ihm, ihr und mir auf dem Wannsee …

Bärbel hat aus bildungs- und familiensoziologischer Sicht (meiner Berufssicht) eine für die damalige Zeit und unsere Generation exemplarische Biographie verwirklicht: Nach ihrer Fachausbildung als Heilpraktikantin hat sie sich ihr ganzes Berufsleben hindurch weitergebildet und spezialisiert; sie hat, wie sie mir sagte, mit großer Freude und mit Erfolg gelernt und das Gelernte auf ihren Beruf angewendet. Sie hat (zu früh, wie sie nachträglich meint) einen ehrgeizigen Wissenschaftler geheiratet, einen Psychologen, der in seiner Männerrolle zu beschränkt war, um sie zu lieben und von dem sie sich nach ein paar Jahren getrennt hat; genauer: er hat sie sitzen lassen. Sie zeigt mir zum Abschied die Fotos ihrer beiden Kinder, die sie mit Anfang zwanzig bekam; gewollte Kinder. Sie sind inzwischen erwachsen, gut zehn Jahre älter als mein Sohn. Die Tochter ist weiter auf der sozialen Leiter gestiegen, hat einen dazu passenden Mann geheiratet und eine Zwei-Kinder-Familie gegründet; der Sohn lebt als Musiker in Italien. Am Ende unseres Erinnerungsgespräches erzählt Bärbel mir, dass sie eine Neigung zu schweren Depressionen hat. Ich erschrecke einen

Moment, dann aber wird mir klar, dass dies der psychische Preis ist, den sie bezahlt hat, um da anzukommen, wo sie heute steht. Wir umarmen uns, wir werden uns wiedersehen, selbstverständlich, und ich werde auch einige meiner damaligen Freunde wiedersehen, die heute so alt sind wie ich – nein, älter.

Bärbel wird mir eine gute Altersfreundin werden, und ich ihr auch.

Zwei Welten, mindestens

Irgendwo zwischen zehn und vierzig
habe ich zehn oder so Jahre verloren …
die fehlen mir heute,
so wie meiner Tante im Krieg
die vernaschte Johannisbeermarmelade.
Die sind weg, ohne Stempeldruck,
die müssen mit leichtem Fuß
über mich hingelaufen sein

Nach meinem Abitur tat ich das, was viele junge Mädchen meiner Herkunft damals taten: Ich verließ mein elterliches Haus und nahm ein Studium auf. Ich hatte keine sehr ausgeprägten Berufsvorstellungen und orientierte mich bei der Studienwahl an meinem Stiefvater. Er riet mir zu Psychologie und Freiburg i. Br., weil dort Tiefenpsychologie gelehrt wurde, und auch, weil dort der einzige Lehrstuhl in Deutschland für Parapsychologie war, ein Fach das seinen esoterischen Neigungen entgegenkam. In Freiburg war aber auch die Testpsychologie gut vertreten.

Ich fand die Wahl gut, weil Freiburg weit weg von Berlin war – ich wollte weit weg. Ein Psychologiestudium erschien mir einleuchtend, ich hatte zwar in meinen letzten Schuljahren nicht viel von der Arbeit meines Stiefvaters zur Kenntnis genommen, aber »Psychologisches« durchzog alle Gespräche und hing wie ein Dauerdunst über unserer Kleinfamilie. Natürlich hätte mich gerade das von diesem Studium abhalten können, aber ich fühlte mich durch meine jahrelange Vermittlungsarbeit zwischen meinen Eltern und ihren so verschiedenen Beziehungen zu mir für dieses Fach geeignet. Ich hatte überdies keine Interessen und Begabungen, die mich in eine andere Richtung drängten, außer denen für Literatur. Schade im Nachhinein, dass es niemanden in meinem Umfeld gab, der mich auf ein soziologisches oder politologisches Studium hätte hinweisen können, ich bin darauf erst sehr viel später gekommen.

Ich verbrachte mein erstes Semester im Sommer 1959, wie vermutlich alle Studienanfänger, mit Zimmersuche und Einleben in eine neue Welt; ich war ja noch nie in meinem Leben von zuhause weggewesen. Freiburg war dazu sehr geeignet, alles übersichtlich und auf Studenten eingestellt: die Universität mitten in der hübschen Stadt mit dem eindrucksvollen gotischen Münster aus rotem Sandstein auf dem Marktplatz, den vielen Studentencafés und der idyllischen Schwarzwaldlage.

Es entwickelten sich schnell Kontakte, die ersten mit einem meiner Vettern aus der Sauerlandfamilie, der hier ein Altsprachenstudium absolvierte; er wurde erwartungsgemäß Studienrat, ich verlor ihn rasch aus den Augen. Bei einer der vielen Zimmerwirtinnen fand ich ein Zimmer für 75 DM. Das war teuer, denn es galt, von 300 DM zu leben, die meine Eltern zahlten. Die meisten von uns hatten nicht mehr zur Verfügung.

Ich schnupperte mich durchs erste Semester, belegte einschlägige Proseminare und Vorlesungen, darunter eine über Tiefenpsychologie, worunter ich mir etwas ganz anderes vorgestellt hatte, als was ich nun zu hören bekam. Ich empfand den Stoff als trocken und abstrakt. Eine andere Veranstaltung über Sozialpsychologie war interessanter und erst recht die Übungen in Testpsychologie. Mein Kampf mit der Statistik, »Mathe« war schon in der Schule mein schwächstes Fach gewesen. Aber in der Arbeitsgruppe, die wir bildeten, lernte ich gute Kumpel kennen. Ich belegte auch, meinen Interessen folgend, Einführungsvorlesungen in Germanistik; sie gefielen mir, aber in dieses Fach überzuwechseln, davon hielt mich die Vorstellung ab, dass dieses Studium fast zwangsläufig in die Lehrerlaufbahn führte; nichts für mich.

Meine wichtigste Begegnung in diesem ersten Semester war die mit Wilfried, einem ewigen Studenten. Mit Ende zwanzig stand er knapp vor seinem zwanzigsten Semester Psychologie. Seine Verlobte lebte in einer anderen Stadt und tauchte nur manchmal in Freiburg auf; sie war Krankengymnastin. Wilfried wurde mein Führer durch die unbekannte Welt des Studiums und des Studierens. Er kannte den Unibetrieb in- und auswendig und beriet mich, welche Übungen und Vorlesungen zu belegen ergiebig, welche zu meiden seien, welche Dozenten und Professoren interessant, welche langweilig waren.

Wilfried wurde auch in anderer Hinsicht mein Vertrauter. Schon bald besprach ich mit ihm alles, was mich bewegte, ich erzählte ihm von meiner Familie und meinen Problemen mit meinem Stiefvater. Er hörte mir mit nicht nachlassendem Interesse zu, im Gegenteil, mit steigendem. Wie oft saß ich in seiner sturmfreien Bude bis spät in die Nacht, wir diskutierten über Fachliteratur, ich ließ mir den Institutsklatsch berichten, wir rauchten, bis wir uns in seinem Zimmer kaum mehr sahen, und zu später Stunde briet er mir Marmeladenomelettes. Er war, wie ich, eigentlich mehr an Literatur interessiert als an der Psychologie – oder mindestens eben so stark. Er schrieb mir Gedichte im Stil von Celan, George und Rilke.

Es war ein Studentenleben wie aus dem Bilderbuch. Nach den Vorlesungen saß man mit seiner Clique in einem der allseits frequentierten Cafés (Café Schmidt in meinem Fall), oft stundenlang vor einer Tasse Kaffee oder Tee. Wir machten Ausflüge in den Schwarzwald, an den Titisee, genehmigten uns zur Spargelzeit ein opulentes Menu für 5.- DM, und ich wurde von dem Weißwein aus der Gegend beschwipst. Der Sommer muss warm gewesen sein, denn ich erinnere mich an einem Ausflug, der sich bis tief in einen lauen Abend hinzog und an dem ich meinen Wilfried durch einen heftigen Flirt mit seinem besten Freund, einem Mediziner mit sehr grünen Augen und dem Charme eines Clark Gable schmerzte.

Ich erinnere mich auch lebhaft an ein Wochenende im Schwarzwald in der Universitätshütte, zu der Wilfried mich mitgenommen hatte; ich die Jüngste in der Runde der Dozenten und älteren Studenten. Es war lustig, Wein, Tanz, Gesang, die prickelnde Stimmung eines Abends, in dem ich einen Blick hinter die offiziellen Türen warf. Die Damen in Blusen und knielangen Röcken, die Herren im Jackett, mit Schlips und weißem Oberhemd. Ehrengast auf diesem Fest war der alte Zullinger, ein Guru der pädagogischen Psychologie; er beeindruckte mich stark: Was er aus seiner Praxis erzählte, das wollte ich lernen!

Am Ende des Semesters machte ich ein paar Prüfungen, nahm ein Referat mit und fuhr zurück nach Hause. Wilfried und ich nahmen Abschied voneinander und versprachen, einander zu schreiben. Er würde mich vermissen – ich ihn nicht so stark wie er mich. Im Wintersemester würden wir uns wiedersehen.

Ja, und dann tauchte eines Nachmittags im Sommer 1959 Robert in Dahlem auf. Er lud, wie beschrieben, meine Eltern und mich zum Essen auf die Wannseeterrassen ein, und dort begann das, was mich für die nächsten Jahre in Atem halten sollte. Ich zögerte keine Sekunde, »ich« zu sagen, als er meine Eltern vor unserem Haus aus dem Auto steigen ließ und fragte, wer vielleicht noch zu einem Bummel am Ku-Damm mitkommen wolle. Er führte mich in eine Nachtbar, wir tanzten, tranken Champagner und sahen uns an. Alles war klar. Am nächsten Tag traf ich ihn in seinem Hotel, einem der vornehmsten in Westberlin, und schlief mit ihm. Klar war, dass dies keine einmalige Nacht sein, sondern dass es weitergehen würde. Ich war außer mir vor Erregung und auch wieder nicht: Das war es, was mir passieren musste, genau das. Ich hatte es zwar nicht erwartet (wie sollte ich), aber als es eintrat, erkannte und ergriff ich es auf der Stelle.

Wir verlebten eine Woche inkognito in Berlin, ich war immerhin noch Tochter und junge Studentin, aber jetzt war ich auch etwas anderes: Ich war über Nacht – wörtlich – die Geliebte von einem der bekanntesten politischen Journalisten der Bundesrepublik geworden. Robert hatte gerade ein Buch über einen Gesellschaftsskandal veröffentlicht, in den Politprominenz verwickelt war, Autor und Buch waren in aller Munde. Ich kannte seine gesellschaftliche Stellung, sein Name war mir durch meine Mutter seit vielen Jahren vertraut. Wo er überall Wind machte, war oft Gesprächsthema zu Hause und bei den Freundinnen meiner Mutter, die ihn auch alle kannten. Ich wusste das alles, aber ich brauchte einige Zeit, bis ich diese Erkenntnis auf mich und ihn bezog. Seine Bekanntheit war zwar aufregend, mir aber auch lästig: Angst, mit ihm gesehen zu werden. Er holte mich in den Tagen nach unserer Begegnung heimlich von der Gärtnerei ab, in der ich für 0.75 DM die Stunde jobbte. Wir machten Schiffsfahrten auf dem Wannsee, er schenkte mir einen dunkelblauen Pullover, den ich nur noch nachts ablegte, außer wenn ich in einem seiner weißen Oberhemden in der Hotelsuite herumlief, in der er an seiner Schreibmaschine saß und seine Artikel tippte. Ich sah ihm zu; der Anblick seiner Hände und wie seine Unterarme aus dem weißen Oberhemd hervortraten, deren Ärmel er halb hochgekrempelt hatte. Ich wunderte mich über seinen Männerkörper, der nicht mehr jung war, und dachte über die 30 Jahre Altersunterschied nach, die uns voneinander trennten und uns durch das, was wir miteinander taten miteinander verbanden.

Seine Familiensituation war von Anfang an eine schwere Hypothek. Ich wusste, dass er von seiner Familie getrennt lebte, wenn auch nicht völlig; er hatte eine eigene Stadtwohnung in München. Ich ließ mir von ihm erzählen, wie er dieses Doppelleben lebte. Doppelleben in mehrfacher Bedeutung, denn ich war gewiss nicht die erste, nur allerdings einzige außereheliche Beziehung, die er hatte. Er verschwieg mir nichts, entschuldigte nichts – es war, wie es war –, und jetzt war ich das, was war. Ich habe mich damals nicht gefragt, warum er mich verführte, ich meine: Ich habe nicht gedacht, er tue es, weil ich jung und hübsch war. Ich spürte, dass es etwas »Genaues« war, das uns zueinander hinzog. Was das war – war mir zunächst nur intuitiv klar, ich hätte es nicht in Worte fassen können. Später wurde es mir klar: Robert erfasste mein Wesen auf einen Schlag, restlos, es gab kein langes Kennen- und Liebenlernen.

Und was war das »Genaue« umgekehrt, das er bei mir ihm gegenüber spürte? Er sagte es mir oft und am eindringlichsten bei unserer Trennung viele Jahre später. Ihm war nicht nur eine junge Geliebte abhanden gekommen, sondern weit darüber hinaus eine innigste Redeperson, sein Rede-Ich, eine, der er das Allerintimste und Allerbanalste ohne Wenn und Aber sagen konnte und, wichtig: wollte. Er war, auch das wurde mir erst später klar, trotz seiner vielen gesellschaftlichen Kontakte und Bekannten, ein loner.

Nach unserer Blitzbegegnung offenbarte ich mich meiner Mutter. Sie ahnte intuitiv bereits alles und wusste nicht, was sie dazu sagen sollte. Ich wollte unbedingt ihr Vertrauen behalten und bekam es. Ich bekam es, wenngleich nicht ohne heftige – nein, nicht Vorwürfe, sondern ängstliche Bedenken: Sie kannte Robert nur zu gut, und sie kannte mich. Leidvoll sah auch mein Stiefvater das Geschehen an, er fand es aber unter seiner Würde, mich unter Druck zu setzen. Die hellwache Großmutter musste aus der Geschichte herausgehalten werden, das war die Aufgabe meiner Mutter, die zu erfüllen ihr schwerfiel. Jahrelang half sie mir, die alte Frau mit fingierten Ferienadressen, falschen Briefen und scheinbar harmlosen Reisen mit Freundinnen und Freunden hinters Licht zu führen – diese hat nichts von all dem geglaubt.

Bisher hatte ich noch keine ernsthafte Affäre mit einem Mann gehabt. Meine selbstinszenierte Entjungferung zählt hier nicht. Nicht? Wieso eigentlich nicht? Gehört diese Erfahrung denn nicht zu den wichtigsten im Leben eines jungen Mädchens? Für meine Biographie eine rhetorische Frage. Aber gut, hier die Geschichte. Es war so zugegangen: Im letzten Schuljahr arbeitete ich mit meiner Freundin Sieglinde einmal die Woche in der Garderobe des Maison de France am Ku-Damm. Wir nahmen die Mäntel der Besucher in Empfang, die zu den Abendvorstellungen des Kinos oder zu kulturellen Vorträgen im Haus gingen. Wir verdienten uns damit als Achtzehnjährige ein kleines Taschengeld. Eines Abends saß ein junger Mann lässig auf dem Garderobentisch, über den wir die Mäntel entgegennahmen und zurückgaben und schäkerte mit uns. Bald hatten wir in Erfahrung gebracht, dass er ein Maler war; er hieß Anselmo. Ich horchte auf. Alles lief, wie es laufen musste, ich verliebte mich in ihn. Außerdem fand ich, dass »es« nun geschehen müsse, die meisten meiner Freundinnen waren schon so weit. Nun war der dazu passende Partner aufgetaucht und der passende Ort gefunden: ein Atelier (am Südwestkorso). Ich war aufgeklärt genug, um zu wissen, dass »das erste Mal« kein reines Vergnügen ist, nahm es daher mit Fassung. Wichtiger war mir der Inhalt des Ateliers: tachistische Papierarbeiten, an Wohls angelehnt. Ich fand sie sehr gut (später habe ich nie mehr etwas von diesem Maler gehört). Die Affäre dauerte nicht länger als einen kurzen Herbst. Eine andere Dame bezog das Atelier, eines Tages fand ich ihre Pantöffelchen unter dem Bett.

Meine Jugendlieben waren ehe harmlos gewesen, mit viel Küssen und auch weitergehendem petting, aber, was mich anging, ohne Sex. Zum Beispiel eine zärtliche Liebelei mit einem meiner Architektenfreunde, der in einer Souterrain-Wohnung bei mir zuhause um die Ecke wohnte und dort auch seinen großen Zeichentisch hatte, an dem er seine ersten Wettbewerbe vorbereitete. Ich besuchte ihn manchmal nachmittags nach den Schularbeiten, wir lagen dann auf seiner Couch und vergnügten uns mit unseren sehr jungen, sehr liebesbereiten Körpern, aber zusammen geschlafen haben wir nicht (leider, sagte er mir ein paar Jahre später). Dem aus Amerika ins Nachkriegsdeutschland importierten petting möchte ich bei dieser Gelegenheit ein kleines Denkmal setzen: Es war eine wunderbare Erfindung, mit Sexualität umzugehen, als es noch keine Verhütungsmittel gab und die meisten jungen Frauen, auch ich, trotz meines liberalen Elternhauses, so erzogen worden waren, dass Sex in eine feste Beziehung gehört. Wer die aber nicht hatte, für den und die war petting prima.

Ich hatte bisher noch nie etwas heimlich getan, zuhause immer alles erzählt (na ja, fast alles), ich war auf meine liberalen Eltern stolz und brachte meine Jugendfreunde mit nach Hause, um sie sozusagen von meinen Eltern absegnen zu lassen. Ich hatte meiner Mutter sogar von Anselmo berichtet (sie hatte sofort erraten, was es mit diesem Freund auf sich hatte) und ihn zu uns eingeladen. Da saß er dann unter einem echten Thieler und Schumacher in unserem Wohnzimmer.

Mit Robert begann für mich, für die Ehrlichkeit ein hoher Wert war, das Lügen, Verschleiern und Umgehen unerwünschter Fragen. Denn jetzt hatte ich eine Beziehung, noch dazu eine mit einem unerbittlichen Anspruch, in der vielfältiges Lügen notwendig war, nicht nur von mir, auch (und mehr) von Robert. Ich war aus meiner Jugendunbefangenheit herausgerissen worden. Wir redeten. Er hatte bei seinen früheren Besuchen gespürt, dass die Ehe zwischen meiner Mutter und meinem Stiefvater keine glückliche war; meine Mutter war aber viel zu dezent, um ihm etwas darüber zu sagen. Ich wusste, dass sie und er als junge Erwachsene eine Liebschaft miteinander gehabt hatten; später, da waren wir schon lange zusammen, gab er mir ihre Briefe an ihn als jungen Mann zu lesen. Ich weiß heute nicht mehr, wie ich sie empfand, jedenfalls keineswegs als abstoßend.

Sondern ich sah darin ein weiteres Glied in der Kette, die uns aneinander band.

Robert musste ein paar Tage nach unserer Begegnung zurück nach München. Ein Abschiedsfoto zeigt mich in der Tür der Hotelsuite mit einem riesigen Blumenstrauß im Arm und einem liebesvollen, gleichzeitig zögerlichen Gesichtsausdruck. Der Druck begann zu drücken. Wir schrieben uns jeden Tag, machten Ferienpläne und verwirklichten sie, fuhren wenig später, noch in den Semesterferien, für einige Wochen in den Süden. Eine lange Autofahrt durch Frankreich, dann das Mittelmeer. Ich hatte bis dahin nur die Nordsee gesehen, bei zwei Ferienaufenthalten mit meinen Eltern auf Sylt – der Insel, die meine Mutter seit ihrer Jugend kannte und auf der eine ihrer Freundinnen das schönste Reetdachhaus in Kampen besaß. Ich erinnere mich, wie überwältigt ich beim ersten Anblick des Meeres, dieser riesigen Weite gewesen war und wie übermütig ich mit meiner Mutter gleich am Ankunftsabend in die Wellen lief.

Aber nun das Mittelmeer, und Robert an meiner Seite. Wir flogen vom spanischen Festland in einer winzigen Maschine nach Ibiza, ich ritt auf einem kleinen Esel, wir fuhren in langen Tagen und Wochen durch Spanien, Valencia, Madrid, Barcelona; das Studium war weit weg …

Im Oktober beginnt mein zweites Semester, und mein Doppelleben beginnt nun auch hier, denn ich sage niemandem etwas von Robert, natürlich nicht. Ich trage diese Liebschaft wie eine geheime Schatulle mit mir herum; außer für Wilfried, meinen Vertrauten, werde ich sie nur für meine Schulfreundin Sieglinde öffnen, die seit kurzem hier studiert. Wilfried ist voller Bewunderung für meine exotische Beziehung, aber auch skeptisch. Wie soll das weitergehen? Meine Erinnerung täuscht mich mal wieder: Ich hatte im Kopf, ich sei nun abgekoppelt von meinem studentischen Leben und meinen Kommilitonen, hätte nur noch Augen und Ohren für Robert und fände nichts Gutes mehr am Studentendasein; nicht die Bohne, ich gehe nach wie vor mit meinen Freunden und Bekannten schwofen, lasse mich von diesem und jenem anhimmeln, studiere so unsystematisch, aber durchaus nicht lustlos, wie damals viele in den Sozial- und Geisteswissenschaften, lebe allerdings im Gegensatz zu meinen Generationsgenossen in zwei Welten: Die eine ist die Fortsetzung meiner Welt aus dem ersten Semester, die andere die von Robert, mit Politik, Kunst, Theater und Leuten, die doppelt oder noch älter sind als ich, bekannten Leuten; ich im Hintergrund, halb verdeckt. Diese Welt lerne ich im Schnellverfahren kennen und versuche, mir darauf einen Reim zu machen. Ich sehe Robert sporadisch in verschiedenen Städten, in denen er zu tun hat und wohin ich fliege oder mit schnellen Zügen fahre – und wieder zurück in mein Studentenleben.

Das kostete nicht nur Energie, sondern auch Geld. Ich konnte diese Ausflüge natürlich nicht selbst bezahlen. Robert akzeptiert mein schmales Studentenbudget – ich hätte ihm etwas anderes auch nicht erlaubt, mich gar »aushalten lassen«, ein Wort, das damals zum Sprachschatz nicht nur von Kleinbürgern gehörte, wäre für mich nicht in Frage gekommen. Aber es fällt ihm schwer, mir neben Reisekosten und auflaufenden Telefon- und Telegrammkosten (Privattelefon natürlich keins in einer Studentenbude) nicht auch noch Geschenke zu machen; wunderschöne, zum Beispiel eine kostbare Lederaktentasche mit meinem Monogramm. Auch will er mich zu den ihm geläufigen Modestandards überreden, ich soll elegant(er) gekleidet sein, wenn ich mit ihm ins Theater oder zu einer Veranstaltung gehe. Ich aber will das nicht. Ein Verhältnis mit einem verheirateten Mann ist schon am Rande – Geschenke annehmen würde mich über diesen Rand hinaustreiben. Ich nehme natürlich doch einige an, verstecke sie aber zuhause und vor meinen Mitstudenten; ja nicht durch so was auffallen!

Meine zwei Welten sind eingebettet in die Großwetterlage der Adenauer Republik. Robert ist ununterbrochen unterwegs und äußert sich zu den heißen Fragen des Kalten Krieges mit Vorträgen; er diskutiert mit rechtsextremen Politikern und Publizisten, schreibt Kolumnen in den wenigen linken Publikationsorganen und konzipiert gesellschaftskritische Filme und Hörspiele, die zum Teil etwas werden, öfters jedoch in die Hose gehen. Ich lese und redigiere seine Manuskripte; mir gefällt seine hektische und übermäßig polemische, auf Pointen abzielende Schreibe keineswegs immer, und das sage ich ihm auch. Am 17. Juni 1960 nimmt er am »Kongress für kulturelle Freiheit«, teil, einer Kulturveranstaltung, die linksgerichtete Intellektuelle gegen den Kommunismus immunisieren soll. Robert misstraut diesem Club.

In den Endfuffis beginnt der Sozialkitt, der die Klassen und Generationen seit Kriegsende zusammengehalten hat, zu bröckeln; von den meisten noch unbemerkt. Die Sitten und Gebräuche einer Nation im wirtschaftlichen Aufwind scheinen noch in Ordnung zu sein. In meinem Milieu sprach man von einem »fundierten Menschen«, einen solchen wünschte sich meine Großmutter für ihre Enkelin (wenn Du doch so einen wie Deine Cousine nachhause brächtest!); ich bezeichne einen gewissen Studenten Klaus in meinem Tagebuch als einen »prachtvollen Kerl« (das machte ihn für mich uninteressant). Alle haben Sehnsucht nach Normalität, Sicherheit, Gediegenheit (gediegen waren die Möbel und Vorhänge, bis sie, jedenfalls in meiner Familie, durch Teak und geometrische Muster ersetzt werden).

In den Endfuffis sprechen Eltern und ihre studierenden Kinder nicht nur in meinem Milieu von der »materialistischen Welt« und einem (verlorenen?) »Gottesbild«. Wir führten als Studenten Diskussionen über Gott und die Welt, auch über den Tod (Atombedrohung). Ich schockiere meine Mitstudenten, indem ich sage, dass es mir völlig egal sei, ob mein liebster Mensch unter einem Misthaufen oder auf einem gepflegten Friedhof begraben liege. Wir sprechen über Kommunismus, »unsere« Chance, ihm standzuhalten und dass wir glauben, alle eines Tages in einer »roten Welt« zu leben.

Diese Zeit ist auch das klassische Jahrzehnt der Nachkriegsdoppelmoral. Alle lügen sich was in die Tasche, politisch, vor allem aber, was die Sexualität angeht. Es herrschte noch ein sexueller Notzustand; keineswegs nur bei der Jugend, sondern viel stärker noch bei der Kriegsgeneration, die den Wirtschaftsaufbau betrieb und durch Krieg und Nachkriegsmaloche sexuell nicht auf ihre Kosten kam. Damals muss in der älteren Generation eine ungeheure Sexualfrustration geherrscht haben, die aber nicht zum Ausbruch kommen durfte; sie musste unter der Decke bleiben. Die Ehe ist sakrosankt, Scheidung möglich, aber nur im äußersten Notfall. Meine Mutter zum Beispiel hätte sich, trotz ihrer durchaus vorhandenen Anhänglichkeit an meinen Stiefvater, sicher gern scheiden lassen, wenn ihr das finanziell und moralisch möglich gewesen wäre. Und Robert war nicht der einzige Mann, der seine Frau mit einer anderen Frau betrog, ohne sich scheiden zu lassen. Viele Männer (und Frauen) hätten es ihm gerne gleich getan: raus aus ihren vor dem Krieg in Konvention und Liebe geschlossenen Ehen, die nach dem Krieg nicht mehr passten; es war einfach zuviel passiert, was man nicht miteinander geteilt hatte. Das ging aber nicht, schon wegen der Kinder. Und Kinder hatten alle. Die Geschlechter waren in diesem Jahrzehnt, das sich bis tief in die sechziger Jahre zog, damit beschäftigt, sich im Vorsexuellen füreinander erreichbar zu machen; nie ist später soviel getanzt und geflirtet worden, nicht nur von den Jungen. Im Paartanz konnte man sich den Körper des anderen gesellschaftlich sanktioniert und in aller Öffentlichkeit ranholen.

Die Endfuffis waren sexuell für junge unverheiratete Frauen Stress, sie waren der ständigen Bedrohung einer ungewollten Schwangerschaft ausgesetzt. Ich hatte bereits meine erste Abtreibung hinter mir, als meine Freundin Sieglinde mich um eine Adresse anflehte. Wir suchten zusammen nach einer Lösung und wandten uns – man kann das für die damalige Zeit kaum glauben – an einen unserer Professoren, dem wir genügend Unkonventionalität unterstellten (er wand sich ein wenig, schmiss uns aber nicht raus und versprach Hilfe, wenn es gar nicht anders ginge – es ging dann zum Glück anders). Sicher ist irgendwo statistisch erfasst, wie viele Jung-Ehen unter dem Druck dieser ungewollten Schwangerschaften zustande kamen; letztlich auch die meiner Freundin. Schwangerschaftsabbruch war nicht nur illegal und moralisch verwerflich, sondern vor allem teuer.

Mit meiner Beziehung zu Robert und meinem Lebenswandel provozierte ich alle, ohne es zu wollen (ganz im Gegenteil, es war mir peinlich und lästig): die Alten, die, wie meine Großmutter, noch die letzten überzeugten Träger der guten alten Zeit waren; die Mittelalten, die, wie meine Eltern und Verwandten, nicht wussten, wie ins Freie zu gelangen sei, »raus« in ein erfüllteres Leben (oder sich nicht trauten); die jungen Frauen meiner Generation, die vielleicht auch gern das getan hätten, was ich tat, jedenfalls war es spannender als das, was sie taten und in Verlobungen und Ehen führte, von denen so gut wie keine hielt.

Es war die Zeit, in der das Verhältnis von Informell und Formell neu justiert wurde. Zwar siezten wir uns selbst mit guten Freunden, oder siezten uns gar nach einem heißen Kuss am nächsten Tag wieder, aber Erosion kündigte sich bereits an: Mit den jüngeren Dozenten saßen wir im Café, und sie machten den hübschen Studentinnen Avancen. Dass mit dem Verhältnis von Oben und Unten, von eingewurzelten Hierarchien und den dazu gehörigen Verhaltensformen und Werten auch sonst nicht mehr alles stimmte, zeigte sich in der Universität auch in einer Diffusität des Studierens;

nicht nur ich schaukelte mich desorientiert durchs Studium, vielen erging es so, bis ich dann in den Endsechzigern erlebte, wie die ganze universitäre Pyramide auf den Kopf gestellt wurde. Aber bis dahin geschah noch vieles mit mir.

Robert, von dem ich ein paar Seiten vorher behauptete, dass er mein Wesen auf einen Schlag erfasst habe, erfasste allerdings etwas sehr Banales nicht sofort: dass ich nicht nur ihn, sondern auch andere Männer reizte; nur waren diese im Gegensatz zu ihm so jung wie ich, und sie waren nicht an dem Ort, an dem er war, sondern an dem, wo ich war, nämlich in Freiburg. Diese Einsicht kam ihm – und auch mir – erst nach und nach. Wir hatten uns ganz offensichtlich beide überschätzt: er mich und sich, indem er annahm, dass unsere Liebe so fantastisch sei, dass ich immun für Verliebtheiten sei; ich mich, indem ich dies am Anfang auch dachte. Ich merkte diesen Irrtum allerdings sehr viel schneller als er. Naturgemäß führte das zu ebenfalls banalen Szenen, mehr Boulevardstück als hohes Theater. Er: »Wie das?« Ich: »Tja …« Er: »So geht das nicht, damit tust Du Dir und mir und unserer Liebe Unrecht.« Ich (zerknirscht): »Ja, Du hast Recht« (verspreche Besserung) – Versöhnung. Die Liebe ist wieder einen Grad inniger geworden. Vorhang.

Dieses Stück haben wir in meiner Studentenzeit und auch später mehrmals aufgeführt, wodurch es zwar an Aktualität verlor, nicht aber an Dramatik – ob nun viel oder wenig los gewesen war.

Relativ viel war los, als ich ihn das erste Mal betrog, und zwar mit Stefan, einem meiner Architektenfreunde aus Berlin und aus Bärbels Garten. In einem meiner letzten Schuljahre hatte ich mich auf einer Party, die damals in den Privathäusern der Eltern gefeiert wurden, in ihn verliebt, er war aber zu der Zeit gerade in festen Händen. Ich weiß noch genau, wie seine Freundin aussah; sie frönte dem Existenzialistenlook, tief schwarz umrandete Augen, schwarze Klamotten auf einem strichdünnen Körper und sehr gekonnte, affektierte Tanzbewegungen zu den Rock'n'Roll-Platten, auf die wir wild waren. Ich fand sie ziemlich ordinär und seiner nicht würdig und ärgerte mich, dass er das nicht auch fand.

Es war zwischen uns bei einem einzigen Kuss geblieben (immerhin), den ich lange nicht vergaß. – Jetzt war er auf dem Weg nach Frankreich und machte einen Abstecher bei mir in Freiburg. Wir fuhren ins nahe Colmar und sahen uns den »Isenheimer Altar« von Grünewald an. Auf dieser kleinen Reise schliefen wir miteinander, es war ein Genuss.

Robert spürte es sofort. Die Hölle brach aus, keine heiße und laute, sondern eine leise, anklagende und tief verletzte. Ich war entsetzt über das, was ich da angerichtet hatte, und beschämt. Ich fühlte mich schuldig – so, als seien wir verheiratet und ich hätte die Ehe gebrochen. Ich fühlte mich auch bedroht: Angenommen, Robert würde mich verlassen? Er, die einzige Konstante in meinem Leben!

Wir brachten es wieder ins Lot. Ich weiß nicht mehr, wann (und mit wem) er mich zum ersten Mal betrog. Dieses Wort und alle Verhaltensweisen, die es impliziert, waren mir immer verhasst gewesen. Ich hatte mir immer vorstellen wollen, wie angenehm das Leben sein könnte, wenn es nicht solche Dramen gäbe, denn was ist eigentlich so verdammenswert, wenn einer oder eine sich mal in einen oder eine andere bis über beide Ohren verknallt? Kann man sich das, was man dabei fühlt und erlebt, nicht ganz heiter erzählen und weiterleben – oder sich notfalls trennen, wenn's wirklich ernst wird? (Sartres und de Beauvoirs Modell). Und war es nicht sehr merkwürdig, dass Robert mir Vorwürfe machte, während er mir zumutete, dass er seine Ehe aufrechterhielt, wenn auch mit zunehmendem Abstand? Nein, das war nicht merkwürdig, sondern ein integraler Bestandteil der Doppelmoral jener Zeit, von der auch mein ansonsten höchst unkonventioneller Robert nicht ganz frei war – und ich, trotz meiner Unkonventionalität umgekehrt, auch nicht: Ein Mann hat irgendwie mehr Recht auf Untreue als eine Frau.

Mich stürzten meine Eskapaden aber nicht nur in Gewissensbisse, sondern in noch etwas anderes: Wie verhielt es sich nun mit Eros und Intellekt? Waren das Gegensätze – oder was? Meine Theorie hierzu war der Romantik verwandt: Eros und Intellekt gehören zusammen, aber klar doch! Diese Theorie habe ich auch in die Praxis gebracht, mich notorisch in sehr intelligente Männer verliebt, und sie in mich. Das war von beiden Seiten kein Wunder: Ich suchte den produktiven Mann, und sie fanden mich durchaus intelligent und sahen in mir eine sensible junge Frau, die sich ihrer Sinnlichkeit gewiss war und sie mit vollkommener Natürlichkeit auslebte. Das war bei der allgemeinen Verklemmtheit, die damals das Geschlechterverhältnis bestimmte, nicht selbstverständlich, wie mir meine (Ex-) Liebhaber bestätigten. Ich verdankte diese sexuelle Unbefangenheit nicht zuletzt meiner unkonventionellen Mutter. So weit, so gut. Aber der Intellekt, die Produktivität? Da war ich mir nicht sicher. War ich dumm? Keineswegs, aber die Männer waren intelligenter. Warum konnte ich mir ihre Intellektualität nicht aneignen und zu meiner eigenen machen?

Obgleich ich damals viel psychologische Literatur las, fiel mir gerade diejenige nicht in die Hände, die mir hätte helfen können, meine eigene Psyche und das Mann-Frau-Verhältnis aus Frauensicht zu verstehen. Karen Horney zum Beispiel, die über diese weiblichen Ambivalenzen psychoanalytische Studien veröffentlich hat – und zwar Jahrzehnte vor der feministischen Literatur der 1970er Jahre. Ihre Aufsätze hätten mir geholfen, zu verstehen, wie wichtig ein potentes männliches Modell für Mädchenkinder ist, sich die Welt materiell und mental anzueignen. Ein solches Modell hatte mir in den mich prägenden Jahren gefehlt. Meine Kindheit in der Sauerlandfamilie war, wie ich beschrieben habe, von einer zeittypischen Mädchensozialisation geprägt, und psychoanalytisch (nicht faktisch) gesprochen, ging es für mich angesichts meiner komplizierten Familiensituation ums Überleben. Für ruhiges, selbstvergewisserndes Lernen blieb mir keine Zeit und Kraft. In meinem Tagebuch findet sich zu meinen Selbstzweifeln der rührenden Satz: »Man steht vor der Aufgabe, ein Lebewesen zu formen – zufällig ist man es selbst – d. h. das Lebewesen, das einem am nächsten steht, zu dem man am wenigsten Abstand hat. Und wenn das Werk misslingt« (das Werk!), »rettet einen kein Gott. Vielleicht doch, gerade dann? Wenn ich's wüsste …«

Robert durchschaute meine Ambivalenzen, er durchschaute die komplizierte Beziehung zwischen meiner Intelligenz und meiner intellektuellen Unsicherheit. Deshalb kam die Frage auf den Tisch: Wie soll's weitergehen, wo soll's beruflich hingehen? Bei Gott und allen Göttern, ich wusste es nicht. Zunächst studierte ich mangels Alternative weiter – mein drittes Semester –, besuchte wie bisher Seminare und Vorlesungen, hielt Robert mit kleineren Verliebtheiten in Atem, wurde mir der Sinnhaftigkeit meines Studiums aber zunehmend ungewisser. Robert machte davon Gebrauch, er fand schon lange, dass ich mich in meiner Freiburger Idylle, wie er das nannte, faul eingerichtet hätte, das führe doch zu nichts. Er meinte, ich solle mich auf meine literarischen Interessen konzentrieren, ich sei eine, für die ein Studium erst fruchtbar ist (wenn überhaupt), wenn sie sich eine eigene Praxis und die dazugehörigen Erfahrungen angeeignet hat. Er brachte mich beim Rowohlt Verlag in Reinbek bei Hamburg als Volontärin unter. Das war zunächst noch kein Studienabbruch, ich verkaufte den Entschluss meinen Eltern (und eine kurze Weile mir selbst) als eine Studienunterbrechung. In Dahlem war man von dieser Wendung in meinem Lebenslauf nicht angetan; meine Mutter nicht, weil sie Angst hatte, ich würde, wie sie, zu keinem Abschluss und Beruf kommen, mein Stiefvater nicht, weil er mich nun ganz in Roberts Klauen sah. Zwar ist nie über das Geld geredet worden, das er für mein Studium (mit)bezahlt hat, aber ich könnte mir vorstellen – Form folgt Funktion –, dass er auch deshalb wütend war; eine Fehlinvestition. Er schrieb mir Klagebriefe, und als die nichts halfen, bezeichnete er mich einer Freundin meiner Mutter gegenüber gar als Straßenmädchen. Er war, kurz gesagt, ohnmächtig, seiner nicht mehr Herr. Was meine Mutter durchmachte, an der er seine Wut ausließ, verursachte mir große Ängste, ich konnte sie doch nicht im Stich lassen! Als ich sie zum ersten Mal nach meinem Entschluss, das Studium ruhen zu lassen, wiedersah, erschrak ich: Sie sah eingefallen und kläglich aus; dabei war sie erst 48 Jahre alt. Ihr zuliebe veranstaltete ich nicht den Riesenkrach, der fällig gewesen wäre (und zu dem Robert mich drängte), sondern »befriedete« diesen Post-Lolita-Mann, indem ich mich zwar gegen seine Ansprüche auf Seelenverwandtschaft wehrte, ihm aber nicht meine Bereitschaft, ihm zuzuhören, wenn er über meine Mutter klagte, entzog. So entwickelte sich über die nächsten Jahre ein Spannungsverhältnis zwischen Aufruhr und Versöhnung. Ich tat das nicht nur meiner Mutter wegen, sondern auch um meiner selbst willen: ich wollte mein Zuhause nicht verlieren.

Im Rowohlt Verlag war ich als Volontärin mal wieder die Jüngste. Außer meinem Gespür für Texte hatte ich keinerlei Befähigung für diese Arbeit, wurde aber von den Lektoren liebevoll als Verlagsküken akzeptiert. Ich machte meine Sache wohl auch nicht ganz schlecht. Meine Arbeit bestand darin, Stapel von eingegangenen Manuskripten, darunter auch englische, auf eine mögliche Veröffentlichung zu prüfen. Der Verlag wollte auch Urteile von jungen Leuten hören. Von hundert Einsendungen kamen höchstens fünf in Frage, um von einem erfahrenen Lektor auf eine mögliche Veröffentlichung hin geprüft zu werden. Danach übernahm ich eine andere, sehr mühevolle Aufgabe: Es musste ein

Schlagwortverzeichnis für eine Tucholsky-Gesamtausgabe erstellt werden. Tucholsky hieß bei allen nur Tucho, und ich war stolz, als ich das nun auch mit Fug und Recht sagen durfte.

Das literarische Leben gefiel mir: Ich lernte Verleger und Schriftsteller kennen, wuchs schnell in die Verlagsfamilie hinein und spielte mit Henry Miller bei seinem Besuch im Verlag Tischtennis. Beim Pingpong sage ich zu Miller: »I can't play, my shoes are too slippery.« – »Put them off!« antwortet er, und zur Gaudi meiner zuschauenden Verlagskollegen spiele ich auf Strümpfen mit dem grand old man weiter.

Beim Mittagessen von Sekretärinnen, Verwaltungspersonal und Lektoren ist Henry Miller mit von der Partie. Das Gespräch (seinetwegen auf Englisch) kommt auf den Gebrauch von Opium. Fräulein H. fragt neugierig: »Haben Sie das mal ausprobiert?« – »Oh, ich habe alles ausprobiert!« Und er fährt fort und erzählt uns, wie er einmal seinen neunjährigen Sohn im Bett einer Frau vorfand, die ihn in die Künste der Liebe einweihte. »Und was sagten Sie?« frage ich – »Ich sagte: Oh, Entschuldigung, und machte die Tür wieder zu.« Er war ein Frauenheld, wie in seinen Büchern, und ich dachte, als ich diese verschlang: Er schreibt genauso, wie er lebt. Er verließ Reinbek bald und heiratete eine Verlagsangestellte. (Wie lange diese Ehe wohl hielt?)

Als ich, begleitet von Robert, der mir vor seiner Rückkehr nach München bei meiner Zimmersuche half und mich im Verlag einführte, meine Zelte in Hamburg aufschlug, erfasste mich Sorge: Wie sollte ich hier je neue Freunde finden? Freiburg war weit weg und ich kannte niemanden in dieser fremden Stadt. Ich hatte lange Arbeitstage (8.00 – 17.00 Uhr, eine Stunde Mittagspause). Aber endlich eigenes Geld (411.– DM netto)! Mein Zimmer mit separatem Eingang lag zehn Minuten vom Dammtor entfernt in einer ruhigen Straße mit Blick in einen zurückgesetzten Vorgarten.

Zu meinem Einzug (September 1960) schenkte mir Robert einen riesigen roten Rosenstrauß, der sich mit einem opulenten roten Gladiolenstrauß eines Ewigverehrers aus Freiburg (der Arme!) im Eimer vertragen musste.

Das Haus gehört einem 39jährigen Junggesellen, der in der Wohnung neben dem an mich vermieteten Zimmer wohnt. Aber ja doch, wir kommen uns näher, finden es lustig, manchmal zusammen zu Abend zu essen, zu plaudern, Jazzplatten zu hören. Von Literatur (liest er denn nicht?), Politik (wieso interessiert ihn das nicht?) oder irgendwelchen Gesellschaftsfragen hat er keine Ahnung. Macht nichts, er ist ein netter Kerl, hat einen sportlich durchtrainierten Körper, wie mir nicht entgeht, und er ist dezent. Ich gehe mit ihm in einem Jazzkeller um die Ecke tanzen, wir machen einen Ausflug in den Wald und klauen Tannenzweige für unsere (getrennten) Adventsvasen, wir gehen bei Wind und Wetter an der Elbe spazieren; er erzählt mir aus dem Krieg, in dem er so jung war wie ich jetzt. Aus Herrn E. wird Helmut, aber alles bleibt im prickelnd Vorläufigen. Ich will auch gar nicht mehr, dieser Helmut ist nicht meine Kragenweite, so unbeleckt wie er ist, aber er ist rundum angenehm. Flirten bleibt nicht aus, Robert ist aus der Ferne empört, ich seh's ja ein, schon gut, und mit Gefühl und Takt schalte ich in den Freundschaftsgang, erfolgreich. Helmut und ich haben weiter gemütliche Stunden zusammen.

Im Verlag entwickelt sich Routine. Ich merke, dass ich nicht um Punkt 8 Uhr auf der Matte stehen muss, das tun meine Kollegen nämlich auch nicht, dafür arbeite ich ohne Pause durch. Mein Chef, Fritz R., 15 Jahre älter als ich, ums doppelte Alter gebildeter und sowohl mit den ostdeutschen (woher er kommt) wie den westdeutschen literarischen und politischen Verhältnissen bestens vertraut, ist manchmal entgeistert, wenn er eine meiner zahlreichen, ihm gänzlich unverständlichen Bildungslücken entdeckt und zu meiner Beschämung aufspießt; im großen und ganzen ist er aber mit meiner Arbeit zufrieden. Er lobt mich für meine Gutachten über D. H. Lawrence und andere Schriftsteller, und als er mir den ersten Band der »Tucho«-Ausgabe in die Hand legt, lachen wir beide, weil ich sofort das Register aufschlage, an dem ich (und er) so lange gearbeitet habe. Ich beobachte bei mir, wie ich »Fritzchens« Rede- und Ausdrucksallüren annehme: »Wissen Sie« mit Betonung auf der ersten Silbe; »himmlisch« mit Ausrufungszeichen.

Auch legt mein Chef schon mal seinen Chefmantel zur Seite, um mit Verlagsmitarbeitern einen Reeperbahnbummel zu machen oder mit mir auf einem Fest mit Literaten, Showbiss- und Politpromis (unter ihnen Klaus Röhl mit seiner bezaubernden Freundin Ulrike, auf deren Nachnamen ich nicht achte) zu tanzen. Robert ist zeitweilig am Ort des Geschehens. Wir sind als Paar bekannt und anerkannt.

Ich lerne meinen Lektor-Kollegen, den Lyriker Peter Rühmkorf, näher kennen; er besucht mich manchmal in meiner Magdalenenstraße. Er ist, finde ich, witzig, manchmal vielleicht etwas melancholisch, und schützt sich gegen die Unbilden der Welt durch einen Wall aus Eigenartigkeiten. Palavert, wie ich in meinem Tagebuch festhalte, recht unbefangen »über Formen der Liebe. Er unterscheidet zwischen Verliebtheit, die er fast am schönsten findet, Kameraderie, die er nötig findet, und Vertrautheit. Eine Ehe stellt er sich exakt so vor, wie Robert sie führt: ein fester innerer Kreis und einer aus Abenteuern. Ich vertrat dagegen den Standpunkt, es müsse Liebe auch als Synthese aus allen dreien geben. Wahrscheinlich fand er das naiv.«

Auf die Beerdigung des alten Ernst Rowohlt – der ganze Verlag in tiefer Erschütterung, viele in Tränen – gehe ich mit ihm und anderen Kollegen. Danach noch zu ihm nach Hause: Bücher, Bücher, Bücher. »So ein wenig gingen wir in die Tiefe, ›dorthin‹ sagt er, ›wo meine Witzchen keinen Raum finden‹.« (Tagebuch). Ich falle für eine kurze Zeit in die Kategorie Verliebtheit, bevor ich zu unser beider Zufriedenheit in die der Kameraderie überwechsle. Ich verstehe mich auch ausgezeichnet mit seinem schwermütigen, sehr schweigsamen (und verheirateten) Kollegen S.; wir mögen uns (Anklänge an Wilfried). Es wird eine herzliche Freundschaft. Robert fragt durchs Telefon: P. R. oder S.? Was für'n Quatsch!

Es ist aber kein Quatsch, dass meine Arbeit im Verlag mich selbständiger macht; ich habe es nun nicht mehr, wie in Freiburg, mit mehr oder weniger gleichaltrigen Studenten zu tun, sondern mit erwachsenen Männern, die von ihrem Alter her zwischen meiner eigenen Generation und der von Robert stehen: die 40jährigen. Wäre einer von ihnen für mich und ich für ihn in Frage gekommen, ich bin ziemlich sicher, dass ich Robert verlassen hätte. War aber nicht, kam nicht.

Allerdings werde ich aufsässiger, ich will nicht mehr gegängelt werden. Robert sagt mir, er würde mich heiraten, wenn da nicht die Familie wäre. Er hat ja recht: Warum soll er diesen furchtbaren Kraftakt vollbringen für eine Beziehung, die zwar hauteng ist, aber doch durch meine Jugend und die Kürze unserer Begegnung so zerbrechlich? Das kann und will ich nicht von ihm erwarten – und von mir auch nicht. Ich denke an seine Kinder und an seine Frau (die nie in eine Scheidung eingewilligt hätte) und stelle mir vor, wie unglücklich sie ist (anders als meine Mutter, aber genau so stark). Ich habe keine Lust, diese Hypothek auf mich zu laden und sehe mich auch nicht eine Ehe mit einem 30 Jahre älteren Mann eingehen. Ich habe allerdings auch nicht den Schneid, die Beziehung von mir aus abzubrechen, obgleich ich ihm das öfter vorgeschlagen habe, wenn der Druck seiner Frau zu groß wurde. Er machte mir dann immer überzeugend klar, dass er auch nach einer Trennung nicht in den Schoß der Familie zurückkehren würde.

Robert hatte seit geraumer Zeit einen Plan, der um 1960/1961 feste Gestalt annahm: Er schloss mit dem Verlag einen Vertrag über ein Buch, in dem es um »Auschwitz und die Deutschen« gehen sollte, genauer, darüber, wie viele Deutsche in der NS-Zeit über dieses Vernichtungslager und alles, was dorthin führte und dort geschah, etwas gewusst haben mussten und wie viele aktiv bei der Vernichtungsmaschine mitgemacht hatten. Ein Sponsor aus der Wirtschaft wurde gefunden, Bertold Beitz, BB unter Eingeweihten. Ich soll Robert bei der Recherche helfen und dafür vom Verlag bezahlt werden. Roberts zentrale Hypothese: Viel mehr Deutsche, auch Zivilisten, mussten gewusst haben, was vor sich ging; viel mehr, als im offiziellen zeitgeschichtlichen Diskurs zugegeben wurde. Das müsste sich durch Dokumentenstudium und Zeitzeugenbefragungen ermitteln lassen. Heute sind diese Vermutungen mit meterhohen Belegen und von Generationen von Historikern aus der ganzen Welt bestätigt worden. Damals begann die systematische Aufarbeitung erst, und Roberts Projekt faszinierte alle, denen er es vorlegte.

Für Linke gab es in den sechziger Jahren eigentlich nur ein Projekt, und das war die Aufarbeitung des Nationalsozialismus und seiner Verbrechen. Dazu gehörte die Aufdeckung der Identität von Altnazis, die es sich in der Adenauerrepublik bequem gemacht hatten – ein Thema, dem Robert viele seiner journalistischen Arbeiten gewidmet hat. Unser Auschwitz-Projekt war Teil dieses größeren Projekts der westdeutschen Linken, dahin gehörte demzufolge nun auch ich. Ich identifizierte mich dermaßen mit dem Vorhaben, dass ich erneut in zwei Welten lebte: der zeithistorisch-politischen und meiner persönlichen. In der Person von Robert kamen diese beiden Welten zusammen – besser: Sie kamen eigentlich nicht zusammen.

Im Sommer 1961 zog ich nach München, um dort im Institut für Zeitgeschichte mit der Arbeit zu beginnen. Danach sollte ich für ein paar Monate in polnischen Archiven recherchieren und Zeitzeugen befragen.

München war damals die Boheme-Stadt von Deutschland. Hamburg war s-treng und für Fremde schwer zugänglich. Berlin war hinter dem Eisernen Vorhang. München quoll über vor Lebensfreude. Das Leben fand in dem halben Jahr, das ich in dieser Stadt verbrachte, draußen statt, in den Schwabinger Straßencafés und den gemütlichen Biergärten, in der idyllischen bayerischen Umgebung, wohin Robert und ich Ausflüge machten und in kleinen Moorseen badeten. Ich lernte die Kollegen aus dem Institut kennen, Studenten, Freunde von gemeinsamen Berliner Freunden. Ich bewohnte ein Zweizimmerappartement in Schwabing (Ainmillerstraße), das ich mir von meinem Verlagsgehalt nicht hätte leisten können, zu dessen Finanzierung Robert beitrug, damit wir einen Ort für uns hätten.

Auf großem Fuß lebte ich nicht, aber auch nicht mehr auf kleinem Studentenfuß. Ohne Robert wäre ich nicht so oft ins Theater gegangen, hätte nicht so oft an herrlichen Sommerabenden in Bauerngasthäusern Forellen gegessen, aber im Prinzip unterschied sich mein Lebensstil nicht sehr von dem vieler Altersgenossen. Wir gingen alle mindestens einmal die Woche ins Kino, sahen die einschlägigen Filme der Nouvelle Vague und im Theater die Stücke von Giroux, Ionesco und Brecht.

Freizeit und Arbeitsleben vermischten sich. Nicht nur meine jungen Freunde kamen vom Studium oder von ihrer Arbeit oft zu einem geselligen Mittagessen, Kaffee oder Abendplausch bei mir vorbei, auch meine älteren Institutskollegen verplauderten gern ein Stündchen mit mir und ich mit ihnen.

Für Robert hat es eine strikte Trennung zwischen Arbeit und Freizeit ohnehin nie gegeben. Wenn wir zusammen sind, fließen Arbeit und Vergnügen ineinander. Wochenlang liest er mir abends, wenn er zu mir kommt, aus dem

Manuskript vor, an dem er gerade schreibt. Ich sei die Einzige, sagt er, der er das jemals erlaubt habe, er meint: eine Arbeit im status nascendi zu beurteilen. Ich kritisiere kräftig; er produziert zu viel und zu schnell. Habe ich mir damals eigentlich klargemacht, dass er wie der Teufel arbeiten musste, um seine große Familie zu ernähren? Wahrscheinlich ja, denn mit Geld nahm ich's immer genau. Wie er das alles zustande brachte und ob er finanzielle Sorgen hatte, wusste ich aber nur, wenn es mal brenzlig wurde.

Der Recherche-Auftrag überforderte mich. Wie sollte es eine Einzelperson schaffen, diese Gebirge von Material zu sichten, die sich um den Komplex »Auschwitz und die Deutschen« aufgetürmt hatten? Noch dazu eine Einzelperson wie ich, ohne historische Ausbildung und Erfahrung? Darüber konnte mich auch die herzliche Aufnahme aller im Institut und durch den damals noch jungen Leiter Martin Broszat nicht hinwegtäuschen. Wenn ich etwas mehr Überblick über mich und meine beiden neuen Welten gehabt hätte, hätte ich den Auftrag hingeschmissen – und Robert am besten dazu.

Robert wollte damals noch nicht einsehen, dass das Auschwitz-Projekt mit den ihm vertrauten journalistischen Techniken nicht zu bewältigen war; es wäre auch mit einer erfahreneren Mitarbeiterin nicht machbar gewesen, es war einfach zu groß dimensioniert. Ich erkannte das eher als er, denn ich wühlte mich durch Aktenberge, nicht er. Ich sah die Dinge von unten, er von oben – Frosch- gegen Vogelperspektive. Robert war in allem ein Optimist; ein gewitzter Psychoanalytiker würde vielleicht diagnostizieren: ein eminenter Verdränger. Er lebte full speed in der Gegenwart, in jeglicher, ob sie gut oder schlecht, erholsam oder gefährlich war, er machte aus allem das Beste. Es musste etwas mit seiner Existenz im Krieg zu tun haben und wie er dort von Tag zu Tag überlebt hatte. Ich quetschte ihn aus:

Erzähl, genau! Da gibt es nicht so viel zu erzählen, Liebes, sagte er dann, es war halt so. – Dieser Krieg, was in ihm passiert war und was er, Robert, damals kaum zehn Jahre älter als ich jetzt, dort sah, um es nie mehr zu vergessen, sondern um es, wenn er da lebend rauskäme (woran er nie zweifelte), zu dokumentieren – das war sein journalistisches Kapital, das war sein Antrieb für das Auschwitz-Projekt.

Die Birkenallee

Verschlossen
Im Mindestraum
Alles ist drinnen
Innen
Außen draußen
Gibt es nicht

1961 war Auschwitz noch keine zwanzig Jahre vorbei. 1961 war ich 21 Jahre alt und recherchierte nun in Polen Dokumente aus der Zeit der deutschen Besetzung in Warschauer und Krakauer Archiven und im Auschwitz Museum. Ich habe viel aus jenem halben Jahr, das ich dort war vergessen, verdrängt, aber auch behalten.

Meine Kernerinnerung führt mich auf die Lagerstraße Birkenau. Ich bin mit dem ehemaligen KZ-Häftling Mietek unter einem strahlenden blauen Frühlingshimmel unterwegs. Ach Mädchen, Mädchen, wie bist du süß, sagt mein sanfter Freund. Er sagt: Schau, hier diese Birken haben wir gepflanzt, 1942. – In mir ist eine tobende Wut: ich habe hier nichts zu suchen, ich habe nichts beizutragen zu irgendeiner Form von Vergangenheitsbewältigung. Die Schwermut dieses schweren, noch nicht alten Mannes neben mir, seine Freundlichkeit entsetzen mich. Ich erinnere mich an die Zugfahrt von Krakow nach Oświęcim; Sonnenwölkchen am Himmel, so blau, so fern. Deutschland so fern; ich bin in einem Niemandsland. Der Frühlingshimmel und das schwebende Gefühl: dies wird immer in meinem Gedächtnis bleiben.

So habe ich mich damals gefühlt, in dieser außergewöhnlichen Situation. Genauer: so meinte ich mich gefühlt zu haben, nachdem ich diese Erinnerung immer und immer wieder aufgerufen und früher auch einmal aufgeschrieben hatte. Ich hatte diesen Text, an dessen Authentizität ich weder damals noch jetzt zweifelte, zunächst unverändert für dieses Buch übernommen und dachte, über 50 Jahre hinweg habe sich meine Erinnerung unverändert erhalten, wie die Fliege im Bernsteinklumpen.

Als ich meinem Mann später von meiner Zeit in Polen, und besonders von dieser Erinnerung erzählte, war das ein merkwürdiger Moment, denn nun erzählte er mir, wie er in seiner Gymnasialzeit mit Schulfreunden – ich zitiere – »sogenannte literarisch-musikalische Abende gab. Das taten wir so alle drei Monate, Gedichte vorlesen, (eigene) Kompositionen hören lassen. Und bei Deiner Erinnerung schießt mir meine in den Kopf: eines unserer Stücke (Musik? Gesungenes, Gesprochenes?) hieß: Sommer in Auschwitz. Wir hatten ein Foto gefunden in einer Zeitung oder Illustrierten. Darauf war ein Liebespaar. Ein etwas älterer Mann und eine noch junge Frau, die durch eine baumbewachsene Straße im Lager gehen – ob es Birken waren? Von hinten fotografiert. Wir beschlossen, einen Text mit Komposition über dieses Foto und über ein weiteres aus Auschwitz zu machen, mit allem Schrecken darauf. Die zwei Fotos vor uns. Ich kann nur noch Textfetzen erinnern – irgendwie hieß es: der ruhende Schrecken scheint oft bittrer als sein waches Wirken. Und dass wir nichts begreifen können von diesen Kontrasten, nur sitzen, stumm, und gucken. Ich weiß noch, dass das Stück aufhörte mit einer endlosen Hornmelodie, Klavier dabei und Bratsche und Marimbafon, und immer wieder, halb gesungen, halb gesprochen: der ruhende Schrecken ist unbegreiflicher noch als der wache. Der es erklärt, wird alles verändern. Dieser Satz kam x-mal über der Hornstimme. – Ob dieses Stück gut war, weiß ich nicht mehr. Irgendwann habe ich Paul Dessau davon erzählt und er war wie von der Tarantel gestochen und lief in seinem Garten (in Zeuthen) auf und ab, ganz nervös, und sagte: ›Ihr dummen Jungen erntet die dicksten Kartoffeln. So etwas möchte ich gern machen. So eine simple Idee, so gut. So könnte man über diese unmöglichen Dinge Musik erfinden.‹ Dann saß er noch längere Zeit im Korbsessel, ziemlich sauer (weil ich den Text natürlich nicht mehr hatte), und sagte immer wieder, fast genüsslich: ›Sommer in Auschwitz – das ist gut – Sommer in Auschwitz.‹ – Als wir das Stück dann aufführten, mit sicher existentialistischem Gebrumm dabei (ich weiß noch, dass wir schwarze Rollkragenpullis anhatten), war ziemlich peinliche Stille im Saal. Man fand das wohl nichts. Nur hinterher kam die schon etwas gealterte Deutschlehrerin, Frau Dr. Irma K. auf mich zu und sagte im leichten Darmstädter Dialekt: ›Na, 'n bisschen dick.‹ Und nahm den R. und mich kurz in den Arm und hatte dabei, was ich kurz sah, einige verdrückte Tränen im Gesicht. Und dieses in den Arm nehmen fanden alle, die das sahen, ungeheuer komisch. Es blieb den Mitschülern wohl mehr im Kopf als das Stück, und ich glaube, sie haben uns ganz schön verarscht deshalb.« Das war 1960 oder 1961, und B. war 16 oder 17.

Aber damit noch nicht genug der Verbindungen und merkwürdigen Koinzidenzen: Als wir, B. und ich und seit zehn Jahren ein Paar, in den 1980er Jahren einmal meine inzwischen geschiedene und aus New York nach Deutschland zurückgekehrte Halbschwester besuchten, trat ein etwa 45jähriger Mann ins Zimmer, den mir meine Schwester mit einem geheimnisvollen Lächeln als einen alten Familienfreund angekündigt hatte. Ich erkannte ihn sofort – und er mich. Es war Marcellus, mit dem ich während meines Amerika-Aufenthaltes 1964/65 in New York zusammen gelebt hatte. Er war gerade auf Europareise und besuchte auch meine Schwester. Und nun auch noch das: Er erzählte, dass er vor kurzem die Fernsehaufzeichnung eines Chicagoer Balletts mit dem Titel »Höss«, anlässlich der Höss-Tagebücher, gesehen hatte und wie ihn die Musik zu diesem Ballett beeindruckt habe. Jetzt stand er vor dem Komponist dieser Musik, meinem Mann. Wir konnten unsere Überraschung, ich konnte meine Gefühle gar nicht so schnell ordnen, wie sich diese Szene entwickelte…

Zwölf Jahre später, 1994, komponierte B. eine Liederfolge »Kinderdinge – Music for Korczak and his children«, für die ich eine Montage aus dem Text eines Augenzeugen des Abtransports des Arztes und Pädagogen und der ihm anvertrauten Waisenkinder gemacht sowie einige kurze hermetische Gedichte für eine Gesangstimme geschrieben hatte; eines steht am Anfang dieses Kapitels. Diese CD werden wir viele Jahre später einem inzwischen 83jährigen Mann schenken, den ich 1961 in Warschau kennenlernte; ich 21, er 34 Jahre alt…

Die schlimmsten Bilder meiner Auschwitz-Recherche hatten sich nicht so sehr aus den hunderten von Dokumenten in mir eingenistet, die ich im Herbst und Winter 1961/62 in Warschau, Krakau und Auschwitz durcharbeitete, Auszüge per Hand machte, teilweise abschreiben und kopieren ließ. Es waren meine Interviewpartner, von denen jener Mietek einer war, die mir die schlimmsten Bilder übermittelten. Mich trennten unüberwindbare Abgründe von ihren Erfahrungen, das war so unerträglich, und gleichzeitig gab es für mich damals keine Möglichkeit der Distanzierung. Ich war, trotz meiner monatelangen Vorbereitung, zu jung und unerfahren, um mit solchen Extrembegegnungen fertig zu werden. Und dann hing es auch mit der Zeit und dem Land zusammen: 1961 war Polen grau und sehr elend und noch sehr dicht am Krieg und an den Vernichtungslagern dran. Keine Polin, kein Pole, mit denen ich umging, die nicht Angehörige und Freunde durch Ermordung verloren hatten oder selbst einem gewaltsamen Tod entronnen waren. Außer meiner Jugend und dem fremden Land war die dritte extreme Situation, in der ich mich befand, meiner Beziehung mit Robert geschuldet: ich war ja keine neutrale Mitarbeiterin, sondern mit dem Autor des geplanten Buches privat verbunden.

Ich wohnte in einem spezial für Ausländer, hauptsächlich ausländische Journalisten, eingerichteten Apartmenthaus in Warschau. Es war eine Art Luxusghetto, wir hatten es warm und hatten Devisen. Das Luxusghetto war en miniature das, was man später von Ungarn sagte: die lustigste Baracke des Ostblocks; in unserem Fall Warschau. Jeder Bewohner hatte nicht nur die meisten der anderen Bewohner zu Freunden oder guten Bekannten, sondern darüber hinaus seinen eigenen polnischen Freundeskreis. Ich erinnere mich aus dieser Zeit an den Sohn des Judsüß-Regisseurs Veit Harlan, Thomas Harlan, der ebenfalls für ein Projekt über nationalsozialistische Verbrechen arbeitete, an seine jüngere Mitarbeiterin, Mi, mit der ich mich befreundete, und an die westdeutschen Journalisten von WELT und FAZ. In kürzester Zeit kannte ich durch sie die Künstler- und Literatenkreise von Warschau und Krakau.

Es war wie im Gewächshaus: Türen geschlossen, innen heiß und draußen kalt. Neben der Arbeit, die ja bei jedem von uns etwas mit Vergangenheit, Krieg, Nachkrieg, altem und neuem Polen und altem Deutschland und neuem Westdeutschland zu tun hatte, entwickelten sich wechselnde Liebes- und Freundschaftsbeziehungen, das konnte bei einem derartig engen Zusammenleben kaum ausbleiben. Die meisten meiner Freunde und Bekannten waren etwa 20 Jahre älter als ich, außer einer Studentenclique, die ich in Krakau kennengelernt hatte und die oft in Warschau auftauchte. Über Tag wurde gearbeitet, abends und nachts begann das eigentliche Leben, so empfanden es die Polen, und wir mit ihnen. Es wurden Unmengen Wodka getrunken, zum Glück gab es dazu fette Pasteten als Unterlage. Es wurde in den verschiedensten europäischen Sprachen geredet – polnisch, deutsch, französisch, ein wenig englisch – und jeder verstand irgendwie jeden. Es wurde getanzt, geflirtet, man besuchte gemeinsam Theater- und Filmaufführungen oder hörte bei Freunden Platten, Klassik und Jazz. Und es wurde diskutiert; über die Vergangenheit viel, über aktuelle Politik mit Vorsicht, wir vermuteten alle, dass unsere Wohnungen abgehört wurden.

Im Nachhinein, mit 50jährigem Abstand, fällt es mir nicht schwer, mir meine Gefühlsverwirrungen wieder vor Augen zu führen, das Ineinander von privaten und sachlichen Beziehungen, beide durchwirkt von einem völlig distanzlosen Schuldkomplex (aber umso verzweifelter reflektiert): das waren die Deutschen, ich bin eine von ihnen. Ich habe in den Monaten, die ich in diesem Land lebte, niemals erlebt, dass mich ein polnischer Landesbewohner in irgendeiner Weise auf »die deutsche Schuld« hin persönlich verachtet hätte. Ich bin nie beschimpft oder angepöbelt worden, im Gegenteil, alle mochten mich und ich mochte alle, ich hätte sie am liebsten – ja, was hätte ich am liebsten mehr getan als was ich tat und tun konnte: das Geschehene in kleinen und kleinsten Portionen ans Licht zu zerren? Ich kann mir mein Leben ohne dieses halbe Jahr in Polen nicht vorstellen. Einige der Eindrücke sind zu lebensbegleitenden Obsessionen geworden; der Häftling, der jahrelang (jahrelang!) in einer Dunkelzelle (Dunkelzelle!) verbracht hat; der Häftling, der … Wenn heute jemand von seinem Gasherd spricht, kann ich das nicht ohne Hintergedanken hören; schon das einzelne Wort Gas nicht.

Nach einiger Zeit nehme ich mir meinen Erinnerungstext noch einmal vor. Ob das so gewesen ist, wie ich die Birkenallee-Szene früher beschrieben habe? Nein, so ist es nicht gewesen. In meinen damaligen, sehr kurzen und fragmentarischen Tagebuchaufzeichnungen kommt die Szene gar nicht vor! Wo kommt sie her? Ich habe sie in all den Jahren und Jahrzehnten doch fest in meinem Gedächtnis, in meinen Erinnerungen bewahrt, lange bevor mir B. seine »Sommer in Auschwitz« Erinnerungen erzählte! Die Szene ist auch zu detailliert, um sie mir ausgedacht zu haben. Was Mietek damals zu mir sagte: »Mein Mädchen, mein Mädchen«, ist nicht meine Diktion. Ich sehe mich doch wirklich noch in dem Vorortzug von Krakau nach Auschwitz fahren, den strahlend blauen Himmel, ja, ich meine sogar die kleine Lokomotive zu sehen, als ich mich aus dem Fenster lehnte und der Zug in eine Kurve fuhr. Ich bin auf dieser Fahrt allein. Aber mein Tagebuch berichtigt mich: ich war nicht allein, sondern in Begleitung eines polnischen Freundes. Doch wohl des Mannes Mietek, mit dem ich dann Hand in Hand durch die Birkenallee ging? Hand in Hand? So, wie der Mann und die Frau auf dem Foto, von rückwärts gesehen, Hand in Hand gehen, das Anlass für das Auschwitz-im-Sommer-Musikstück gewesen ist? Ich will an eine Vermischung nicht glauben; meine Erinnerung war schon »da«, als ich die von B. noch nicht kannte. Oder?

Ich war also nicht allein. Aber ich muss allein gewesen sein, mich allein gefühlt haben, trotz meiner Freunde, die ich in Krakau getroffen hatte und mit denen ich zuvor sehr vergnügte Tage und Abende verbracht hatte, mit viel Schwof, Tanz und Jazz und Begegnungen mit Künstlern und die zu mir sagten: »Du bist hier zuhause, Manuela!« (Zitat aus meinem Tagebuch). Ich, aus dem »Westen«, von jenseits des Eisernen Vorhangs kommend, ja wirklich, ich fühlte mich in den kleinen polnischen Intellektuellen- und Künstlerkreisen zuhause und war voller Energie und Neugier auf alles, was mit diesem Land los war. Alleine und nicht alleine …

Ich kann mich nicht dazu entschließen, diese Kernerinnerung, wie ich sie genannt habe, wie sie in mir war und immer noch ist, als eine falsche Erinnerung abzutun. Ich kann mich auch nicht dazu entschließen, sie zu psychologisieren, in Einzelteile zu zerlegen, irgendetwas fände man dann vermutlich, eine Idealisierung und übermäßige Identifikation mit »meinem neuen Land« vielleicht. Was habe ich überhöht, verdrängt, verdreht, versteckt vor mir selbst und anderen? Etwas Peinliches? Aber was? Dass ich oft fröhlich und nicht dauernd schuldbewusst erschüttert war? Aber ich war erschüttert! Ein winziger Satz in meinem Tagebuch sagt es klar: ich weinte, als ich in Auschwitz ankam.

Ich war aber, wie ich nun auch rekonstruiere, nicht einmal in Auschwitz, sondern mindestens zweimal; das erste Mal mit Robert, der mich mit dem Auto nach Polen gefahren hatte und, nachdem alles geregelt war, wieder abfuhr; ein zweites Mal ohne ihn, wie gesagt, mit einem Freund. Der hieß vielleicht Mietek, vielleicht aber auch anders; mein Tagebuch bleibt undeutlich, es ist nicht klar, ob es um eine oder um zwei Personen geht – und wie diese sich zueinander verhielten. Handelt es sich hier um eine Verdichtung in der Erinnerung, bei der auseinanderliegende Motive, die zu verschiedenen Erlebnissen und Gefühlen gehören, in ein neues Motiv fließen und dort eine nunmehr unlösliche Verbindung eingehen? Wo es zu Vermischungen aus Dichtung und Wahrheit kommt? Ja, oft sogar, es ist geradezu ein Topos in der Gedächtnis- und Erinnerungsforschung, wie ich nur zu genau weiß. Wie schnell ist man bereit, dieses Gesetz bei anderen zu akzeptieren – und wie unwillig, ungläubig bei einem selbst!

Was mache ich also mit meiner Kernerinnerung? Ich weiß nur eins: ich kann den Knoten nicht aufknüpfen, für immer wird verknotet bleiben, was ich damals erfuhr und empfand (und bereits während es geschah begann umzuformen), was ich im Laufe der Jahre und Jahrzehnte daraus gemacht habe, wie sich meine Ersterfahrung von meinen Tagebuchnotizen unterschied (und warum), und schließlich, in welchen interpretatorischen Kontext ich diese quasi stabile Kernerfahrung heute einbette. Ist es aber wichtig, ob sich jener Gang über die Birkenallee so oder anders zugetragen hat? Mir ist heute wichtiger zu erfahren, wie eine junge Frau damals in der Welt, in dieser außergewöhnlichen Welt stand. Der Widersprüche sind viele. Indem ich sie aufgeschrieben habe, schimmert hinter der Ordnung, die ich den Dingen in der Darstellung gebe – geben muss, um verständlich zu bleiben – das Chaos auf, das aller Ordnung zugrunde liegt. Dazu gehört auch, dass die Allee, durch die ich mit Mietek oder einem anderen ging, keine Birkenallee sondern eine Pappelallee war, wie mich noch einmal mein Tagebuch belehrt.

Ich vertiefe mich in meine damaligen Briefe an meine Mutter und meinen Stiefvater– meine Mutter hat sie mir später gegeben, ich hatte sie aber seitdem nie mehr gelesen. Auch aus diesen Briefen tritt mir eine junge Frau entgegen, die keineswegs nur niedergedrückt war. Zwar war ich stellvertretend vergangenheits- und schuldbeladen, schwamm aber auch wie ein Fisch in den polnischen Gewässern, bewältigte meine Rechercheaufgaben unter schwierigen Bedingungen, eignete mir fachliche Kompetenz an und hielt Augen und Ohren offen für alles, keineswegs nur für den Schrecken. Es sind die Briefe einer Tochter, die alles, was sie bewegt aufschreibt: das Lustige, das Neue, das Schreckliche, Einsichten in sich selbst und ins Leben, das aus polnischer Perspektive so anders aussieht als zuhause, Konflikte, Liebeskummer, und wie kalt es im Winter in Warschau ist. Ich habe diese Briefe ersichtlich auch dazu benutzt, mein Leben und Tun in Polen zu dokumentieren.

Meine Briefe beleuchteten die Dunkelheiten und das Halbdämmer, die sich über diesen Lebensabschnitt und meine Erinnerungen gelegt hatten und mir nun, beim Nachlesen, meine Zeit und meine Existenz in Polen gewaltsam vergegenwärtigten. Ja, es hatte etwas Gewaltsames, diese Konfrontation mit mir selbst vor 50 Jahren. Als ich den Schock überwunden hatte, den ich durch die Wiederbelebung des Vergangenen erlitten und mich in meine gegenwärtige Rolle als heutige Schreiberin zurückversetzt hatte, stellte sich mir die Frage: wen sollten heute Berichte über das interessieren, was mir ehemalige Auschwitz Häftlinge erzählt hatten? Sie haben damals nichts erzählt, was nicht im Laufe des letzten halben Jahrhunderts ans Licht gekommen ist; die Literatur hierzu ist nicht mehr zu überblicken und noch nicht zum Stillstand gekommen. Ich konnte nicht annehmen, dass mein Entsetzen beim Anhören dieser Berichte sich auf die nächste Generation übertragen ließe. Die Rolle der Schreckensbewahrer haben inzwischen Film und Fernsehen übernommen.

Es gibt aber etwas in diesen Briefen, was es wert ist, festgehalten worden zu sein. Das ist nicht sosehr das Faktische – zum Beispiel, dass mir ein Freund erzählte, wie das unterirdische Kanalsystem in Warschau funktionierte, in dem er sich als Widerständler zurechtfinden musste und das in dem Film »Der Kanal« keineswegs realitätsgetreu simuliert worden sei –, sondern es sind meine missglückten und gelungenen Verarbeitungsweisen all dieser Eindrücke.

Die Verzerrungen, die meine »Kernerinnerung Birkenallee« erlitten, sind in meinen Briefen andere: hier gehe ich nicht von einem Erinnerungsbild aus, sondern ich begegne mir direkt in dem Alter, in dem ich damals war. Verzerrungen betreffen das in den Briefen Niedergelegte selbst: was ließ ich zum Ausdruck kommen, was blieb außen vor? Um das zu prüfen, habe ich die Inhalte der Briefe mit meinen Tagebüchern verglichen und festgestellt: alles Faktische und auch, wie ich es erlebt habe, ist in beiden Quellen sehr ähnlich dargestellt, wenn man von Längen und Einzelheiten absieht, also authentisch. Was außen vorblieb, jedenfalls weitgehend, ist eine Liebesaffäre, die sich in Warschau abspielte; von diesem Mann taucht in meinen Briefen an meine Eltern nur der Name und rein Freundschaftliches auf; nur meiner Mutter eröffne ich ein, zweimal, in welchen Gefühlslabyrinthen ich mich befinde, denn Robert ist zwar weit weg, mir aber, wie schon in Deutschland, mit Telegrammen, Briefen und Telefonaten auf den Fersen, und ich habe ebenso viel Angst vor einer Trennung, wie ich sie mir herbei wünsche, um »ich selbst« zu werden, gerade hier.

Missglückte Verarbeitungsweisen? Gelungene? Gibt es so etwas außerhalb einer klinischen Betrachtung, noch dazu im Nachherein? Nein. Ich kann aus heutiger Sicht nur versuchen, mich in mich, wie ich damals (vermutlich) war, hineinzuversetzen und mitzuteilen, was ich dabei heute empfinde. Ich war überwältigt von dem Inhalt meiner Briefe, ich wurde beim Lesen so überschüttet von verschütteten Erinnerungen und Emotionen, dass ich große Mühe hatte, Abstand von mir selbst zu nehmen; von mir damals ebenso wie von mir jetzt mit diesen Briefen in der Hand. Der Realitätsboden, auf dem ich stand, verwandelte sich in eine leicht schwankende schiefe Ebene. Ich konnte mir plötzlich wieder vorstellen, wie jung ich damals war, wie ich begehrte, dieses Land zu lieben (und wie ich geliebt wurde). Ich musste mich aber auch mit peinlichen und schwierigen Situationen konfrontieren, die ich vergessen und verdrängt hatte und die sich nun wie Hasen in der Wiese mit langen Ohren vor mir aufstellten: ich als Luxusbiene aus dem Westen im Auto von Robert – schamvoll; ich als Interviewerin mit naiven Fragen; ich …

Beim Nach- und Neulesen des Materials tauchen die Namen von Personen, Männern und Frauen, Deutschen und Polen auf, die ich zwar nicht alle vergessen hatte (allerdings die meisten), die aber über viele Jahre nicht mehr in dem Figurenspiel, das jeden von uns, latent oder manifest, im Leben begleitet, auf der Vorderbühne standen; und manche kaum noch auf der Hinterbühne. Zwei Männerfiguren treten aus dem Dunkel hervor. Ich nehme Google zu Hilfe und erfahre es als Zauberei, dass Google antwortet. Der eine Mann, meine Liebe, ist tot. Jahrgang 1924, war er einer der allerersten westdeutschen Korrespondenten in Polen, um das er sich in vielfacher Hinsicht verdient gemacht hatte; in Nachrufen auf ihn ist die Rede von der größten volkskundlichen Sammlung Polens, die er angelegt hatte; ich habe die Anfänge dieser Sammlung miterlebt. Als ich dies in einem der neutralen Ausdrucke lese, die man von Google-Dokumenten macht, bin ich tief betroffen. Nie mehr würde ich mit ihm sprechen können – ein ganz unsinniges Gefühl, denn ich hätte ja viele Jahre die Gelegenheit dazu suchen und finden können. Er war 37, 38 Jahre alt gewesen, als ich in Polen war. Ich lese bei Google nach (was ich damals unzweifelhaft wusste, aber vergessen hatte), dass er jahrelang vom polnischen Geheimdienst beschattet worden war, bis man von seiner Polenloyalität überzeugt war, die er noch dazu durch die Ehe mit einer Polin bekundete. Ich besorgte mir ihr Buch, Im Garten der Erinnerung. Es sind die Erinnerungen einer alten Frau an ihre Familiengeschichte, die weit ins 19. Jahrhundert hineinreichen; sie stammte aus einer angesehenen polnischen Verlegerfamilie. Ein großer Teil dieser Familie entkam der Vernichtung nicht. Er, der Ehemann dieser Frau, sprach natürlich polnisch und hat mich, als wir uns kennenlernten, vollgestopft mit polnischer Geschichte, vergangener und noch kaum vergangener, mit Kunst und mit seiner Wut auf die westdeutsche Politik. Das fiel alles in mich und auf mich, als ich sein Bild bei Google sah, sein Gesicht mit den durch Basedow leicht hervortretenden Augen und dem schon schütteren Haar. Mir fielen all die Abende ein, die er zu mir und zu uns in die Zgoda kam – die Straße mit dem Gästehaus. Es fanden dort oder auch bei ihm zuhause und bei Freunden zuweilen ungeheure Alkoholorgien statt. Ich beschreibe das in einem meiner Briefe:

»Samstag gab L. eine Party mit seiner eigenwilligen Clique, die ich schon recht gut kenne. Es war sehr polnisch und sehr schön. Wir hörten bis ½ 7 Uhr morgens Strawinsky.

Und dann hatte es schon keinen Zweck mehr, ins Bett zu gehen. So setzten wir uns ins Auto und fuhren durch Warschau. Sehr winterlich, sehr traurig, sehr schön. Eine müde Sonne überlegte sich, über der Weichsel aufzugehen, auf dem Fluss schwammen Eisschollen. Wir fuhren durch den Villenort Joliborz, der am längsten im Warschauer Aufstand ausgehalten hat. Die Deutschen haben damals systematisch Haus für Haus zerschossen, und die Aufständischen mussten schließlich vor Hunger und aus Mangel an Munition kapitulieren. Dort wurde damals Andrzej als Junge gefangen genommen. Nachdem er vor Hunger schon nicht mehr konnte, wurde er deportiert, wahrscheinlich wäre er in Auschwitz gelandet, aber in Krakau entwischte er.«

Ich habe L. nach einem kurzen letzten Mal in Deutschland nicht mehr wiedergesehen.

Der andere Mann, den mir Google auf den Schreibtisch wirft, ist Andrzej Wirth, jener Andrzej, über den ich im obigen Brief schreibe, dass er Auschwitz entkommen ist. Er war ein sehr bekannter Theaterwissenschaftler, Jahrgang 1927. Als ich ihn 1961 kennenlernte, war er ein heftiger, oft zynischer Intellektueller, der noch heute dieselbe nuschelige Stimme hat wie damals, wenn er deutsch mit dem starken polnischen Akzent spricht, den er offenbar in all den Jahrzehnten nicht abgelegt hat. Nach dem ersten E-Mail-Wechsel sind wir beide gerührt, er rief mich an. Damals hatte er mich »mein Knabe« genannt, das war eine Zärtlichkeit, die er nun wie selbstverständlich wieder aufnahm. Ich hatte ihn in meinen Briefen und Tagebüchern als derartig gebildet beschrieben, dass ich mir in seiner Gegenwart immer sehr grün vorkam. Er war Theaterkritiker bei einer polnischen Zeitung, erhielt deswegen gratis Eintrittskarten und nahm mich oft in Premieren mit. Er war so sprachversiert, dass er mir leise flüsternd simultan übersetzte, wenn ich den Inhalt des polnischen Stückes nicht kannte. Oft kannte ich die

Stücke, denn es wurden damals in Polen viel Brecht und andere klassische Stücke aus der Moderne gespielt.

Das war also der Mann, den ich 2010 als 83 Jährigen in Berlin wiedersah, wo er heute in Charlottenburg in derselben Straße wohnt, in der ich vor 40 Jahren gewohnt habe, nur ein paar Häuser weiter; wieder einer dieser merkwürdigen Zufälle. Ich hatte mir viel von dieser Begegnung versprochen, vor allem, dass wir über die Zeit – »meine Zeit« – in Polen sprechen würden. Aber das war für den bereits seit 1966 im Westen heimisch gewordenen Andrzej kein Thema mehr, er erzählte mir stattdessen von seinen vielen Erfolgen in USA und Europa als Theaterwissenschaftler und Gründer einer Theaterakademie und erkundigte sich nur kurz nach meinen familiären und beruflichen Umständen. Für mich eine Enttäuschung, aber eine lehrreiche: alles, was mit seinem Heimatland zusammenhing, war schrecklich gewesen und er war froh, es hinter sich gelassen zu haben. Wir werden in Kontakt bleiben, gewiss, aber seine Vergangenheit ist eine so andere als meine, dass es zwischen beiden kaum Brücken gibt.

Zurück zu meinen Briefen. Ich definiere mich in ihnen als eine Art Berichterstatterin mit moralischem Auftrag: ich berichte Skandalöses aus der deutschen Okkupation und der Vernichtungspolitik mit erhobenem Zeigefinger, der allerdings weniger meinen Eltern gilt, als den Westdeutschen im Allgemeinen. Robert sagte von gutem Journalismus, dass man nicht gefühlsduselig sein darf, wenn man über den Schrecken berichtet, man muss sachlich und cool bleiben (den Begriff cool gab es damals natürlich noch nicht). Ich bleibe allerdings nicht immer cool, zitiere meinen Nachbarn, mit dem ich Zimmer an Zimmer in dem Gästehaus in Auschwitz wohnte während der Tage, die ich dort zubrachte, um die Bestände zu sichten:

»Wissen Sie, man muss alles Schöne mitnehmen«, sagt er auf mein erschrecktes Gesicht, dass er 60 Zigaretten pro

Tag raucht, »ich zum Beispiel habe mir geschworen, nie mit Rauchen aufzuhören. No, natürlich (er zieht das o lang und das ü, wie viele Polen, die deutsch sprechen, so etwas zum i hin), durch den Kamin müssen wir so oder so«.

Viele ältere Polen sprachen damals noch deutsch mit jenem starken Akzent, den auch Andrzej hat. Mir war es nicht gelungen, über ein paar Brocken polnisch hinaus zu kommen, was ich als ein Manko erfuhr, obgleich es meine Arbeit nur bedingt störte, denn naturgemäß waren die meisten Dokumente, die ich in die Hand nahm, in deutscher Sprache, insbesondere die Tagebücher des »Gauleiters« Frank und die des Auschwitz Kommandanten Höss, die ich in Auszügen transkribierte (sie waren damals noch nicht veröffentlicht). Man muss sich hierzu vorstellen, dass es kaum Reproduktionstechnologien gab, alles war mühsam und zeitraubend, Mikrofiche in Polen noch unbekannt. Ich hatte eine Reiseschreibmaschine, auf der ich drei Durchschläge machen konnte, und ich legte noch Karteikarten an.

Von Robert höre ich, dass es in Dachau ein »Gasthaus zum Krematorium« gibt, er hat darüber eine Reportage in der Süddeutschen geschrieben. »Stellt Euch vor«, schreibe ich an meine Eltern, »da fahren die Münchner sonntags raus (Dachau ist ein sehr beliebter Ausflugsort für München) mit Kind und Hund und setzen sich in eine Gastwirtschaft ›Zum Krematorium‹ – welches Volk brächte das fertig?« Ich berichte aus Auschwitz:

»Hier ein ganzes Museum, ein modern eingerichtetes Archiv, Schulungskurse für die Mitarbeiter, die Spezialisten werden sollen, eine Bibliothek mit über 10.000 Büchern, nicht alle über KZs, sondern auch Naziliteratur. Das Arbeitsklima ist sehr angenehm, mit der Sprache geht es einigermaßen, aber es ist ein Jammer, dass ich nicht polnisch lesen kann …

(Aus meinem Zimmer) Blick aufs Krematorium, aber es sind Gardinen vor den Fenstern und außerdem ist das auch gar nicht das schwer Erträgliche, nicht mehr. Die Menschen bewegen sich hier mit einer solchen Selbstverständlichkeit, dass man selbst auch nichts anderes machen kann. Man isst in einer der (ungeheizten) Baracken, sitzt auf den Schemeln, die die Häftlinge damals jeden Sonntag mit einer Glasscherbe abziehen mussten bis sie schlohweiß waren, man blickt auf Stacheldraht und Wachtürme und tut das wirklich ohne innere Emotion. Denn das ist schon gar nicht mehr das Wichtige. Das Wichtige sind die Menschen und das Material. Die meisten, die hier arbeiten, waren Häftlinge, selbstverständlich auch der Direktor. Er war in der Widerstandsbewegung. Neben mir wohnt ein alter, sehr netter Kunstmaler, er hatte es im Lager verhältnismäßig gut, weil er im Museum arbeitete, ja, ein Museum gab es auch damals. Dort sammelte er für die SS Bilder, Kunstgegenstände, die die Neuzugänge mitbrachten, Orden etc. Ein alter Jude saß dort und übersetzte den Talmud. Und neben ihm rauchte der Kamin …«

Ich komme in meinen Briefen und Tagebüchern mehrmals darauf zurück, dass die Vernichtung der europäischen Juden sich in der Metapher der rauchenden Krematorien verewigt hat. Jahre später, als ich die Ausrottungspolitik in der Stalinzeit zur Kenntnis nahm (ich erinnere mich nicht, wie damals in Polen darüber gesprochen wurde, vermutlich bedeckt, es kursierte aber der Witz, wo man den abscheulichen Kulturpalast in Warschau, ein Freundschaftsgeschenk der Sowjets, nicht sehen müsse: wenn man in ihm drin ist), begann mich die Frage zu quälen, was an der Gleichung Rot = Braun richtig und was falsch ist.

Ich berichte von den kastenweise vor mir aufgetürmten Fotos, auf denen die Exekutionen zu sehen sind, die die Deutschen an Polen und Juden durchgeführt haben. Es ist unvorstellbar, sage ich, dass so viele Fotos gemacht wurden, man sollte denken, das hätte jeder, schon aus Eigeninteresse, zu vermeiden gesucht. Und ich halte mich für berechtigt – mehr als berechtigt! – die Meinung zu vertreten: »Vielleicht ist es gut, dass der Begriff Vaterland heute nicht mehr den Wert und die Bedeutung hat wie früher.« Ich komme stilistisch in Fahrt:

»Denn keine Zeit wie die der Nazis hat doch die Werte, »um die es sich zu leben lohnt« so korrumpiert und zur Farce gemacht. Die deutsche Mutter – ein gebärwilliges Säugetier. Das Vaterland – der Platz, an dem die Verbrechen ausgedacht wurden. Der Mensch – ein manipulierter Ausführer. Der Mensch – ein manipuliertes Opfer. Der Mensch – Teil einer johlenden Menge. (»Ja, ja, ja, wir wollen den totalen Krieg«.) Der Mensch – ein Angstbündel, es könne ihm an den Kragen gehen, wenn er revoltiere. Ja, sogar der Mensch, der sich schon gar nicht mehr überlegt (unterstrichen), dass es noch eine Alternative gibt. Das ist, glaube ich, auch ein wesentlicher Unterschied zu vielen anderen Nationen, die unter einem diktatorischen Regime leben: Es erlischt nicht für so viele die Alternative (wie in Deutschland). Aber mit Pathos ist gar nichts zu machen. Nur mit allergrößter Objektivität und Sachlichkeit. Ich empfinde eine Art perverser Freude, wenn ich etwas besonders »Tolles« gefunden habe. Auch eine Form der Rache …«

Wehret den Anfängen: Ich berichte von dem kleinen Mädchen eines befreundeten Journalisten, das mich fragt: »Rate mal, was es heute für einen Pudding gibt, einen polnischen oder einen deutschen? Ich: Wahrscheinlich doch wohl einen polnischen? Falsch, einen deutschen, und weißt Du warum? Weil der polnische viel schlechter ist als der deutsche! Woher weißt du das? Das weiß ich eben«, antwortet die Göre. Mein Zeigefinger im Brief: »Da (unterstrichen) fängt die Chose im Grunde an.«

Bei einer Veranstaltung für Kinder, die im KZ geboren wurden, höre ich einen Bericht über eine dieser Geburten und wie das Mädchenkind gerettet wurde. Es sitzt jetzt unbeteiligt neben seiner erzählenden Mutter. Ich vermute, sie hat diese ergreifende Geschichte schon x-Mal gehört und stelle fest: »Überhaupt ließ die Veranstaltung die Kinder unberührt, es waren die Erwachsenen, die weinten und die die Veranstaltung im Grunde nicht für die Kinder machten, sondern für sich.«

Meine Zeit in Polen geht zu Ende. Ich bin sehr traurig und bewegt und ziehe eine Art existenzialistische Psychobilanz: »Gelernt habe ich durch den Umgang mit Polen und mit den Polen im Zusammenhang mit meinem Thema. Und gelernt durch einen anderen Menschen (...). Gelernt, dass man sich immer wieder in Frage stellen muss, sich immer wieder über Bord werfen, um sich neu zu finden. Dass man immer noch unsicherer werden muss, um etwas Sicherheit zu gewinnen ...«.

Das Projekt eines Buches über Auschwitz und die Deutschen ist in der ursprünglich geplanten Form nicht zustande gekommen. Gründe dafür gab es zur Genüge: organisatorische, finanzielle, personelle, vor allem aber: Die Zeit für derartig umfangreiche Projekte war noch nicht gekommen; auch anderen, wie Thomas Harlan, der an einem ähnlichen Unternehmen arbeitete, ist es so ergangen. Als 1962/63 die großen Auschwitzprozesse in Frankfurt begannen, wurde endgültig klar, dass derartige Projekte verfrüht waren.

1962 kehrte ich aus Polen nach Deutschland zurück. Ich hatte zwar ungeheuer viel gelernt und erfahren in diesem fremden Land, das mir so nah gekommen war, aber der Aufenthalt hatte mir keinen Aufschluss gegeben, wie es weitergehen sollte mit mir und Robert und, das vor allem, meiner beruflichen Zukunft. Dass aus dem Buchprojekt nichts werden würde, zeichnete sich erst langsam ab. Zunächst lektoriere ich weiterhin für den Verlag Manuskripte, viele in englisch, und sammle weiter Auschwitz-Material. Aber mir wird klar, dass dies keine Lebensaufgabe wird. Auch die Versuche, meine Polenbegeisterung in Bezug auf Kunst und Literatur für eine mögliche Berufsperspektive zu nutzen, laufen ins Leere. Ich halte zwar Verbindung mit polnischen Freunden und Bekannten, vermittle Kontakte und freue mich über Besuche, aber es bringt mich nicht weiter. Meine Anstrengungen, mich von Robert zu lösen, sind vergebens. Eine Weile hatte es danach ausgesehen, als würde es mir glücken: In Polen wurde mir die Vermengung von meiner Privatsituation und meiner Projektarbeit unerträglich. Meine Liebe zu L. war nicht zuletzt ein von mir gewollter Akt, diese Vermengung zu beenden. L. war ein Deutscher, wie ich, aber ein Wahlpole, wie ich heiß begehrte, eine Wahlpolin zu sein und zu werden (ohne mir darüber im Unklaren zu sein, dass dies eine Flucht aus meiner Lebenswirklichkeit war).

Ich lebte wieder in München, es kam zu den vertrauten Konflikten zwischen Robert und mir, meinen vergeblichen Versuchen, aus unserer Liebesbeziehung eine Freundschaftsbeziehung zu machen, und seinen verzweifelten Versuchen, mich zu einem Leben mit ihm zu bewegen – aber wie das gehen sollte, wussten wir beide nicht. Ich wusste nur, dass ich ich selbst sein wollte, auch unabhängig von Robert – aber wer war ich und wohin ging ich?

Ich verfolge weiterhin Roberts politisches Engagement als Journalist, nehme teil an seinen Recherchen über einen der größten politischen Skandale der Nachkriegszeit (die FIBAG – Finanzbau Aktiengesellschaft – Affäre, in die der damalige Bundesverteidigungsminister Franz Josef Strauß verwickelt war), begleite ihn in dieser Angelegenheit zu einem Hearing nach Bonn, fahre nach Hamburg, um eine vieltausendseitige Dokumentensammlung aus der NS-Zeit vorzusichten, aus der mein Verlag ein Buch machen will, zu dem es aber leider nicht kommt. Robert und ich lernen

Alexander Kluge kennen, der gerade an seiner Karriere als deutsches Film-Junggenie begann.

Ich bin auch wieder mit meiner »Clique« zusammen, mit Christian Semler, seiner Freundin und seinen Freunden, er will eine Polenreise unternehmen, ich füttere ihn mit Adressen. Ich frage ihn um Hilfe bei der Durchsicht von Dokumenten über Nazirichter. Ich warte mehrere Wochen und Monate auf Material aus Auschwitz, das man zu schicken versprochen hatte. Ich kann nichts aus Polen vergessen. Meine Freunde und ich gründen einen Arbeitskreis, in dem wir russische Lyrik lesen und Jewtuschenko einladen wollen. Über den Mauerbau waren wir weniger erschüttert als die Berliner, aber uns und allen ist klar, dass der Kalte Krieg ein heißer werden kann.

Es zeigt sich, dass in London, in der Wiener Library, wichtige Dokumente für das Auschwitz-Buch liegen, die ich dort einsehen soll. Ich überlege, ob ein Englandaufenthalt nicht überhaupt gut für mich wäre und bespreche mich mit einem Freund meiner Mutter, der einen führenden Kunstverlag (Dumont) leitet. Er findet meinen Plan, einen Sprachkurs für Fortgeschrittene zu machen, nicht verkehrt. Sprachkenntnisse sind wichtig heutzutage. Studium kann immer noch folgen. Ich solle mir angesichts meiner jetzigen Lebenslage und meines jungen Alters vor allem Zeit lassen, »lauschen, was sich abzeichnet«. Er ist Jahrgang 1930, Jude (in meinem Kind-Kapitel der erwähnte Pflegesohn meiner Großmutter und Seelenbruder meiner Mutter, mit der er durch den Bombenhagel in Berlin lief), dem Holocaust entronnen und selig, im Wiederaufbau-Deutschland moderne Kunst verlegen zu können; endlich leben und tun, wozu man Lust hat! So erkläre ich mir seinen aus heutiger, aber eben nicht damaliger Sicht merkwürdig ungerichteten Rat, den er mir gab. Auslandsaufenthalte waren in jener Zeit für junge Leute keineswegs so selbstverständlich wie heute, sondern ein Abenteuer; ich steckte viel Energie in diesen Plan.

Aus heutiger Sicht wundere ich mich, in dieser Situation und Lebenslage nicht ernsthaft über die Wiederaufnahme meines Studiums nachgedacht zu haben. Es wäre an der Zeit gewesen. Woher kamen meine Ängste? Ich hatte dazu eigentlich keinen Anlass, hatte mein Studium zwar abgebrochen, aber nicht, weil ich darin versagt hätte, sondern eher, weil es mir nicht zu mir zu passen schien. Robert spielte hierbei natürlich eine Rolle. Vielleicht war ich durch ihn zu früh mit zu vielen intelligenten (älteren) Menschen bekannt geworden, an die heranzureichen mir unmöglich erschien. Es war ja nicht Gammellust (wär's das mal gewesen!), sondern ich stellte derart hohe Ansprüche an mich selbst, dass ich mich durch Vermeidung vor dem Scheitern schützte. Obgleich ein Universitätsstudium ungleich einfacher zu bewältigen gewesen wäre als das, was ich bewältigt hatte. Hätte ich damals gewusst, wie viele junge Leute meiner Generation erst mit 30 auf den Topf kamen, es hätte mich in meinen Krisen getröstet. Aber ich war ja erst 23. Und hätte ich damals schon gewusst, wie erfolgreich ich mein Studium schließlich abschließen würde, so wäre ich vermutlich eher zu ihm zurückgekehrt. – Genug der Spekulationen …

Was Robert zu all dem gesagt hat? Offenbar wenig. Das einzige, was er will, ist unsere Liebe. Wir fahren für mehrere Wochen nach Rom. Ich bin aber auch dort nicht glücklich. Wir lernen die Jüdin Vera Elyashiv kennen, die ein Buch über Deutschland schreiben will und uns, als sie es geschrieben hat, schreibt, sie habe Angst, nach Israel zurückzukehren, weil nicht alles negativ ist, was sie über Deutschland zu sagen hat. Ich erlebe mit ihr die »Schwabinger Krawalle« (Sommer 1962) – eine Vorstufe zu dem, was ein paar Jahre später kommen und als Studentenbewegung in die Geschichte eingehen wird. Ich kriege einen Polizeiknüppel über die Schulter und bin froh, dass es mich und nicht Vera getroffen hat. Ich bin so empört wie wir alle damals.

Kein Polizist wird zur Verantwortung gezogen, obgleich wir ein Komitee gebildet und Zeugenaussagen gesammelt haben.

Robert schreibt eine Reportage über La dolce vita auf Sylt, ich begleite ihn. In Kampen ist es für die Nackten und die Reichen am schicksten. Ich bin genervt. Zurück in München sage ich Robert, dass ich eine Auszeit brauche; von uns, von allem. Ich werde die nächsten Monate in London verbringen.

Zwischenstation London

Winter 1962/63. Nach ein paar Wochen hatte ich meine Arbeit in der Wiener Library beendet; es handelte sich darum, einen ersten Überblick und Eindrücke von dem Material zu erhalten, das dort lag und für das Auschwitz-Projekt wichtig sein könnte. Aber weiter war nichts entschieden. Ich wurde also für die nächsten Monate Privatfrau, hatte nur mein Erspartes und begann meinen englischen Sprachkurs für Fortgeschrittene.

Ich zog in eine bescheidene Etagenwohnung in Swiss Cottage, die eine gewisse Mrs. N. an drei weitere Kursteilnehmerinnen vermietete. Schnell bildete sich eine Jungmädchengemeinschaft, die mich an meine Schulzeit erinnerte; keine meiner Mitbewohnerinnen war älter als ich mit meinen 23 Jahren. Ich kam mir vor wie Schneewittchen hinter den sieben Bergen, so völlig war ich aus meinem früheren Leben heraus und in dieses Jungmädchendasein hineingefallen, das ich lange hinter mir wähnte. Keiner hier hatte eine Ahnung, was ich zuvor getan hatte, und ich hatte nicht die geringste Lust, es jemandem zu erzählen. Robert und ich schrieben uns zwar, sahen uns aber bis auf ein Wochenende in Paris nicht.

Wir Mädchen (ja, ich fühlte mich in dieser Zeit viel mehr wie ein Mädchen denn als eine junge Frau) hatten alle wenig Geld und entwickelten ähnliche Sparstrategien. Der Winter war bitterkalt, wir heizten unsere Zimmer mit einem Gasflammenkocher, den man mit Münzen füttern musste und auf dem man zur Not auch kochen konnte. Der Englischkursus und seine Vor- und Nachbereitung nahmen den größten Teil des Tages in Beschlag und machten mir ausgesprochenen Spaß. In den freien Stunden ging ich allein oder zusammen mit den Girls die Stadt besichtigen und ins Museum. Die Wochenenden waren fürchterlich langweilig, weil alles geschlossen war. Man konnte nur ins Kino gehen, sich weiter langweilen und auf den Montag warten.

Dann kamen Frühling und Sommer. London entwickelte seinen Charme, es war nun wunderbar warm, wir gingen in unserer Freizeit schwimmen und bummeln. Ich fand, was ich gesucht hatte: arbeiten für mich selbst, ohne mich zu überlasten, und ausruhen von allem Robert-Stress. Außer den Kursteilnehmern kannte ich hier niemanden, und niemand kannte mich. Es war mir recht.

Auf einer U-Bahnfahrt in der *tube* sitzt mir ein Mann mittleren Alters gegenüber, der so unscheinbar aussieht, dass ich ihn beinah übersehen hätte. Aber da ist etwas in seinem Blick, etwas Ungewöhnliches, das mich aufmerken lässt. Wir beginnen uns Blicke zuzuwerfen, steigen zusammen aus, und ich erfahre bei einer Tasse Tee, dass Frank Lea ein Philosoph ist, der für die BBC arbeitet. Später wird er mir sein Buch über Nietzsche, *The Tragic Philosopher*, schenken, mit Widmung und dem Datum vom 23. Juni 1963.

Frank besitzt ein altes, gammeliges Cottage in Ipswich. Ich besuche ihn dort. Er wohnt allein mit einer Katze. Er hat Erdbeeren aus dem Garten für mich vorbereitet und gesteht mir, dass er ein Hobbymaler ist. Wie gern würde er mich malen! Ich setze mich also ihm (und auch mir) zur Freude auf den Holztisch im Garten, und es entsteht eine Skizze, die der Erwähnung nicht wert ist. Aber wir verbringen einen wunderschönen Tag, in großer Vertrautheit, ohne dass mehr passiert, weit weg von London und noch viel weiter weg von allen Städten in Deutschland, in denen ich war und die ich in diesem Augenblick nicht vermisse – ebenso wenig wie die Menschen, die auf mich warten.

Frank war mein einziger Freund in meiner Londoner Zeit. Ich bin mit niemandem aus meinem Englischkurs in Kontakt geblieben, habe höchstens ein paar Briefe mit der nettesten meiner Mitbewohnerinnen gewechselt, einer Finnin namens Eva, und ja, es gab lustige Abende und Unternehmungen mit einigen anderen Kursteilnehmern, auch ein paar harmlose Flirts. Aber wenn ich heute an meine kurze Zeit in London denke, so zuerst an meinen reizenden Freund Frank. Wir schrieben uns mehrere Jahre lang freundschaftliche, warme Briefe.

Ich schloss meine Zeit in England, wie geplant, mit einem Sprachdiplom ab und fuhr zurück nach Deutschland.

New York, New York

Wenn ich heute auf meine beiden Jahre in New York zurückschaue, auf die Jahre 1964/65, so erscheint mir die Stadt wie eine Bühne, auf die ich mich gestellt sehe. Sie ist grell beleuchtet und von sehr vielen Menschen bevölkert, unter denen ich mich bewege; nicht wie eine Schauspielerin, ich hatte ja schon eingangs bei der Erörterung meiner Berufswünsche gesagt, dass ich nicht das geringste schauspielerische Talent habe, sondern eher wie eine Statistin, die nicht kapiert, dass sie auf einer Bühne steht und mitspielt, ja sogar den Verlauf des Spiels mit gestaltet. Die Bühne, um im Bild zu bleiben, hat verschiedene Schauplätze. Mein Blick erfasst zunächst Ausschnitte von Manhattan, erweitert sich dann und sieht andere erstaunliche Orte.

Amerika war aus deutscher Sicht unendlich weit weg. Aber in Amerika, genauer in New York, lebte seit zehn Jahren meine Halbschwester. Sie hatte dorthin geheiratet und in wenigen Jahren vier Kinder zur Welt gebracht. Alle zwei Jahre machte sie mit ihrem Mann eine mehrwöchige Europareise, um ihre Verwandtschaft und Freunde in Europa zu besuchen, vor allem ihren (unseren) Vater und ihren Bruder (meinen Halbbruder) in der Schweiz. Ihre Kinder blieben dann in der Obhut der schwarzen Haushaltshilfe Mary zurück, brauchten daneben aber eine weitere vertrauenswürdige Person. Das wurde ich: Meine Schwester lud mich ein, für ein paar Wochen nach New York zu kommen, um in der Zeit, die sie in Europa verbringen würde, ihre Kinder zu hüten – Flug und Aufenthalt natürlich umsonst. Ich wollte diese Gelegenheit dergestalt nutzen, dass ich schon ein paar Monate eher kommen würde, um Land und Leute kennen zu lernen.

Von dieser sagenhaften Stadt waren mir nur ein paar Filmbilder im Kopf. Alles durchtränkt von der diffusen

Amerika-Begeisterung und -Hochachtung (unsere Befreier), die die ersten westdeutschen Nachkriegsjahrzehnte vernebelten. In gut acht Flugstunden war man auch damals schon im gelobten Land. Der Kennedy Airport war noch klein. Aus dem Flugzeug steigend, sah ich meine Schwester mit ihrem Mann auf der Ankunftsterrasse stehen und mir zuwinken. Es war Ende Januar 1964 und frühlingshaft warm. Im Sechssitzer-Chevrolet, für europäische Begriffe ein Auto mit den Ausmaßen eines Kleinbusses, fuhr mein Schwager mir zu Ehren einen Umweg nach Manhattan, um mir die berühmte Skyline zu zeigen, die einen begrüßt, wenn man mit dem Schiff ankommt – und die ich zwei Jahr später vom Schiff aus hinter mir verschwinden sehen würde. Sie, die Skyline, so schreibe ich in meinem ersten Brief nachhause, ist so kitschig, so schön, so überwältigend, wie es jeder erzählt, der es erlebt hat.

Ich lande in der geräumigen Wohnung meiner Schwester und ihrer Familie, Riverside Drive, mit atemberaubendem Blick über den Hudson. Die Kinder, der Hund und die schwarze Perle Mary begrüßen mich, und ich merke, dass ich zwar recht gut Englisch kann, aber das ist nicht dasselbe wie Amerikanisch. Meine Schwester hilft mir, meine Angst vor dem Telefonieren in der neuen Sprache zu überwinden. Ich habe eine ganze Brieftasche voller Adressen von meinen Eltern, Freunden und Robert mitbekommen.

Alles ist neu, und auch wieder nicht, denn ich komme ja nicht in eine völlig fremde Welt, sondern in eine, die meine Schwester bereits erobert hat und die ich nun an ihrer Seite schrittweise kennenlerne, wie beim Bergsteigen am Seil. Das fängt schon mit der Sprache an. Natürlich wird in der Familie amerikanisch gesprochen, und dadurch lerne ich schnell, mein Englisch zu amerikanisieren, aber meine Schwester will, dass ihre Kinder die deutsche Sprache nicht vergessen und spricht deshalb oft deutsch mit ihnen. Allerdings gelingt ihr das nur zu einem Teil, und es entwickelt sich ein Sprachgemisch, das alle Zweisprachigen auszeichnet und dem auch ich nach kurzer Eingewöhnungszeit anheimfalle.

Deutsche Zeitungen zu lesen war ich gewohnt; meinen Weg durch die backsteindicke Wochenendausgabe der New York Times zu finden, war schon schwieriger, es muss gelernt werden. Wie so vieles andere. Als Wichtigstes das Warenangebot, das so anders und so viel reichhaltiger ist als (damals noch) in Deutschland. Ich begleite meine Schwester bei ihren Einkäufen und beginne, den Alltag einer New Yorker Mittelstandsfamilie zu verstehen, auch das Preis-Leistungs-Verhältnis: Was ist billiger, was teurer als in Europa? Es macht meiner Schwester und mir Spaß, dieses Vergleichen; ihr, weil es ihr Heimweh nach Europa stillt, mir, weil mir das Staunen Spaß macht. Wir sprechen untereinander deutsch, natürlich, es ist ja unser beider Muttersprache, aber offenbar nicht nur unsere Landesmuttersprache, sondern auch die Sprache eines ganzen Kontinents, denn wir sagen bei diesen Vergleichen nicht: billiger oder teurer als in Deutschland, sondern zunächst als »in Europa«, bevor wir zu detaillierteren Beobachtungen übergehen (als in der Schweiz, in Berlin, in London, gar in Polen).

Nahrungsmittel und Kleidung sind eindeutig billiger. Ich kaufe mir ein rosa Kaschmirkleid für 20 Dollar bei Klein's, einem der größten Warenhäuser der Stadt, in dem ich zum Fressen amerikanisch aussehe, und esse mit meiner Schwester down town die leckeren Sandwichs, dick belegt mit cheese, ham oder Thunfisch und Salatblättern. Wir besuchen die wunderbaren Museen mit europäischer Malerkultur und die vielen Galerien auf und um die Fifth Ave mit neuester moderner Kunst, Pollok reißt mich zu Begeisterungsstürmen hin. Ich lerne das komplizierte System der Subway beherrschen, mit Angst und Beben, ob ich da ankomme, wohin ich will. Ich gewöhne mich daran, dass es in der Wohnung immer zu warm ist – die Kinder laufen auf

Socken durch die Zimmer –, dass überall das Licht brennt und auch beim Weggehen nicht ausgeknipst wird, der (riesige) Eisschrank nicht sofort nach Entnahme wieder geschlossen wird, und dass es jeden Tag Fleisch zum Dinner gibt. In der Küche steht ein Glasbehälter voller bunter Tranquilizer – sonst hielte meine Schwester dieses Leben nicht aus.

Sie war mit 26 Jahren, 1953, nach Amerika gekommen, auf dem Weg in ein neues Leben. Sie hatte, wie beschrieben, nach dem Krieg anderthalb Jahre mit der Pflege ihres kriegsversehrten Bruders in Heidelberg zugebracht; ihr junger Verlobter war in den allerletzten Tagen von den Russen beim Einmarsch nach Berlin erschossen worden, praktisch vor ihren Augen. Sie war blutjung und sprachversiert, das bescherte ihr einen Dolmetscherjob bei der amerikanischen Besatzung. Einmal war sie so tollkühn und übersetzte die Ansprache eines Offiziers mit südamerikanischem Slang, den sie mit ihrem Schulenglisch nicht verstand, sinngemäß: neuer Anfang, Freundschaft mit den Befreiern – so was in der Richtung wird er ja wohl gesagt haben.

Sie erzählte mir, wie die Amerikaner sie, ein halbverhungertes deutsches Mädchen, in ihrem Jeep herumgefahren und durch alle Heidelberger Krankenhäuser begleitet hatten, bis sie endlich ihren Bruder in dem Lazarett fand, in dem er lag. Ein paar Jahre später, und nach einer gescheiterten Ehe in der Schweiz, hatte sie sich durch einen Bekannten überreden lassen, ihr Glück in New York zu suchen. Sie begann als einfache Sekretärin, arbeitete sich aber bald in eine bessere Stellung in einer Galerie hoch und musste ihr äußeres Erscheinungsbild an die amerikanischen Standards anpassen: jede Woche mindestens ein neues Outfit, jeden Tag tipptopp geschminkt, und den ganzen Tag auf hohen Hacken.

Alsbald macht sie sich mit der amerikanischen Sitte des »double-dating« bekannt: Zwei junge Männer und zwei junge Frauen gehen zusammen aus. Bei einer dieser Gelegenheiten lernt sie ihren späteren Mann kennen, einen warmherzigen und intelligenten Geschäftsmann aus kleinbürgerlichem jüdischem Milieu, und wird eine grüne Witwe in Brooklyn (Manhattan war noch zu teuer). Denn mit der Geburt des ersten Kindes, dem bald drei weitere folgen, ist's aus mit der Sekretärinnenarbeit, das verlangt ihr Mann, das verlangten damals alle Männer von ihren Ehefrauen. Eine große Familie zu gründen war ihr Traum, an einem runden Tisch sollen die Familienmitglieder sitzen, mit ihr als der Vorsitzenden für alles Innerfamiliäre. Es ist ein Sehnsuchtstraum nach Normalität und Sicherheit, auch für eine Europäerin aus großbürgerlichem Haus.

Als ich nach New York komme, ist ihr Mann bereits ein wohlhabender Fabrikeigentümer. Die Ehe hat zwar schon einen Knacks, aber bis zur Scheidung ist es noch weit. Ich begleite die beiden zu den double-dates, die jetzt die Form von Zwei-befreundete-Ehepaare-in-derselben-Lebenslage-und-phase-gehen-einmal-in-der-Woche-aus. Einmal in der Woche macht sich meine Schwester fein, zieht die guten Nylons und hochhackige elegante Schuhe an, knüpft sich ihren falschen Dutt ins Haar und freut sich über die Abwechslung vom Kinder- und Familienalltag. An diesen Abenden höre ich den einschlägigen Gesprächen der Männer über ihre Geschäftssituation zu und dem Austausch der Ehefrauen über Kinder, Schule, Kindergarten und Erneuerungen in Küche und Wohnung. Zuhause erörtert meine Schwester mit mir die Garderobe ihrer Freundinnen und weiht mich in die laufenden Ehekräche und anstehenden Scheidungen ein.

Ich komme gut mit ihren vier Kindern aus, die bei meiner Ankunft zwischen 1 ½ und 7 Jahre alt sind. Später alleine für sie verantwortlich, mache ich alles anders als meine Schwester, stelle aber fest, dass sie trotz ihrer vielen Schreiereien eine goldene pädagogische Hand hat.

Es waren die Jahre von Präsident Johnsons Great Society und seinem War against Poverty. Über Rassenprobleme wurde viel diskutiert. 1964 wird das Gesetz zur Aufhebung der Rassentrennung erlassen, im Juli 1964 brechen Rassenunruhen in Harlem aus, die wenige Tage später durch die Weltpresse gehen. 1965 erschüttert der Rassenaufruhr in Los Angeles die Nation. Die Columbia University, auf die ich bald gehen werde, liegt auf der Grenze zu Harlem, einem Teil Manhattans, in dem damals nur Schwarze wohnten – Neger, wie man zu der Zeit zu sagen pflegte. Meine Schwester rollte die Autofenster hoch, als sie mit mir durch Harlem fuhr, um es mir zu zeigen. Sie und ihr Mann hatten keine schwarzen Freunde, aber weder sie noch er hatten Rassenvorurteile – eine solche Unterstellung hätte sich meine Schwester auch aufs Schärfste verbeten, als deutsche Antifaschistin und mit ihrem jüdischen Familienhintergrund. Später wurde sie die Ziehmutter eines schwarzen Jugendlichen. Gleichwohl lebte man in einer rassengetrennten Gesellschaft, in getrennten Vierteln und Wohnblocks.

Wer, wie ich, neu nach Amerika kommt, lernt sofort über Geld zu sprechen; alle sprechen über Geld, es gibt kein Tabu wie in Europa, wo sich das nicht schickt. Geld ist da, man muss sich nur bücken und es aufheben. Und sich zu bücken ist hier keine Schande. Ich nehme bereits eine Woche nach meiner Ankunft meinen ersten Job als Babysitter an, die Freundinnen meiner Schwester sind alle Mitte dreißig und haben Kinder im Kleinkindalter. Der Verdienst ist kläglich, versorgt mich aber mit Taschengeld, und außerdem lerne ich auf diese Weise viel über amerikanische Erziehung. Ich bin stolz, als ich es nach ein paar Wochen geschafft habe, dass mein völlig verzogener kleiner Edward sein Zimmer alleine aufräumte, ein Erfolg, den seine Mutter nicht für möglich gehalten hätte und auch nie anstrebte. Allmählich weiten sich meine Verdienstmöglichkeiten aus.

Sehr lukrative sind die Nachmittags- und Abendstunden bei einer alten Dame, die so chaotisch ist, dass sie jemanden braucht – und sei es nur, um ihr dabei zuzuschauen, wie sie zwischen ihrem mit Rechnungen, Briefen und Merkzetteln überladenen Sekretär und den vielen kleinen Stelltischchen mit ähnlichen Ladungen hin und her flattert, ohne sich zu einer Handlung entschließen zu können.

Diesen Job verdankte ich Annelies, einer guten Freundin meiner Mutter und Großmutter, Psychoanalytikerin, Anfang Fünfzig. Ich kannte sie aus Europa, wo sie mehrere Monate im Jahr verblieb. Sie war sehr zart. Ich hatte sie oft in ihrer Berliner Wohnung in der Düsseldorferstraße besucht; mit Robert auch einmal in Bad Ragaz, ihrem Schweizer Erholungsort. Wir frischten unsere Bekanntschaft nun auf, befreundeten uns regelrecht – auf eine Art, die heute vielleicht ungewöhnlich klingt: Obgleich wir über alles miteinander sprachen, auch Intimes, siezten wir uns. Sie wohnte, dem Appartement meiner Schwester sozusagen gegenüber, auf der schicken Eastside von Manhattan. Wenn ich sie besuchte, durchquerte ich den Central Park, sah den (schwarzen) Hauskeeper bereits unter dem einen Teil des Bürgersteigs überspannenden Markisendach stehen (ein aus amerikanischen Filmen vertrautes Bild) und begrüßte ihn, bevor er mich zum Fahrstuhl geleitete.

Mit Annelies auszugehen war ein Genuss, sie liebte teure Restaurants und trank gern ein Gläschen Sekt, das ihrem angegriffenen Herz gut tat. Ich erinnere mich, wie wir einmal in ein Lokal gingen, das ganz offensichtlich für lesbische Paare bestimmt war. Wir erregten Aufsehen: sie die vornehme, sehr zierliche und perfekt gekleidete Dame mit dem Flair einer durchgeistigten (europäischen) Intellektuellen, und ich, die sehr junge Dame an ihrer Seite. Wir lachten über die prüfenden Blicke der Gäste und Kellner und tranken uns zu. Mit Annelies besprach ich viele meiner praktischen und psychischen Probleme, ohne dass ich bei ihr auf der Couch gelegen hätte. Sie, die Ehe- und Kinderlose (ihr Verlobter war früh gestorben) fand in mir eine erwachsene Tochter, so könnte man sagen, und ich fand in ihr eine warme ältere Freundin (keine Mutter), zu der ich vollstes Vertrauen hatte.

Ich mache einen Skiausflug mit neu gewonnenen Freunden nach Vermont, Sugar Bush, zu dem mich Bob B. eingeladen hat. Wir fahren in zwei Autos durch die Wälder von Vermont, die mich an Europa erinnern und die doch Amerika sind. Bob ist, wie ich, Mitte zwanzig, hat aber bereits eine Ehe hinter sich und ist Abteilungsleiter in einem großen amerikanischen Schulbuchverlag; ein Michael U., mir weitläufig aus München bekannt; Marsha, eine Töpferin; Ann, 22, gerade dem College entsprungen, jetzt in der Columbia-Filmabteilung, und Umberto, Mitte dreißig, mit zwei weiteren Freunden. Umberto ist italienischer Herkunft und lebt mit seiner polnischen Frau und drei Kindern schon lange in New York. Er arbeitet mit Michael und Bob im selben Verlag als Computerspezialist.

Auf dem Übungshügel für Ski-Anfänger sause und purzle ich im Wechsel, abends wird viel gelacht, und es werden knifflige Spiele gespielt, die Umberto ersinnt; er ist der Spielleiter. Ich fühle mich jung und ausgelassen und bin, ehrlich gesagt, froh, meiner derzeitigen Familie für ein Wochenende entronnen zu sein, denn die vielen Ehekräche zwischen meiner Schwester und meinem Schwager gehen mir auf die Nerven.

Bob entpuppt sich als ein äußerst adretter und gebildeter junger Mann, der trotz seines amerikanischen Äußeren – in der Stadt und im Büro immer hellblaues Oberhemd, dunkelblauer Anzug und gestreifter Schlips – etwas Unamerikanisches hat; auch er ist europäischer Herkunft. Er erinnerte mich mit seiner Korrektheit und einer gewissen Konservativität an meine Sauerlandvettern. Nach unserem Ausflug wurde er mir ein guter Freund, der mir half, wo er nur konnte, zum Beispiel bei der Beschaffung von verbilligten Studienbüchern, als ich Studentin wurde. Ich besuchte ihn gern down town in seinem Office, wir gingen dann zu zweit oder zusammen mit Umberto lunchen, sie arbeiteten ja im selben Gebäude, das sie mir stolz vorführten. Ich kannte Verlage, aber einen derartig riesigen wie McGrawhill hatte ich noch nie gesehen, und einen mit solchen Ausmaßen gab es damals vermutlich auch in ganz Europa nicht.

Meine Freundschaft mit Umberto überdauert meine gesamte Amerikazeit, er wird mir Bruder (wie Wilfried in meiner Freiburger Studentenzeit). Wir feiern Parties in seinem Haus oder dem meiner Schwester, gehen zusammen ins Kino, diskutieren die Rassenfrage, und als ich nach ein paar Monaten in ein eigenes Appartement ziehe, helfen er und seine Frau mir beim Umzug. Ewa ist zwar keine, möchte aber gerne eine Schauspielerin sein, sie hat komödiantisches Talent; wenn sie eine Story erzählt, kommen wir aus dem Lachen nicht heraus. Anfangs begegnete sie, die Polin, mir, der Deutschen, mit einer gewissen Reserviertheit. Das legte sich, als wir uns näher kennenlernten und sie mehr über mich erfuhr. Umberto führte mich mit seinem wachen politischen Urteil und in vielen Gesprächen in die amerikanische Politik und Geschichte ein, gab mir Lesetipps für linke soziologische Literatur, C. W. Mills zum Beispiel, und als ich im Frühsommer die vier Kinder meiner Schwester hüte, während sie in Europa ist, treffe ich mich oft mit ihm, seinen drei Kindern und seiner Frau im oberen Teil des Riverside Parks, um uns den Sonntagnachmittag zu vertreiben. Kurzum, diese amerikanisch-unamerikanische Familie wird mir ein alternatives Zuhause.

Bei meinem Aufbruch nach Amerika hatte ich keineswegs die Absicht gehabt, dort länger als ein paar Monate zu bleiben. Ich wollte zwar (wieder) weg von Robert, wollte ihn aber nicht verlieren, und angesichts seiner immer schwierigeren häuslichen Situation hatten wir beschlossen, dass es zum gegenwärtigen Zeitpunkt keine bessere Lösung für uns beide gab, als uns für eine Zeit zu trennen; was danach käme, würde man sehen. Wir schrieben uns unentwegt. Ich verfolgte aus der Ferne seine journalistischen Projekte, er schickte mir regelmäßig seine Artikel, informierte mich über die journalistischen und kulturellen Ereignisse in Deutschland (Filme, Theateraufführungen, Konzerte, Ausstellungen, die er besuchte und was er davon hielt), über Vorträge, die er hielt, und wie diese beim Publikum ankamen, über politische Skandale, in die er schreibend eingriff, über seine Versuche, das Auschwitz-Projekt weiter finanziert zu bekommen (was misslang). Er erwartete meine Meinung zu allem, auch zu neuen oder alten Freundinnen, die er verführte, und wollte umgekehrt alles ebenso Diesbezügliche von mir wissen.

Ja (und nein), ich wollte weg von Robert, fühlte mich geradezu verpflichtet, mich ohne ihn auszuprobieren. Auch mit Männern. Mein erster Versuch galt Herbert (Herby), Jude, Mathematiker, Dozent an der Columbia und befreundet mit dem jüdischen Philosophen Jacob Taubes, einem guten Freund meines Berliner Freundes Werner Düttmann, Architekt und Erbauer der Berliner Akademie der Künste. Taubes lehrte an der Columbia Religionsgeschichte und war, als ich ihn kennenlernte, dabei, sich auf eine Gastprofessur an der FU in Berlin vorzubereiten. Dort werde ich ihn drei Jahre später auf studentischen Vollversammlungen reden hören, aber vorher, hier, helfe ich ihm bei seiner Korrespondenz, denn er ist, ähnlich wie meine alte Frau Adams, unfähig, seinen Schreibtisch in Ordnung zu halten. Und ich gehe mit ihm und Herby in einem Harlemer Jazzkeller Jazz und Gospels hören; wir sind die einzigen Weißen.

Die andauernde Bezugnahme auf die jüdische Herkunft von Menschen ist etwas New York-Typisches; war es zumindest zu meiner Zeit. Dass zum Beispiel der Mann meiner

Schwester aus einer streng jüdischen Familie stammte, war oft Gesprächsthema, und meine Schwester ärgerte sich weidlich an dem kleinbürgerlichen und orthodoxen Gehabe ihrer Schwiegereltern; wir stammen schließlich von den Mendelssohns ab! Viele ihrer und später auch meiner Freunde hatten jüdische Wurzeln in Europa. Sie waren zwar amerikanisiert, aber daneben oder darunter europäisch geblieben.

Zurück zu Herby und mir. Wie ging meine Eroberung vor sich? Vor allem schnell-amerikanisch: Nach einem Galeriebummel, Lunch, Kinobesuch und Dinner habe ich mich bis über meine beiden jungen Ohren in ihn verliebt, einen mittvierziger Ur-New Yorker jüdischen Intellektuellen, selbstverständlich geschieden, mit zwei halb erwachsenen Kindern und auf Suche nach einer neuen Beziehung. Schon nach dem ersten Kuss fragt er mich, ob ich ihn heiraten will, und nach der ersten Liebesnacht denke ich zwar nicht an Heirat (das wär's noch, wo es mir gerade erst gelungen ist, Abstand von Robert zu gewinnen!), aber ich genieße meine Unabhängigkeit, ich lebe schließlich in einem freien Land, etwa nicht? – Natürlich konnte dieses Abenteuer nicht gut gehen. Nach ein paar Monaten war die beiderseits eingebildete Leidenschaft erschöpft und wurde von beiden Seiten ohne große Seelennot begraben. Nein, das stimmt nicht ganz, auf meiner Seite (und auch bei ihm, aber das lassen wir hier mal weg) war durchaus Seelennot. Ich verstand nämlich sein Verhalten nicht: einerseits ehrlich gemeinte Liebesbeteuerungen, andererseits abrupte Kommunikationsabbrüche; und das in einem mir völlig unverständlichen Wechsel. Ich hätte mehr amerikanische Filme anschauen sollen, vor allem die späteren von Woody Allen, in denen es nur so von New Yorker jüdischen Neurotikern mittleren Alters wimmelt.

Überhaupt lernte ich mit zunehmendem Erstaunen die amerikanische Männerwelt kennen. Offenbar herrschten hier ganz andere Codes, die das Verhältnis zwischen den

Geschlechtern regeln, als in Europa. Amerika, merkte ich bald, ist nicht das Land der unbegrenzten Möglichkeiten, wenn es um Erotik und Sexualität geht, Sex ist in den USA eine hoch standardisierte Angelegenheit. Wie sich ein Flirt entwickelt, eine Bekanntschaft vorerotisch bleibt oder erotisch wird, das sind eher europäische Nuancen. Kleine Hinweise – ein zweiter interessierter Blick, ein Begrüßungskuss mit einem Hauch von mehr, ein koketter Hüftschwung – dekodieren amerikanische Männer viel eindeutiger in Richtung auf (unterstellten) erwünschten Sex als in Europa. Wie perplex war ich, als mir von einem Bekannten nach dem zweiten Lunch (den er bezahlte) bedeutet wurde, nun sei es aber an der Zeit, zur Sache zu kommen. Auch Lunch-Verabredungen sind etwas sehr Amerikanisches, sie sind Brücken zwischen Privatem und Geschäftlichem, es findet dort ein reger Verkehr statt, der durch unsichtbare Verkehrsschilder geregelt ist, die bezeichnen, wo das eine aufhört und das andere anfängt. Es schien mir, dass amerikanische (New Yorker) Männer Flirt und Sex nicht nur in körperlich-psychischen Kategorien maßen, sondern auch unter Investitionsgesichtspunkten einschätzten. Time ist money.

In den ersten Wochen und Monaten meines Aufenthaltes zog eine Reihe von Männern verschiedener Lebensalter (Mittzwanziger bis Mittvierziger), unterschiedlicher Herkunft (Juden mit und ohne europäischen Hintergrund; Vertreter des oberen und mittleren, ausnahmsweise des unteren Sozialmilieus) und einer bunten Berufsmischung an mir vorbei: ein Galeriebesitzer und ein Maler (Bekannte meiner Schwester), ein Verleger (via Galeriebesitzer), ein Mathematikdozent (s. o.), ein Philosophieprofessor (s. o.), ein Architekt (Freund eines meiner Berliner Freunde), Soziologiestudenten (spätere Studiengenossen), ein höherer Angestellter eines Schulbuchkonzerns (Bob), ein Computerspezialist (Umberto), ein Xerox-Manager und Arbeitskollege bei meinem Ferienjob (s. w. u.), christliche junge Männer in einem

Feriencamp (s. w. u.) und viele andere. Flirts mit und ohne (zumeist mit) Sexabsichten bis zu Heiratsanträgen (sehr ernsthaften bis zu ebenfalls ernsthaften, aber leider nicht möglichen, weil Antragsteller selbst verheiratet), lose und innige Freundschaften – es war alles vertreten, aber der Sex penetrierte noch die harmlosest erscheinenden Beziehungen.

Was war hier los? Jedenfalls etwas anderes, als ich aus Europa gewohnt war. Ich war mit 24 Jahren im besten Flirtalter, aber das erklärte mir das Phänomen nicht hinreichend. Ich muss hier zwei Komponenten hinzufügen, eine kulturelle und eine persönliche. Die kulturelle Komponente kannte ich, wenn auch in ganz anderer Einfärbung, von meinem Polenaufenthalt. Dort waren viele Männer fasziniert gewesen von diesem weiblichen Wesen aus einer anderen Welt, der so gut wie unerreichbaren Westlerin. Exotik scheint sich beim Zusammentreffen der Geschlechter geradezu zwanghaft mit Erotik zu vereinigen. Auch für Amerikaner war eine junge Europäerin damals etwas Besonderes. Ich habe mich darüber später mit meiner jugoslawischen Schriftstellerfreundin unterhalten, die zur gleichen Zeit, als ich dort war, von einem Kulturfonds zu einer Amerikareise eingeladen worden war. Sie berichtete mir haargenau dieselben Erfahrungen: reihenweise Anbeter inklusive Heiratsanträgen. Offenbar gab es in diesem Land nicht die Form einer freundschaftlich-ungebundenen Beziehung. Soweit die kulturelle Komponente.

Bei mir spielte aber auch meine Schwester am Rande mit. Sie war, als ich kam, 37 Jahre alt und führte, wie angedeutet, keine gute Ehe. Umso mehr brauchte sie zu ihrer Selbstvergewisserung die erotisch gefärbte Anerkennung von Männern; nicht so sehr die ihres eigenen Mannes. Obgleich sie perfekt ins New Yorker Leben integriert war, ihre Familie und Ehe nach amerikanischen Standards führte und den Jahresrhythmus von arrivierten Mittelständlern einhielt (Sommerwochen auf Long Island, wenn das Thermometer in NYC auf über 90 Grad Fahrenheit stieg; Thanksgiving mit Truthahn); obgleich sie, wie alle amerikanischen Frauen, die totale Übersicht über das Warenangebot der Supermärkte hatte und es ökonomisch klug nutzte; obgleich sie, ebenfalls wie alle amerikanischen Frauen, dauernd an ihrer Figur arbeitete (zu dick, zu dünn, in ihrem Fall zu dick) – obgleich sie all dies tat, war es ihr ein Anliegen, ihren Freunden und Bekannten (sofern diese nicht selbst europäischen Ursprungs waren und deshalb dasselbe taten) das europäische Flair, das europäische kulturelle Erbe, wenn man so will, unter die weniger kulturelle amerikanische Nase zu reiben und sich auf diese Weise mit tausend kleinen Abweichungen (eine Spur anders gekleidet, etwas zu oft die eigene europäische Herkunft betont und, in ihrem Fall, die berühmten Ahnen; etwas zu penetrant europäische Literatur zitiert) als Expertin sowohl des American way of life als eben auch des europäischen zu outen. Sie führte mich nun ihren Freunden wie ein Schmuckstück vor, das sie in der Hand hatte, ein europäisches Schmuckstück. Ein nicht unerheblicher Teil der oben erwähnten Herren betrat meine neue Welt auf diesem Weg und traf auf eine junge Frau, die bereit war, zuzugreifen, wenn ihr einer gefiel.

Bereits nach wenigen Wochen meines Aufenthaltes erwäge ich einen Wechsel meines Besucher- in ein Immigrantenvisum. Es ist mir offenbar ernst mit meinem Aufbruch in ein neues Leben. Und ich will unbedingt meine Verdienstmöglichkeiten vergrößern. Beide Intentionen sind einige Monate später realisiert, als ich im Herbst 1964, ein halbes Jahr nach meiner Ankunft, mit einem sozialwissenschaftlichen Grundstudium an der Columbia University beginne. Mein so lange hinausgezögerter und bezweifelter Wunsch, nach meinem Studienabbruch 1961 wieder zu studieren, kristallisiert sich endlich klar heraus: Nein, ich würde nicht nach Deutschland zurückkehren. Deutschland würde Robert bedeuten, und ich wäre so schlau wie zuvor, noch immer ohne Berufsperspektive, und hätte von Amerika nicht mehr als einen flüchtigen Eindruck mitbekommen. Meine neuen Columbia-Freunde helfen mir bei der Recherche, wie ich als Ausländerin Studentin werden kann. Ich nehme Kontakt mit dem soziologischen und sozialpsychologischen Department auf. Alles ist noch vage. Ich habe Angst vor meiner eigenen Courage. Wo ist denn diese Zukunft? Wie komme ich dort hin und wie sieht sie aus?

Meine Verpflichtungen bei meiner Schwester als Hüterin ihrer Kinder sind vorbei, sie ist mit ihrem Mann von ihren Verwandtschaftsbesuchen aus Europa zurück (hat sich vollgesogen mit Europa, das muss nun für die nächsten zwei Jahre reichen). Seit ich nicht mehr bei ihr wohne, muss Geld verdient werden. Ich habe ein winziges Einzimmer-Appartement (160W86St, $ 55 Miete im Monat) bezogen und muss sehen, wie ich mein anstehendes Studium finanziere. Von zuhause kommt nur ab und zu eine kleine Zuwendung von meiner Mutter oder Großmutter. Von meinem Stiefvater bekomme ich nichts, finde das aber in Ordnung; er fühlt sich schon lange nicht mehr zuständig fürs Finanzielle.

Die Zeit, um sich einen lukrativen Sommerjob zu ergattern, wird knapp. Ich renne mir die Beine aus dem Leib. Es gibt vielleicht einen Kellnerinnenjob in Provincetown (das amerikanische Kampen) – wäre toll, wird aber nichts. Oder bei der Rezeption im Plaza Hotel – wäre auch toll, wird aber auch nichts. Ich kontaktiere Job Agencies, vergeblich. Alles in brennender Julihitze, das New Yorker Pflaster kocht. Ich trage ein dünnes, aber kein Flippykleid, man muss seriös aussehen als junge Frau auf Jobsuche. Schließlich erobere ich in letzter Minute einen Job bei der eben anlaufenden World's Fair, einer riesigen Weltausstellung vor den Toren New Yorks. Aber es wird noch einige Wochen dauern, ehe es los geht. In diesen Wochen mache ich eine wichtige und dann eine noch viel wichtigere Erfahrung.

Die erste Erfahrung: Durch meine Freundin Annelies lerne ich Reverend L. von der Episcopal Church kennen, der ein Summercamp für Taubstumme leitet. Dort werde ich zwei Wochen verbringen. Mit Bus und Flugzeug einer lokalen Fluglinie, mit vielen Zwischenstopps auf kleinen Flugplätzen, lande ich nach mehreren Stunden aus einem feucht-schwülen New York in Virginia, und weiter geht's per Auto nach Hemlock Haven. Traumhafte Stille, kleine Holzhütten in hügligem Gelände verstreut, hohe Laubbäume, Vogelgezwitscher, Baumrauschen, Hitze und Sonne.

Virginia: Der Klang ist für mich als Europäerin verbunden mit tiefem Süden, mit Onkel Toms Hütte; Berlin, Hamburg, München sind sehr weit weg.

Nachmittags im Camp führe ich eine lange Unterhaltung mit Reverend L., einem offenen und idealistischen Mann, mit dem ich mich gleich gut verstehe. Ich teile eines der primitiven, aber sauberen Zimmer mit einer Negerin aus Tansania, Rose; abends kommen alle Mädchen, die schon da sind, in unser Zimmer, und wir schwatzen bis spät in den Abend. Nach einer Morgenandacht und einem ausgiebigen Frühstück werden wir in Committees eingeteilt, ich in das für Recreation and Community. Ein anderer Reverend, Engländer, dolmetscht für die taubstummen Teilnehmer. Mir fällt das Schicksal von Helen Keller ein. Als Jugendliche schauderte ich bei der Lektüre ihres Buches und stellte mir vor, wie es sein müsse, nicht nur nicht sprechen und hören, sondern auch nicht sehen zu können: War das überhaupt auszuhalten? Ihre geniale Lehrerin hatte den Einfall, ihr die Hand unter fließendes Wasser zu halten und ihr dieses Wort in die Hand zu buchstabieren, sodass sie die Beziehung zwischen Wasser und dem Begriff von Wasser verstand. Ist das nicht ein Wunder?

Die Gruppe steht ganz unter dem Zeichen der Taubstummen-Problematik, wir lernen in den kommenden Tagen im Eiltempo Zeichensprache und begeben uns an die

Arbeit: Abwassergräben ausheben. Nachmittags wird Pingpong gespielt, es werden Vorträge gehalten (ich einen über Deutschland und den Nationalsozialismus) und Ausflüge in die nahe Umgebung organisiert. Die Morgen- und Abendandachten werden im Wechsel von den Teilnehmern gehalten (ich bin auch einmal dran), und am Sonntag gibt es einen Gottesdienst mit Abendmahl. Reverend L. schaut mich während der Interpretation seiner Predigt über das Gleichnis vom verlorenen Schaf, nach dem der Hirte sucht, um es in die Herde zurückzubringen, durchdringend an. Aber für mich gibt es keinen Hirten.

Zwei Wochen lang arbeite ich mit jungen Leuten zusammen, schwarzen und weißen, die alle jünger sind als ich, nicht so sehr ihres Alter als ihrer Unschuld wegen (die zarte Verliebtheit von Jim, einem der taubstummen Teilnehmer, ein großes Baby). Die meisten sind gläubig. Ich plaudere mit sehr amerikanischen jungen Amerikanern und bin von ihrem Ernst und dem gesellschaftlichen Engagement des Campleiters und der Reverends beeindruckt (so beeindruckt, wie viele deutsche Jugendliche, die zur selben Zeit nach Israel in die Kibbuzim gingen). Dieser Aufenthalt war meine einzige, dafür aber tiefgreifende Begegnung mit der gesellschaftlichen Position und Funktion der Kirchen in Amerika.

Nun zu meiner zweiten tiefgreifenden Erfahrung: Auf dem Rückweg von Virginia nach New York mache ich Station in Washington, bei der Familie einer Jugendfreundin meiner Schwester, die ebenfalls schon viele Jahre in Amerika lebt. Sie haben einen befreundeten jungen Negerstudenten von der Harvard University zu Besuch, Marcellus, 27 Jahre alt und sehr hellhäutig. Ich schaue in ein schmales Gesicht mit dunklen, offenbar empfindlichen Augen, die er oft zusammenkneift oder hinter einer Sonnenbrille versteckt. Wenn er lacht, so behält er sein Lachen halb im Mund, eher ein vergnügliches Giggeln. Aber zumeist ist er ernst. Er spricht einerseits kompliziert-intellektuell, andererseits so direkt-kreatürlich, wie es seine Hände sind, sinnliche Hände. Er studiert Literatur und Philosophie und bereitet sich mit einem Crash-Kurs auf einen Studienwechsel zu Medizin vor. In seiner Stimme liegt etwas Zögerliches. Nach drei Tagen liegen wir in einer warmen Sommernacht auf der Terrasse, der »porch«, in seinem Schlafsack. Wer verführte wen?

Zurück in New York, beginne ich meinen Job bei der Word's Fair. Dort hat die Firma Xerox Apparate aufgestellt, die die Frontseite der *Herald Tribune* auf Zuruf der Besucher drucken, die Seite ihres Geburtstages oder eines anderen denkwürdigen Tages in ihrem Leben. Der Job ist stressig. Wir wurden 14 Tage lang auf ihn vorbereitet, lernten die Maschinen bedienen, säubern und eine Jahreskartei anlegen, um schnell den gewünschten Tag und die dazu passende Frontseite der *H. T.* zu finden. Dieses Eingangstraining und die anschließende Arbeit werden gut bezahlt: $ 2.50 die Stunde. Keiner fragt nach Immigrantenvisum, das ich noch nicht habe. Ich trage die erste (und letzte) Uniform meines Lebens, eine türkisgrüne.

Es ist eine lustige Crew auf der Word's Fair. Weiße und Schwarze, alle jung, die meisten Studenten, die sich wie ich Geld für ihr Studium verdienen. Die Besucher stehen dicht gedrängt um unsere Apparate und rufen uns die Daten zu, die sie ausgedruckt bekommen möchten. Wir machen die Xerokopie, 1 Dollar das Stück, rollen sie ein und überreichen sie ihnen. Der Boss (natürlich weiß und älter) lädt mich am Eröffnungsnachmittag zu einem Kaffee ein und abends, wir sind erst um viertel nach 11 Uhr fertig, zu einem Drink, der sich über Stunden hinzieht und nicht bei einem bleibt. Ich bin neugierig: Was ist das für ein Mann? Einer jener halb gestrandeten Amerikaner, von denen es x-tausende gibt. Joe war ein Farmerboy, Pferdezucht, Ire. Dann lohnte sich der Betrieb nicht mehr, und er ging in die Stadt, was ihn (im übertragenen Sinn) zu einem D. P. (displaced person) machte. Er begann zu trinken, raucht drei Schachteln Zigaretten pro Tag. Er ist am Ertrinken, vertraut er mir an, und hofft, dass ich ihn retten könnte …

Ich lasse mich von netten Studenten, die mit mir arbeiten, anhimmeln und lerne durch sie amerikanische Elternhäuser von innen kennen; die meisten sind liberale.

Die nächsten drei Monate, bis zum Semesteranfang im Oktober, arbeite ich im Zweiwochenrhythmus fünf bzw. vier Tage zwölf Stunden und lasse daneben meine anderen Einkunftsquellen nicht versiegen, darunter einen Job bei einem Deutschnachhilfeschüler und das Chaosmanagement bei meiner Frau Adams mit ihren vielen Tischchen in ihrem vornehmen Upper Eastside Appartement, das immer abgedunkelt ist. Ich laufe zu ihr durch den auch im Sommer erfrischenden Central Park.

Die langen Fahrten mit der Subway früh morgens und spät abends, wenn die New Yorker, wie ich, zur und von der Arbeit kommen: Ich fühle mich als eine von ihnen, unerkannt, ein romantisches Gefühl. Keiner in meiner Heimat Europa weiß in diesen Stunden, wo ich bin, ich bin Teil einer Menge, die nicht weiß, wer ich bin. Die Stimme der schwarzen Kellnerin in dem kleinen Broadway-Café, die mich morgens mit »Hi, honey« begrüßt, wenn ich meinen Donat esse.

Im Herbst geht's los an der Columbia, zunächst mit einem Zulassungsexamen, das ich knapp, aber immerhin bestehe, um dann als »provisional full-time student« zugelassen zu werden. Mein Schwager leiht mir zum selbstverdienten Geld 600 Dollar, damit kann ich das Semester und mein Appartement bezahlen. Ich belege fünf Kurse: zwei in Soziologie, zwei in Psychologie und einen in Englischer Literatur. In den nächsten Monaten werde ich durch die amerikanische Mangel für Undergraduates gedreht: 300-500

Seiten Lesestoff pro Woche, mehrseitige Essays, Seminare, in denen aktive Teilnahme erwartet und benotet wird, Statistik, Laborkurse mit weißen Ratten, vor denen ich mich zunächst ekle, später routiniert Skinners Verhaltensexperimente simuliere. Das amerikanische Grundstudium (inklusive allgemeinbildender Kurse) ist entfremdet, die Studenten werden als Gefäße angesehen, in die Faktenwissen eingetrichtert wird – alles ist ganz anders, als ich es aus Freiburg gewohnt war, aber es macht mir Spaß. In der Bibliothek stehen die Regale reihenweise voll mit den Standardwerken, die sich die Studenten für ihre Seminararbeiten ausleihen. Es bildet sich schnell eine kleine Clique von Studenten, die, wie ich, in der Stadt wohnen und nebenher arbeiten. Wir helfen uns gegenseitig mit dem Austausch von Literaturauszügen und bei Statistik, aber wenige haben Zeit für private Treffen; ich auch nicht. Die Dozenten sind didaktisch sehr gut geschult und nehmen ihre Arbeit ernst. Es herrscht zwischen ihnen und den Studenten ein aufgeklärter Ton, kein autoritärer. Später, bereits fortgeschritten, sitze ich mit meinen Kommilitonen auf der Campuswiese, und wir diskutieren in informeller Atmosphäre mit unseren Soziologie-Professoren.

Für das zweite Semester bekomme ich durch Vermittlung von Annelies (mein Schutzengel!) die Chance, mich um ein Stipendium des Berliner »Luftbrückengedenkfonds« zu bewerben, das mir, als ich es tatsächlich erhalte, auferlegt, mein Grundstudium in insgesamt zwei Jahren abzuschließen. Ich muss im Anschluss an das Frühlingssemester 1965 zwei sechswöchige Sommerkurse belegen (und bestehen), bevor das Wintersemester beginnt. Eine Aufnahmeprüfung findet im Januar 1965 in Berlin statt. Meine Großmutter schenkt mir einen Flug über Weihnachten; sie tut das auch für ihre Tochter, meine Mutter, die furchtbar unter meiner Abwesenheit leidet. Meine Großmutter will auch finanziell zu meinem Studium beitragen.

Meine Mutter leidet nicht nur unter meiner momentanen Abwesenheit, sondern unter einer, die vielleicht endgültig ist. Denn meine Beziehung zu Marcellus hat ernsthaften Charakter angenommen, wir haben beschlossen, es zusammen zu versuchen. Wir sind beide gebrannte Liebeskinder: Marcellus liegt in den letzten Zügen einer langjährigen Beziehung zu einer älteren (weißen) Frau, ich allerdings noch lange nicht in den letzten mit Robert. Denn wie tief und unbedingt ich meine neue Liebe auch empfinde, sie kann mich nicht zu einem Bruch mit Robert bewegen. Ich verlange von ihm das Unmögliche: Es soll eine lebenslange Freundschaft werden. Das ist das Letzte, was er will.

In der Person von Marcellus habe ich den größt möglichen Kontrast – und damit Abstand – zwischen mir und Robert geschaffen, der sich denken lässt, aber es wird sich zeigen, dass er nicht groß genug war.

Ich fühlte mich nach der ersten rauschhaften Begegnung mit Marcellus – Du hast mich ja drei Tage lang keine Sekunde aus den Augen gelassen, sagt er mir später – quasi verlobt, also mit einem gesellschaftlich anerkannten Status ausgezeichnet. Bin ich etwa ein American Girl geworden? Natürlich meine ich nicht, dass wir Ringe gewechselt hätten. Obgleich wir mehrere Wochen in einer Art abwartender Haltung verharrten, ich in New York, Marcellus noch in Washington, sind die Würfel schon gefallen. Ich informiere meine Nächsten über meine neue Situation: meine Eltern und Robert. Sie fallen vor Entsetzen vom Stuhl. Meine aufgeklärten Eltern wagen keine Widerrede, Robert rast. Er bespricht sich mit meiner Mutter, ja tatsächlich, das tut er; er, ihr früherer Geliebter, bespricht sich mit ihr über ihre Tochter, seine derzeitige Geliebte (wie er immer noch denkt), die offenbar übergeschnappt ist da drüben in Amerika. Er macht mir ein Geschenk, aber ein anderes als meine Großmutter: Er reserviert für mich ein Dauerflugticket nach Deutschland, das ich jederzeit einlösen und erneuern kann. Ich nehme dieses Geschenk wie einen Rettungsanker an, den an Bord zu haben gut ist, lasse mich aber von meinem Entschluss, mein weiteres Leben hier und mit Marcellus zu gestalten, nicht abbringen.

Marcellus hat sein Literaturstudium abgebrochen und wartet auf die Zulassung zur medizinischen Fakultät in Harvard; er wird sie nicht erhalten, aber das wissen wir erst am Ende des Sommers. Wir sehen uns nur einige seltene Male in Washington, schreiben uns und telefonieren in den Zwischenzeiten miteinander. Unbefriedigend. Ich mache mir Sorgen: Passen wir auch wirklich zueinander, er, der überaus zarte Zögerer und überintellektualisierte Harvard-Student, und ich, eine Europäerin, noch dazu eine mit einer höchst komplizierten Beziehung zu einem Mann im Hintergrund?

Das Licht auf meiner Lebensbühne beginnt bedrohlich zu flackern. Aber dann leuchtet es wieder hell und gewiss: Ja, das will ich, diesen Mann liebe ich, und von der anderen Seite klingt es: Ja, das will ich auch, ich will, dass diese Frau meine Frau wird. Er sagt's mir auf amerikanisch: my woman.

Ich mache mich bei meinen Freunden schlau, wie das geht mit einer Wohnung für (unverheiratete) Mischpaare; sie waren damals noch selten. In New York geht mehr als anderswo, aber auch hier ist es mühsam und lange Zeit unsicher: Man muss ein Apartmenthaus finden, dessen Verwalter liberal bzw. bestechlich ist. Wenn man einmal drin ist, kriegt einen so schnell keiner wieder raus, denn Rassendiskriminierung ist verboten und kann gerichtlich angefochten werden. Nach mehreren Wochen habe ich es geschafft und ziehe von meinem Einzimmer- in ein Zweizimmer-Apartment 202W82St., für 150 Dollar Miete im Monat. Das ist teuer, aber billiger geht's nicht unter den Umständen. Die Recherche, die Suche, die Renovierung, die Einrichtung, daneben Semester.

Ich bin glücklich mit der neuen Wohnung, endlich mehr Raum für mich und für uns, wenn Marcellus übers Wochenende kommt. Bei warmem Wetter sitze ich auf der Feuerleiter, über die im Laufe der nächsten Monate dreimal eingebrochen werden wird. Alles in etwa Wertvolle wird geklaut, mein weniger Schmuck, Marcellus' anthrazitfarbener Anzug, den wir gerade gekauft hatten, das Bügeleisen. Nach dem zweiten Einbruch sagt die Polizei: Da kann man nichts machen, diese Wohnung ist nicht zu sichern.

Wir verleben ein Wochenende mit der Familie meiner Schwester auf Long Island. Aus dem kochenden New York in Wind und Meer einzutauchen, im weißen Sand und auf den sonnenwarmen Holzstegen barfuß zu laufen, mit einem Glas Whisky in der Hand auf der Terrasse ihres Ferienhauses zu sitzen, Blick übers stille Abendmeer und die vergnügten Geräusche der vielen untereinander befreundeten Nachbarsfamilien im Ohr – es erschien mir wie ein europäischer Traum; Sylt… Meine Schwester kommentiert meine neue Liebe mit fröhlicher Schadenfreude: Na, nun hat's Dich ja richtig erwischt. Beide, ihr Mann und sie, mögen Marcellus, und Marcellus findet sie auch sehr nett. Meinen Schwager mag er ohne Umstände, meine Schwester behandelt er mit ironischer, aber nicht abweisender Höflichkeit. Die Kinder sind verrückt nach ihm, er kann es mit Kindern sehr gut.

Marcellus geht also nicht nach Harvard zurück, sondern sucht einen Job. Endlich findet er einen: Ein renommierter Schulbuchverlag (nicht der von Bob) stellt ihn an; eine Traumstelle, noch dazu gut dotiert: Er reist auf Verlagskosten durch ganz Amerika, mit unbegrenztem Budget, um ein Konzept für Schulbücher zu entwickeln, welche die damals propagierte Bildungspolitik der Chancengleichheit widerspiegeln sollen. Mein Marcellus sitzt hinfort in Klassenzimmern, hauptsächlich in schwarzen, besucht Konferenzen von Sozialwissenschaftlern aus allen Teilen des Landes, die Johnsons Great Society unterstützen. Er ist, so denke ich, in der Wirklichkeit angekommen, und ich stelle mir bereits vor, nach Beendigung meines Studiums mit ihm zusammenzuarbeiten.

Erleichtert und stolz schreibe ich nach Hause (und an Robert), wie mein Liebster hier Bodenhaftung kriegt und damit meine Heiratsabsichten konkreter werden können. Einerseits. Andererseits kommt diese Bodenhaftung unserer Liebe und New Yorker Wirklichkeit nicht direkt zugute, denn wir sind die Woche über durch Marcellus' berufliche Reisen getrennt, und es läuft auf eine Wochenend-Ehe hinaus. Mir kommt das nicht schlecht aus, denn das Studium okkupiert mich. Woher die Zeit nehmen? Ich nehme sie mir aber. Wenn Marcellus weg ist, bin ich am liebsten bei Umberto und seiner Familie, da fühle ich mich wohl, kann ausruhen. Umberto sieht meine Liebe zu Marcellus mit Sympathie, aber auch mit Skepsis (so wie damals in Freiburg Wilfried die zu Robert). Meine arme Mutter überdeckt ihre Sorge um mich, indem sie mir aus der Ferne detaillierte Vorschläge zu meiner finanzarmen Einrichtung macht und mir Stoffpröbchen für Couch- und Kissenbezüge schickt, die sie nähen will. Um sie darüber hinwegzutrösten, dass ich nicht zurückkehren werde – oder nur auf Besuch –, gehe ich mit überströmender Eifrigkeit auf ihre innenarchitektonischen Ideen ein.

Inzwischen ist mein Stiefvater auf einer Amerikareise ein paar Tage in New York gewesen und hat Marcellus kennengelernt. Er ist von ihm angetan, und beide verstehen sich ausgezeichnet. (Ist da auch ein wenig Rache an Robert dabei?) Meine Mutter kann seinen Bericht – und bring bitte Fotos mit! – nicht abwarten. Auch meine wache Großmutter verfolgt die unerwartete Lebenswende ihrer Enkelin mit Interesse, beklagt sich allerdings bei meiner Mutter, dass wir unverheiratet zusammenleben; sie findet das offenbar schwerwiegender, als dass Marcellus ein Schwarzer ist. Niemand aus meiner europäischen Verwandtschaft äußert auch nur einen Hauch von Rassenvorurteil, selbst meine konservativen Sauerland-Eltern gratulieren mir warm und wünschen mir viel Glück für die Zukunft. Nein, Rassenvorurteile waren es nicht, aber wären alle nicht doch zufriedener gewesen, wenn ich mich mit einem weißen Verleger oder einem nicht-schwarzen Wissenschaftler verbunden hätte? Wer weiß …

Auf einer Reise nach Virginia lerne ich Marcellus' Familie und seine Aunt Eve kennen; sie ist uralt und lebt fast bewegungslos zwischen Familienfotos. Marcellus erzählt mir aus seiner Kindheit. Er erinnert sich zurück, als er drei Jahre alt war. Alles klingt wie Faulkner. Das Leben auf der Farm seiner Großmutter, sie und Aunt Eve plaudernd auf der Porch, er ein kleiner Junge, der aufhört, ins Bett zu machen, als sein Onkel ihn mit dem Traktor fünf Meilen aufs Land fährt und droht, ihn dort allein zu lassen.

In einem Brief nach Hause beschreibe ich Marcellus' Eltern so: »… und sahen Samstag zu einem späten Frühstück seine Eltern, seine Schwester und seinen Schwager, die in einer netten Siedlung (in Virginia) wohnen. Die Mutter gefiel mir gut. Sie ist warm, gescheit, wenn auch keineswegs gebildet, elegant fast, in hellem Frühlingskostüm und blaugrau gefärbten (glatten) Haaren. Mutterwitz und ein Hauch junges Mädchen. Sie hat es nicht leicht gehabt im Leben, nie viel Geld, fünf Kinder und keine glückliche Ehe. Sie muss sehr tapfer sein, aber auf eine sozusagen selbstverständliche Art. Der Vater unangenehm (Marcellus hasst ihn). Dumm und schlau zugleich, engherzig, eitel, er ist ohne Vater (früh gestorben) aufgewachsen, und seine Mutter und Großmutter müssen ihn restlos verzogen haben. Ich schaute ihn mir genau an: Im Grunde ist er nämlich ein einfaches, gutes Gemüt. Wo Marcellus seine Intelligenz, seinen Stil und seine Manieren her hat – mütterliche Linie?«

Ich habe nicht die Absicht, diese Charakterisierung im Nachhinein zu interpretieren, obgleich man so einiges an europäischer Überheblichkeit herauslesen könnte. Wichtiger – und entlastend – ist mir, dass ich im selben Brief berichte, wie erstaunt Marcellus' Mutter war, als ich sie nach unserem Besuch aus New York anrief, um ihr zu sagen, wir seien gut angekommen. Eine solche Aufmerksamkeit hatte sie noch nie erlebt, und das hat in unseren wenigen späteren telefonischen Gesprächen einen konspirativen Frauensound zwischen uns erzeugt: Ich solle ihrem Sohnemann die Hosen stramm ziehen, wenn er nicht spure.

Zu Weihnachten buche ich den Flug, den mir meine Großmutter geschenkt hat. Sie will sich ein Weihnachtsfest ohne ihre Enkelin nicht vorstellen, und ich will das Stipendium ergattern. Zuerst treffe ich Robert in Berlin, im selben Hotel, in dem unsere Liebe begann. Ich will klar Schiff machen, aber es gelingt mir nur halb. Wir sind uns zu nah geblieben, über alle Konflikte, Briefe, Trennungen hinweg. Wir sprechen immer noch dieselbe Sprache, egal welchen Inhalts. Robert weiß, dass ich nicht bleiben werde, dass ich nach New York und zu Marcellus zurückkehren werde. Er will unter diesen Umständen nur eins: Ich solle um Gotteswillen nicht heiraten! Er ist erschüttert und sehr traurig; ich auch.

Zuhause, in Dahlem, große Wiedersehensfreude. Meine Mutter kann's kaum fassen. Die Verwandten kommen, es ist wie immer und für mich nie mehr wie immer. Ich empfinde mich unter meinen Lieben wie eine Fremde, bei aller Vertrautheit. Ich gehöre nicht mehr in diesen Familienrahmen – aber wohin gehöre ich? Marcellus ist durch und durch Amerikaner – und ich nicht. Er war nie in Europa, und die Vorstellung, er würde mich auf einem Besuch dorthin begleiten, kommt mir merkwürdig unwirklich vor. Ich kann mir einfach nicht vorstellen, mit ihm über den Ku-Damm zu gehen, während ein gemeinsamer Bummel über den Broadway selbstverständlich ist.

Ich erhalte das Luftbrückengedenk-Stipendium und kehre nach New York und zu Marcellus zurück.

Mein zweites und letztes Jahr in Amerika ist eine Zerreißprobe für die Hauptbeteiligten: Marcellus, Robert und mich. Ich studiere weiter, sammle Punkte und Wissen. In den letzten Semestern und Sommerkursen an der Columbia hatte ich Kurse in Erziehungs- und Bildungssoziologie belegt; kompensatorische Erziehung war das Konzept, das Schule und Gesellschaft erneuern sollte. Diesem Konzept und seiner Kritik werde ich später in Deutschland meine Diplomarbeit widmen, aber das wusste ich noch nicht. Zunächst geht es ums Überleben: Wie wird dieses nerven- und seelenzerreißende Spiel enden?

Für Marcellus war »Spiel« ein zentraler und ernster Begriff. Wir spielten oft Schach (es gelang mir nur ein einziges Mal, ihn zu schlagen), und er spielte auch sonst gern mit der Metapher Schwarz-Weiß, thematisierte die Rassenfrage, indem er sie spielerisch ironisierte und versprachlichte, auch mit seinen Freunden; soweit ich mich erinnere, nur Weiße, er hatte keinen schwarzen Freund. Er war stolz auf sein Schwarzsein. Ich begriff damals nicht, was er mit »Spiel« meinte (er hatte Wittgenstein – auf Englisch – gelesen, ich auch auf Deutsch nicht. Ein Freund von ihm, der mich später in Berlin besuchte, erklärte mir: Auf der Harvard-Universität sagte man nicht »I read Nietzsche« oder eben Wittgenstein, sondern: »I read Nietzsche again«, mit Betonung auf dem again). Ich verstand natürlich, dass Sprache in allen menschlichen Handlungen, und also auch in der Liebe, ein Medium ist – das wichtigste, ich lebte ja darin –, aber ich verstand nicht, wie bei Marcellus daraus die wirklichkeitsabgehobene Position entstand, die mich so irritierte.

Er tat nichts dafür, um unseren Alltag zu organisieren, das tat ich. Ich war es gewesen, die unser Flat mit Möbeln von der Heilsarmee eingerichtet, die Wände gestrichen hatte. Ich, nicht er, machte die Einkäufe (und bezahlte sie, bis er seinen Job hatte). Ich kochte, obgleich ich das nicht besonders gut kann, Marcellus nie. Wie ein Prinz (ein schwarzer) genoss er das von mir bereitete Mahl, wenn er am Wochenende nach Hause in unser Flat kam, wo ich ihn bereits sehnsüchtig erwartete. Ich bügelte seine Hemden, bevor mir das zuviel wurde und wir sie weggaben – er hatte noch nie in seinem Leben ein Bügeleisen in der Hand gehabt, das waren die Pflichten seiner Mutter und seiner Schwester gewesen. Und daneben studierte ich und fragte mich, wie Frauen ein solches Pensum bewältigen, wenn sie Kinder haben.

Wenn sie Kinder haben. Ich wurde schwanger. Ich konnte dieses Kind nicht wollen, das hatte mit der Hauptfarbe noch am wenigsten zu tun (obgleich so etwas aus zeitlichem Abstand festzustellen unmöglich ist). Sondern mit etwas anderem: Marcellus war kein praktischer Draufgänger, das hätte er aber, wenigstens in Ansätzen, für uns sein müssen. Alle unsere Freunde waren einer Meinung über ihn: ein wunderbarer Mensch – aber keiner zum Heiraten. Nur mein Schwager sagte: »Marcellus? Too good for you!« Damit spielte er auf seine Ehe mit meiner Schwester an; er wollte Marcellus ein ähnliches Los, als Amerikaner mit einer so andersartigen Europäerin zu leben, ersparen.

Marcellus hatte nichts Mitreißendes an sich, eher eine zarte, ja, immer wieder kommt mir dieses Wort: Zögerlichkeit. Seine Intellektualität blieb für mich (und wahrscheinlich auch für ihn) unvermittelt mit allem Realen, dem doch seine Sehnsucht galt. Seine Ängste – wie oft sprach er zu mir von seinen Ängsten! Und gleichzeitig von seinem Willen zum Mut. Er hatte Angst, seinen eigenen hohen (zu hohen) Ansprüchen nicht zu genügen, und im Nachherein hat er ihnen auch nicht genügt: Er hatte Harvard ohne Abschluss verlassen und seinen Wunsch, Medizin zu studieren (ein Wunsch nach Konkretheit, nach dem realen Leben), nicht verwirklicht. Mich hat das damals nicht gestört, im Gegenteil, mir war das Harvard-Milieu unheimlich und unangenehm. Ich fand seine Arbeit für den Schulbuchverlag viel besser, wirklichkeitsnäher. Aber ich war ja auch keine schwarze Aufsteigerin. Obgleich, obgleich: Habe ich nicht vielleicht meine eigenen Versagensängste in seinen erkannt? Hatte denn nicht auch ich mein Studium unterbrochen? Ich weiß nicht mehr, ob ich damals diese Parallelen zog. Ich glaube, ich war so mit meinem gegenwärtigen Studium beschäftigt, das mich zwar anstrengte und mir hin und wieder das Gefühl vermittelte, es würde mir nicht gelingen, aber die Zuversicht überwog: Ich wollte und würde den zweiten Anlauf schaffen!

Ich flog also eines Tages alleine (Marcellus war so wütend und traurig über meinen Entschluss, dass er mich nicht begleitete) nach Baltimore, wo es eine »Adresse« gab. Ich betrat eine Vorstadtvilla in einem weißen Vorort, betrat ein Sprechzimmer mit Assistentinnen in weißen Kitteln und ließ die Prozedur über mich ergehen, um noch am selben Tag zurückzufliegen. Sowas sollte man sich kein zweites Mal antun müssen!

Die Lichter auf der Bühne, meiner, flackerten noch ein paar Mal auf, wurden schwächer und ließen mich im Dunklen zurück. Ich tappte durch eine Tür ins Freie, auf der »Europa« und »Studium« stand.

Keine Achtundsechzigerin – oder doch?

Am Ende des Wintersemesters 1969/70 hatte ich mein Studium in Berlin abgeschlossen und ein sozialwissenschaftliches Diplom in der Tasche. Davor liegen die gut vier Jahre seit meiner Rückkehr aus Amerika im Januar 1966. Diese Jahre fielen mitten in die Hochzeit der Studentenbewegung, ich erlebte sie als Studentin an der Freien Universität Berlin.

Meine Meinung, ob ich eine »Achtundsechzigerin« gewesen sei, hat sich im Laufe der Jahrzehnte mehrmals geändert. Es ist zurückschauend ein Gemisch aus Gefühlen »ja, so war es, so war ich« und »nein, so war es eigentlich gar nicht, und so war auch ich nicht«. Lange war für mich diese Zeit in ein sonniges Licht getaucht. War ich nicht Teil einer Aufbruchbewegung, voller Optimismus, Erwartungen und Energie? Bei erneuter Lektüre meiner Tagebücher und genauerem Erinnern musste ich meine Meinung allerdings relativieren und mich mit den dunkleren und peinlicheren Gemütszuständen befassen, denen ich auch unterworfen gewesen war. Ich erlebte den Aufbruch »meiner Generation« keineswegs so unbefangen und hingerissen wie viele und wie ich lange Zeit von mir gedacht hatte; große Passagen meiner Reise in die Welt wurden gefiltert durch die Augen und Erfahrungen eines dreißig Jahre älteren Mannes. Das prägt. Es war deshalb eine falsche Erwartung an mich und mein neues Studentendasein, dass nun alles, gleichsam ohne Anstrengung, zusammenkommen und zusammengehören würde, was so lange nicht zusammengekommen war, nämlich mit (nun deutschen Berliner) Altersgleichen zu studieren, Politik zu machen (was immer das sei), neue Beziehungen einzugehen, aus Daffke oder mit Ernst.

Freundesheimat

In Berlin, meiner Heimatstadt, sammle ich mir meine alten Freunde zusammen. Till hatte ich in meiner Münchner Zeit kennengelernt. Er hat inzwischen eine neue Partnerin, einige Jahre älter als er. Sonja ist eine laute, hysterische Theaterschauspielerin, die am liebsten Brecht-Rollen spielt. Sie hat Berliner Witz und zwei Kinder aus einer früheren Beziehung. Diese Patchwork-Familie bewohnt den ausgebauten Dachboden eines alten geerbten Hauses mit einem großen Garten in Friedenau, in dem sich, zeitverschoben, etwas Ähnliches abspielt wie in dem Garten meiner frühen Jugend bei meiner Schulfreundin Bärbel. Immer ist dort Leben und Trubel, es gibt feste Schachabende für die Männer, Gespräche der Frauen untereinander, nächtliche Diskussionen nach gemeinsamen Demos (wir sagten »Demo«, nicht Demonstration). Kinder und Erwachsene, die Katze, alles läuft durcheinander und ist genervt oder entspannt, je nachdem. Es werden literarische und Filmprojekte ausgeheckt, die manchmal etwas werden und oft nichts, es wird über Literatur, Filme, Theater, Soziologie und Philosophie diskutiert, Tee getrunken (Alkohol war zu teuer), man besucht nach einer Demo Kneipen zu einem späten Bier, um die Lage zu diskutieren.

Ich telefoniere täglich mit Sonja, höre mir ihre endlosen Tiraden über nicht-erhaltene Rollen und Krach mit Till an und berate sie als Vermittlerin zwischen den Fronten. Sie ist krankhaft eifersüchtig, weder bei mir noch bei irgendjemandem mit Grund, obgleich Till ein Adonis ist; bemerkenswerter Weise einer ohne jegliche Absichten, das gegenüber Frauen auszuspielen. Er studiert Germanistik, will aber lieber was mit Film (was?) an der neu gegründeten Berliner Film- und Fernsehakademie machen. Egal, jedenfalls suche und finde ich in diesem Haus und Garten Familienwärme (wie bei Umberto in New York) und jede Menge anregender Gespräche, zu denen ich meinen Teil beitrage.

2. Juni 1967

Der Schah von Persien hat seit Tagen ganz Deutschland verrückt gemacht, riesige Polizeiaufgebote müssen ihn beschützen. Mit Till gehe ich zur Deutschen Oper, wo etwa 3000 Schaulustige und Studenten sich 2000 oder mehr Polizisten gegenübersehen. »Nieder mit dem Schah!« Faule Eier und Tomaten fliegen. Als der Schah schon längst in der Oper die *Zauberflöte* hört, sich die Menge draußen aber nicht zerstreut, geht die Polizei mit Wasserwerfern vor. Rabiate Prügelszenen, ein Junge wird über den Asphalt geschleift, mir wird übel. Ich verlasse den Ort, bevor die richtigen Schlägereien anfangen und die Masse der Demonstrierenden in Seitenstraßen getrieben wird; die berüchtigte Sackgasse Krumme Straße, in der das Foto des erschossenen Benno Ohnesorg mit der fassungslos neben ihm knienden Kommilitonin aufgenommen wird, das einen Tag später um die Welt geht. In mein Entsetzen und meine Empörung mischt sich tiefe Trauer. Ich weiß nicht, schreibe ich in mein Tagebuch, ob es nach diesem Ereignis möglich ist, »die Fahne der Demokratie hochzuhalten.«

Kritische Universität

Am 1. November 1967 notiere ich lapidar: »Von 14.00 - 20.00 Uhr gründen wir die KU.« In einem überfüllten Audimax tun wir das. Die Rechte (damit meinten wir damals den rechten Flügel des ASTA) formiert sich, stört mit Zwischenrufen. »Wir werden bald Saalschlachten haben«, erwarte ich. So schlimm kommt's nicht, und die KU leitet eine Reihe von universitären Reformen ein, zu denen eine aktive Mitgestaltung der Lehre durch die Studenten gehören. Wenn ich mein Studium abschließe, gehöre ich mit meinen Mit-Examenskandidaten (unter ihnen Hilde Schramm, die Tochter von Albert Speer) zu den ersten, die eine Gruppenprüfung bei ihren Examinatoren erfolgreich durchsetzen. In den Jahren davor ging es oft chaotisch zu. Strukturen, um die neuen Lehr- und Lernformen sinnvoll zu gestalten, mussten erst entwickelt und akzeptiert werden; auch linke Professoren kamen mit den widersprüchlichen oder unerfüllbaren Forderungen der Studenten nicht immer zurecht. Jacob Taubes zum Beispiel reagiert pikiert, als wir Studenten uns über seine schlampige Seminarführung beschweren. Ich beschwere mich oft in meinem Tagebuch über die endlosen, ziellosen und zeitverschlingenden Diskussionen, aus denen wir alle übermüdet und frustriert in die nächste Arbeitsgruppe torkeln; man hat heute, bei einem völlig durchorganisierten Studium, in dem es nur noch um Punkte und Punkte hinter dem Komma geht vergessen, dass damals viele Veranstaltungen abends oder an Wochenenden stattfanden, mit und ohne Dozenten, und bis in die Nacht dauern konnten; nur wenige Veranstaltungen waren Pflichttermine.

Vietnam-Demo

Am 18. Februar 1968 marschiere ich in Kette mit meinen politischen Freunden – mit Anke und Knut Nevermann, Ulrich Preuss, den Kadritzke-Brüdern, Hartmut Häussermann, alle vertreten den linken SPD-Flügel oder sozialistische Positionen innerhalb und außerhalb des SDS. Drei Tage später spricht die Presse von der »Gegendemo«. Ich halte fest: »In einzelnen Betrieben ist zu geschlossener Teilnahme aufgerufen worden, wie bei den Nazis. Sonderbusse; Springer-Presse hat riesige Aufmacher. Fahre hin und sehe eine absolut fanatische Menge von 100.000, die alles, was auch nur den Anschein von Student hat, verprügelt.« Auf dem Internationalen Vietnam-Kongress tags zuvor tausende von ausländischen und westdeutschen Teilnehmern: Peter Weiß, Erich Fried, das Verleger-Ehepaar Feltrinelli; und natürlich Robert.

Im »Rep-Club« (Republikanischer Club) in der Wielandstraße trifft sich allabendlich die Linke, dort werden die letzten politischen Ereignisse und Strategien besprochen; dort wird geschwoft bis in die frühen Morgenstunden und auch getanzt, ich zum Beispiel mit Klaus Meschkat, dem Vorsitzenden (den ich heimlich bewundere) und Journalistenkollegen von Robert.

Mordanschlag auf Rudi Dutschke, 11. April 1968

Im Rep Club wird ein Marsch aufs Springer-Haus beschlossen. Ich fahre mit Freunden hin. »Einige tausend Steine fliegen und zerschlagen die Glasfront. Die hauseigene Miliz steht hinter den erleuchteten Fenstern. Einige von uns dringen ein, aber als Polizei kommt und Wasserwerfer eingesetzt werden, ziehen sie sich zurück – wir weiter hinten Stehenden auch. Es fliegen Rauchbomben und Molotow-Cocktails. Später brennen Lieferwagen auf dem Parkplatz. – Um halb eins zuhause mit zwiespältigen Gefühlen.«

Gewalt

Der Begriff Gewalt bekommt eine neue Dimension, er verliert an Eindeutigkeit. Es gibt hinfort zwei Gewalten, eine gute und eine böse. Die gute ist nötig, um die Verhältnisse, wenn nicht zum Tanzen, so doch etwas in Bewegung zu bringen und ist gegen Sachen gerichtet, zum Beispiel gegen Springer-Lieferwagen. Die böse war und ist böse, weil sie sich gegen Personen richtet und sie verletzt; das darf nicht sein. Unsere Eltern verstehen diese Zweiteilung und uns nicht mehr. Seht ihr, sagen sie, so hat es 1933 auch angefangen. Wir finden den Vergleich skandalös. Pfarrer Gollwitzer ist Brückenbauer in dieser Gewaltdiskussion, welche die Öffentlichkeit bewegt und spaltet.

Robert und (k)ein Ende

Dass es nicht schneller zum Knall zwischen Robert und mir kam, hing ganz einfach damit zusammen, dass wir trotz (oder muss ich etwa sagen: wegen?) unserer vieler Trennungen symbiotisch aufeinander eingespielt waren, wenn auch nach meiner Rückkehr aus Amerika/New York/Marcellus nicht mehr in jeder Hinsicht. Wie wir in den Tag hineinlebten, wenn Robert in Berlin und nicht auf einer seiner vielen Reisen oder bei seiner Familie in München war, wie wir schnell einig wurden über Texte, die er schrieb und die ich gegenlas, wie wir Kunst konsumierten und kauften (er) und geschmacklich in nichts voneinander abwichen – all das hielt uns über schwelende Konflikte und Roberts immer ungeduldigere, später erbitterte Reaktionen auf meine erst zögernde, später ablehnende Haltung gegenüber seinen Forderungen nach einem gemeinsamen Leben länger zusammen, als uns gut tat.

Und viele andere

In meinen Jahren mit Robert lernte ich viele Orte und Menschen kennen, die berühmt und bekannt waren oder es wurden. In meiner Münchner Zeit zum Beispiel Alexander Kluge. Er stand auf meinem Ainmillerstraßen-Balkon und redete damals schon so flüssig und klug wie später immer mehr und immer weiter. Und machte, zusammen mit Oskar Negt, dicke Bücher und feinziselierte Filme, die alle etwas Unsinnliches haben, auch wenn sie gerade das nicht beabsichtigten. – Oder etwa die Feltrinellis, von den deutschen Linken und Italienfans verehrt und für gemeinsame Buchprojekte gewonnen. Robert und ich verbringen ein paar Tage in ihrer Villa bei Mailand. Ich bin beeindruckt, aber nicht überwältigt von dem gepflegten Reichtum, mit dem sie locker umgehen. 1968 treten sie beim Vietnam-Kongress im Audimax der TU in Berlin als Politstars auf. –

Paris: Besuch beim Altkommunisten Georg K. Glaser in seinem Atelier. Sein Buch »Geheimnis und Gewalt« habe ich zweimal gelesen, und es hat mich beide Male tief beeindruckt. – Ahrenshoop: Künstlerkolonie in der alten DDR, Robert hat ein Einreisevisum für eine Reportage erwirkt, auch für mich. Nach Ahrenshoop an der Ostsee gingen seit Jahrzehnten immer dieselben Menschen oder lebten dort und verachteten die Unästhetik und politische Borniertheit der Nomenklatura. – Prag, wo Robert seine dort angesammelten Devisen in Geschenke für seine Familie und mich umsetzt. – Hamburg: im Hause Augstein. Ich helfe (neben meinem Studium) bei der Auswahl der Fotos, Artikel und Kommentare für einen Faksimile-Querschnitt über 20 Jahre SPIEGEL, den Robert und ich zusammenstellen. – Hamburg beim STERN: Ich helfe Robert bei einer Serie. Der Chefredakteur Henri Nannen fragt Robert: Wann lerne ich denn nun endlich diese M. kennen? Und wagen Sie es überhaupt, sie mir mit meinem Seemannscharme vorzustellen? Die ganze Konferenz lachte, erzählt mir Robert abends schmunzelnd. Ich bin geschmeichelt, aber in Grenzen. Einen Tag später, bei einem gemeinsamen Lunch fragt mich Nannen: Sie sind also der Ghostwriter von (Robert)? Ein Scherz, wie der tags zuvor. Das war viele Jahre, bevor er seinen Chefsessel räumte, weil er den gefälschten Hitler-Tagebüchern aufgesessen war. – Der Ball »Hamburg literarisch«: Ich tanze mit Thilo Koch, Augstein und Fritzchen R. vom Rowohlt Verlag. – Ein Nachmittag in Tübingen bei Ernst Bloch, ein anderer bei Martin Walser am Bodensee. – Hildegard Knef… und viele andere, Künstler, Journalisten, Filmemacher.

Und dann ist Schluss, in Venedig, wohin ich mit Robert zu einem Filmfestival geflogen bin, bei dem er in der Jury sitzt. Am 10.3.1968, um genau zu sein. Es ist nicht ohne symbolische Komik, dass mir auf der Hinreise mein Koffer mit meinen besten Klamotten gestohlen wurde und Robert mich provisorisch für die paar Tage neu einkleiden musste, bevor ich alleine zurückflog.

Ich dachte in der kommenden Zeit oft an uns als Paar, aber ich wollte nicht zurück. Und nach einer Weile hatte auch Robert seinen Schmerz über unsere Trennung weggesteckt (verwunden nie, wie ich aus sicherer Quelle weiß, er litt sehr darunter, sich nicht mehr mit mir über seine Arbeit austauschen zu können – von allem anderen abgesehen). Er war zu neuen Ufern aufgebrochen: stolz zeigte er mir das riesige Foto einer Dame aus den allerobersten Rängen der Gesellschaft, mit der er sich liiert hatte; seine Scheidung hatte er endlich durchgesetzt, heiratete dann aber später eine ganz andere Frau.

Meine Wohnung

Zwischen 1959 und 1968 bin ich etwa zehnmal umgezogen. Meine Lieblingswohnung wurde Berlinickestr. Nr. 2 in Berlin-Steglitz. Es war, abgesehen von meinen Studentenzimmern in Freiburg, die erste Wohnung, in die ich mit dem Bewusstsein einzog, eine unabhängige junge Frau und Studentin (in Deutschland) zu sein. Ich war niemand, vor allem Robert nicht mehr, Verantwortung schuldig für mein Tun und Lassen. Berlin war damals ein Eldorado für billige Wohnungen. Meine war eine verrückte Altbauwohnung an der S-Bahn, mit einer Innentreppe aus einem ebenerdig gelegenen Raum, den ich als Küche mit einer Badewanne einrichtete, die mir einer meiner Architektenfreunde besorgt hatte. In diesem Raum stand ein Heizungstank, den ich mit Öl aus Kanistern füllen musste. Ich transportierte sie mit meinem kleinen FIAT 500 (mit Zwischengas), den ich mir von meinem STERN-Honorar für 1700 DM gekauft hatte. Die Treppe führte in ein Zimmer auf halber Höhe, und von diesem führten ein paar Stufen in einen Schlafraum, der so niedrig war, dass man darin nicht stehen konnte. Beide oberen Räume schauten auf ein Teerdach, auf das ich mich in die Sonne setzen konnte. Diese Behausung teilte ich mit meiner Katze.

Ich bin eine ernsthafte Studentin

Für mich war, nach Freiburg und New York, weiter zu studieren etwas anderes als für meine Kommilitoninnen. Die hatten, kaum oder mit keinen Umwegen, nach der Schule mit dem Studium angefangen, und nur wenige haben es vermutlich mit so weitreichenden Folgen unterbrochen wie ich. Ich kam mir im Vergleich mit ihnen älter vor, obgleich es höchstens ein paar Jahre ausmachte und auch andere Kommilitonen gut in den Zwanzigern waren. Ich bin mir aber nun, anders als in Freiburg, ganz sicher: Dieses Studium werde ich, darüber gibt es keinen Zweifel mehr, beenden. Und trotz aller Ablenkungen durch die Reiserei mit Robert – ich habe nur die Hälfte dessen angedeutet, was wir in dieser Hinsicht absolviert haben, zum Beispiel zwei wunderbare Ferienaufenthalte in Jugoslawien in »unserer Bucht«, die wir am Anfang unserer Liebe entdeckt hatten und in der Robert aus einem alten Schafsstall ein kleines Traumparadies geschaffen hatte; die letzte Reise dorthin war dann allerdings schon katastrophisch von unserer bevorstehenden Trennung überschattet – stürzte ich mich in Vorlesungen, übernahm Referate und Protokolle und lernte in Übungen zu empirischer Soziologie, wie ein Fragebogen aufgebaut wird.

Eine Arbeitsgruppe über die ökonomische Entwicklung in der DDR verlasse ich schnell wieder; nichts für mich. Eine weitere über die dialektische Methode und über Adorno ist schwierig. Ich spreche den Namen Max Weber amerikanisch aus: Max Wäberr, weil ihn meine Dozenten an der Columbia so ausgesprochen haben. Ich quäle mich (nach Freiburg und Amerika zum dritten Mal) mit Statistik, arbeite mit Kommilitonen ein Semester lang viele Stunden in der Woche zusammen und erfahre, was Studiensolidarität ist. Alle schaffen wir die Prüfung und feiern das Ereignis – einen Tag und eine Nacht lang sind wir ausgelassene Kinder.

Wir nutzten die erstrittenen Freiräume der Kritischen Universität und richteten eigene Arbeitskreise und Seminare ein. Zum Beispiel das berühmt gewordene Seminar bei Prof. Dieter Goldschmidt über Sozialisationstheorien, aus dem mehrere Diplomarbeiten hervorgingen, die zu Büchern führen, unter anderem meines über kompensatorische Erziehung. In diesem Seminar saß ich oft neben Jan Raspe; weder er noch ich noch irgendjemand ahnte, was aus ihm einst werden würde; die RAF gab's noch nicht. – Ich belegte Vorlesungen bei der in liberal-konservativen Kreisen sehr geschätzten Soziologin Prof. Renate Mayntz, die den Saal immer in einem adretten Chanel-Kostüm betrat. Ihre Eleganz goutierte ich einerseits, fand sie aber andererseits unpassend.

Ich las, was damals alle lasen, das Einschlägige: Freud lieber als Marx und Adorno. Habermas. Marcuse mit Eifer, aber noch und doch lieber Proust. Ich ließ – mir heute unverständlich – die gesamte Frauenliteratur ungelesen (die Tagebücher der Simone de Beauvoir hatte ich bereits viel früher gelesen und mich verwundert und neidisch gefragt, woher sie als junge Frau in meinem Alter den Mut nahm, mutterseelenallein durch die Pyrenäen zu wandern).

Mein politisches Bewusstsein

Ich war nie so radikal wie viele andere. Robert spielt hier erneut eine Rolle (auch nach unserer Trennung; er war als Berichterstatter für die links-liberale Presse regelmäßig in Berlin). Zu sozialistischen Positionen, gar kommunistischen, hielt er Distanz. In der bürgerlichen Presse war er bekannt (und verschmäht) als einer der radikalsten Journalisten der Republik, aber unter den politisierten Studenten war er nicht mehr als ein geschätzter Redner unter vielen; er hatte keinen Anhang. Seine politische Haltung hatte ich mir lange vor der Studentenbewegung zu eigen gemacht, und mit ihr betrat ich 1966 die Berliner Szene. Die linkssozialistische und basisdemokratische Position meiner Freunde war mir sympathisch, ganz einfach, weil sie mir ebenso vernünftig wie praktisch machbar erschien. Aber wie viele andere war auch ich nicht gefeit vor Illusionen und Klischees. Begeistert übernahm ich den Mythos von den barfüßigen Ärzten in China, las mit heißen Gefühlen John Reed: »Zehn Tage die die Welt veränderten« und sah Lenin und Trotzki vor mir, wie sie die aus dem ganzen Land einlaufenden Telegramme empfingen und mit ihren engsten Mitarbeitern Strategie und Taktik der Revolution besprachen. Am häuslichen Abendbrotstisch meiner liberalen Eltern verteidigte ich die guten Kitas und billigen Mieten in der DDR und nahm das Wort Kapitalismus zu oft in den Mund.

Ja, das tat ich. Aber diese Begriffe machten mir auch ein gewisses Unbehagen, sie waren mir irgendwie zu groß, ich fühlte mich gewissermaßen nicht berechtigt, sie zu benutzen. Zu ihnen berechtigt, meinte ich im Stillen, wären nur die, die konkrete Erfahrungen mit ihnen hatten; ich hatte die nicht. Auch Robert benutzte solche Globalbegriffe nie in unseren Gesprächen und in seinen Artikeln, obgleich er dazu schon von seinem Alter und seinen Erfahrungen her mehr berechtigt gewesen wäre als wir Jungen. Als Journalist kritisierte er die Verhältnisse lieber am konkreten Skandal, und das leuchtete mir ein. Deshalb hatte ich, nach dem Attentat auf Rudi Dutschke, keinerlei Probleme, mich in einem Anti-Springer-Arbeitskreis zu engagieren und tage- und wochenlang Zeitungsartikel zu sammeln und auszuwerten, besaß jedoch große Skrupel, auf Vietnam Demonstrationen im Gleichschritt zu laufen und Hohoho-Chi-Min zu brüllen. Das fand ich verlogen: wir hier im satten Westen und die dort mit ganz anderen Problemen.

Politveranstaltungen maß ich eher an ästhetischen als streng politischen Kriterien: Wie traten die studentischen Redner auf? (Das rote Cordhemd von Wolfgang Lefèvre). Wie argumentierten sie und versuchten uns, ihre Zuhörer, von ihren Meinungen zu überzeugen? War, was sie verkündeten, »echt« oder Masche? Es war mir oft zu grell, was sie verkündeten, und mich störten die Redundanz und der Schematismus ihrer Sprache. Ich dachte: Wie lieben die? Und denken die nicht insgeheim dasselbe wie ich? Oder bin ich es, die so privatistisch denkt, so bourgeois?

Noch etwas hielt mich auf Abstand (trotz allem Engagement): Ich hatte nicht das Bedürfnis, oder die Schwierigkeit, mich sexuell zu emanzipieren, wie viele meiner Mitstudentinnen und -studenten. Um mich herum wurde über Emanzipation diskutiert, ich diskutierte mit, aber sobald allgemeine Gesetze aufgestellt wurden, wie Beziehungen (und damit – aber das blieb zumeist unausgesprochen oder verwaschen – Sexualität) zu sein und zu funktionieren hätten, schaltete ich ab, es gab da für mich nichts zu lernen.

Eine Nacht mit Ulrike

Als ich Ulrike Meinhof nach der kurzen Begegnung damals, 1960, in Hamburg in Berlin näher kennenlernte, beeindruckte mich ihr politisches Engagement. Es galt anfangs »gefallenen Mädchen«, über die sie später den Film »Bambule« gemacht hat. Gern hätte ich sie zur Freundin gehabt, aber sie war viel zu egozentrisch, um eine Freundin sein zu können oder haben zu wollen. Auch wie sie mit ihren Zwillingen, zwei kleinen Mädchen, umging, missfiel mir. Einige Monate lang helfe ich ihr mit ihnen, bringe sie jeden Morgen mit meinem kleinen Fiat zur Schule, damit Ulrike, ihre

Mutter (aber sie ist zu sehr mit ihren politischen Projekten beschäftigt, um Mutter zu sein), ausschlafen kann. Das war ungefähr zu der Zeit, als ich in einem der neu gegründeten antiautoritären Kinderläden mithalf, ihn aber bald verließ, als mir die Streitigkeiten der in antiautoritärer Erziehung noch arg ungeübten Eltern zuviel wurden und ich, sehr an diesem Konzept interessiert (Summerhill eine Offenbarung), fand, dass die Eltern erst mal selbst eine gründliche Psychoanalyse machen sollten, bevor sie sich mit den Triebschicksalen ihrer Kleinen beschäftigten.

Aber eigentlich will ich von einer Nacht mit Ulrike erzählen. Dieses Erlebnis habe ich festgehalten, es spielte sich im August 1968 ab:

»Abends holt mich Ulrike zu einer Pizza bei Rosario ab, und dann trinken wir sehr viel guten Wein bei mir, und sie wird ganz betrunken und erzählt mir von ihrer Bildhauerliebe aus Kassel, der großen unerfüllten Liebe, und ist dann ganz entsetzt, dass sie es getan hat. Nachts gehen wir zu Hardy, der Stammkneipe ihrer Mädchen. Wir unterhalten uns mit Mohrchen, dem schwulen Barkeeper, und ich sage zu Ulrike: Komm, lass uns tanzen. Und wir tanzen ganz herrlich und betrunken beat beat beat, und Ulrike sagt: Mein Gott, zu was bringst Du mich. Am nächsten Abend geht sie in einem geliehenen Kleid von mir mit mir, meiner Mutter und einer Freundin meiner Mutter im Arosa essen und beeindruckt die beiden Damen sehr.«

Ich habe Ulrike später mir selbst und anderen gegenüber lange verteidigt (wie das viele Linke taten), ohne sie, wie anfangs, zu idealisieren. Sie war immerhin eine unserer besten Journalistinnen, bevor sie abdrehte. In meinem Fotoalbum klebt ein Portraitfoto, in dem sie aus ihren braunen Augen so intelligent schaut, wie sie war – und nicht blieb.

Ich denke an diese Jahre und an mich zurück. Ich bin in ein Netz von Menschen eingebunden, die sich aus verschiedenen Kreisen bildeten: Studienkameraden und befreundete oder verehrte linke und (links-)liberale Dozenten und Professoren (Jacob Taubes, Agnioli, Krippendorff, Goldschmidt, Helmut Becker), Jugendfreunde wie Till, Sonja und meine Architektenclique, die all die Jahre, in denen ich woanders war, in Berlin geblieben sind; der Journalistenklüngel um Robert, Maler, Schriftsteller, Regisseure. Auch einige Freunde aus meiner Münchner Zeit sind inzwischen hier, Christian Semler zum Beispiel; viele kamen, um dem Wehrdienst in Westdeutschland zu entgehen. Freunde aus Polen und Amerika tauchen auf (einer erzählt mir flüchtig etwas von Marcellus, schmerzlich, aber weit, weit von meinem jetzigen Leben weg). Mein Bruderfreund Umberto aus New York ist in Europa und besucht mich auf der Durchreise. Wir fallen uns in die Arme, es ist wie Nachhause-Kommen – mein verlorenes Zuhause New York …

Im Nachhinein finde ich es eindrucksvoll, ja geradezu utopisch, wie sich all diese verschiedenen Menschen und Generationen in jenen Berliner Jahren vermischten. Es wurde ununterbrochen geredet: Legales, Illegales, Altes und Neues, Dummes und sehr Kluges. Die Älteren bemühten sich, jung zu argumentieren (Hartmut von Hentig zum Beispiel), und vielen gelang das. Unsere Arroganz gegen alles, was nicht ganz auf unserer Linie lag, war jedenfalls erheblich, wenngleich wir auch viel Vernünftiges auf den Weg brachten. Das Dümmste, weil es so schematisch war, was wir uns leisteten, war unsere Verachtung für die Bourgeoisie und alles, was mit ihr zusammenhing. Ich kann mich hier übrigens von dem »Wir« verabschieden, ich habe diesem Pauschalurteil immer misstraut. Eine gute Freundin, Spross einer Industriellendynastie, hat bis heute einen Geldkomplex, der aus ihrer Studentenzeit stammt. Der Politkodex schrieb vor, dass Geld im Hintergrund ein Zeichen für politische Unzuverlässigkeit ist; schwärzeste Bourgeoisie. Dass diese junge Frau einen nicht unerheblichen Betrag ihres Vermögens in einen linken Verlag steckte, half ihr nichts.

Jünglinge – Abschied von der Jugend

Nach meiner Trennung von Robert vermisste ich die innige Verbundenheit, die ich so lange mit ihm gehabt hatte, trotz aller Konflikte. Um mich herum gab' nicht nur Experimentieren mit Beziehungen, sondern auch viel Pärchenspieß. Nicht nur ich bin inzwischen Ende zwanzig, auch andere sind's und wollen etwas Festes. Meine älteren Architektenfreunde haben genug vom Junggesellendasein oder unlegalisierten Zweierbeziehungen, sie heiraten und ziehen in eigene Häuser. Zwei meiner Cousinen sind bereits verheiratet, eine hat schon das zweite Kind. Studienfreundinnen heiraten oder überlegen sich Trennungen von ihren langjährigen Partnern, ohne es zu tun. Meine Freundin Christine verlässt schweren Herzens ihren Freund, der sich zu einem erfolgreichen Nachwuchsschriftsteller entwickeln wird. Sie hielt sein konsequentes Schweigen nicht mehr aus, es war seine Inkubationszeit.

Ich verliebe mich. Schon während ich diese Verliebtheit zulasse, weiß ich, dass das nichts auf Dauer ist. Das will ich auch gar nicht, bin nur einfach entzückt von soviel Jungenjugend (ja, natürlich, auch eine Reaktion auf Roberts Alter und Projektion meiner bisher zu kurz gekommenen mütterlichen Ader). Sebastian war das, was ich heute einen »süßen Jungen« nenne, ein Ausdruck, den ich gern benutze, wenn so ein Süßer in einem französischen Film für gehobene Ansprüche auftritt oder auf dem Fußballfeld mit wehenden Haaren Tempo macht. Sebastian war versponnen, schweigsam und sich seines Charmes völlig unbewusst. Was kann es für eine »reife Frau« Schöneres geben, als einen solchen Jüngling zu sich kommen zu lassen? Sie wäre durchaus widerstehlich gewesen, diese Verliebtheit, ich hatte es eigentlich nie mit Jungmännern, aber ich wollte nicht widerstehen, ich fand es bezaubernd, zu verzaubern, und Sebastians unzeitgemäße Versponnenheit in all der Politik-Hektik war erholsam. Er nähte sich seine Shorts selbst und wettete mit mir, wie viel Kilo meine Katze wiegt. Ich: 4 kg. Er: 6 kg. Wir stellen sie auf meine Waage, und sie wiegt natürlich 6 kg. – Als ich merke, dass es Sebastian Ernst mit mir ist, stoße ich ihn sanft aber bestimmt in eine andere Studentenstadt.

Bei Sebastian holte ich nach, was ich bei Robert nie gefunden hatte (und selbst nicht habe): das Spielerische.

Meinen letzten Jüngling lernte ich im Evangelischen Studienwerk Villigst kennen, für das ich ein Stipendium erhalten hatte und dort ein paar Wochen verbrachte. Ich entwarf nicht nur mit meinen Mitstipendiaten eine neue Haus- und Studienordnung und diskutierte mit dem Leiter demokratische Reformen, sondern verliebte mich auch in einen blonden Ritter aus Plettenberg. An einem vergnügten Abend tanzen wir auf einer Fête den Flur entlang, und ich denke dabei an meine Mutter, die mir erzählt hat, wie sie als junge Frau mit ihrem Freund (doch wohl nicht Robert?) in einer Sommernacht auf der Terrasse eines italienischen Tanzcafés getanzt hat, alle schauten ihnen zu, so wie gerade jetzt mir und meinem Ritter.

Mir war klar, dass diese Verliebtheit eher Studentenromantik war, als dass sie in der Realität verankert gewesen wäre. Diesmal wird mir die Entscheidung zur Trennung abgenommen: Mein Ritter, mein blonder, wird sich seiner Bisexualität bewusst und merkt, dass er sich zur homosexuellen Seite hin neigen möchte. Mit dieser Seite menschlicher Gelüste hatte ich bisher keine eigenen Erfahrungen, aber ich begriff die Verdoppelung intuitiv, Anima und Animus, und ging ihr später selbst einige Male nach.

Ein studentisches Trauerspiel

Erster Akt: Die Verkuppelung

Es war in Sonjas und Tills Garten, wo ich mit Werner verkuppelt wurde, der dort auch aus und einging, er gehörte zu dem intimeren Freundeskreis. Sonja und Till war aufgefallen, dass ich nach meiner Trennung von Robert keine glückliche Hand mit meinen Liebschaften hatte. Werner hielten sie für einen geeigneten Kandidat; ich auch. Er schien zu meinem Zustand und in die Zeit zu passen: politisch aktiv, wie ich mit bildungspolitischen Fragen beschäftigt, ein Jahr älter als ich, geschieden, Vater eines kleinen Mädchens auf Entfernung. Ein Aufsteiger aus dem Westerwald. Wenn man es nicht wusste, sah man es. Ich wusste es und sah es. Und war beglückt: Zum ersten Mal seit Marcellus hatte ich mich in einen Mann verliebt, und er in mich, der nicht zu jung und nicht zu alt war und mit dem Pläne für eine gemeinsame Zukunft zu machen nicht abwegig war.

Zweiter Akt: Auf zu neuen Ufern!

Eine gemeinsame Zukunft: Wir erkunden unsere verschiedenen Vergangenheiten, seine kleinbürgerliche und meine großbürgerliche, und ziehen schon bald aus unseren getrennten in eine gemeinsame Wohnung. Wir arbeiten, ich an meiner Diplomarbeit und für meine Abschlussprüfungen, er an seiner Doktorarbeit. Es ist genug Stoff da zum Diskutieren.

Am 1. Mai 1969 demonstrieren wir mit 8.000 Gleichgesinnten im Wedding, ein Foto, das Till aufgenommen hat, zeigt mich neben einem politisch überzeugten Werner. Ein Mann mit einem Körper, mit dem er nicht ganz einverstanden ist, er findet sich zu dick. (Ich finde das albern, was hat das mit Liebe zu tun?) Und einem verletzlichen, hochsensiblen Gesicht. Ein Mann mit Gewicht. Unsere Freunde wünschen uns Glück.

Meine Mutter hat es damit schwerer; der passt nicht zu meiner Tochter, sehe ich sie denken, als ich ihn ihr und meinem Stiefvater vorstelle. Ich übersehe diesen stillen, prüfenden Blick, ich will mein neues Glück genießen.

Dritter Akt: Sand im Getriebe

Werner hat ein Problem, er hat eine akute Schreibhemmung. Tagelang sitzt er vor einem weißen Blatt Papier, ohne darauf am Abend mehr als ein paar Sätze geschrieben zu haben. Mir ist das unheimlich und rätselhaft, das bin ich nicht gewohnt. Robert war ein Viel- und Schnellschreiber, seine kleine Reiseschreibmaschine klapperte unentwegt, wo wir auch waren, im Hotel, in den Ferien, in seiner oder meiner Wohnung. Und nun dieser Mann Werner, der soviel mehr über politische Theorien und historische Verläufe wusste als ich; der hervorragende Arbeitsbedingungen und ein gutes Gehalt am Max Planck Institut für Bildungsforschung hatte, anerkannt war, viele Freunde hatte – was war los? Anfangs hatte ich im Übermaß meiner Verliebtheit und Liebe gedacht, seine Unfähigkeit zu schreiben hinge irgendwie mit seiner vermasselten Ehe zusammen und mein Totaleinsatz wäre stark genug, den Pfropfen (so stellte ich mir das vor) herausknallen zu lassen, und alles würde in Fluss kommen, denn Werner konnte gut reden. Dann musste er doch auch gut schreiben können. Das war ein Irrtum, seine Schreibhemmung hielt an, wochenlang, monatelang.

Mir fiel unsere erste Nacht ein; sie war merkwürdig verlaufen. Mir war es noch nie passiert, mit einem Mann im Bett (meinem) zu liegen und doch keinen Sex zu haben – was war los? Überwältigt von zuviel Verliebtheit? So hat er mir's am nächsten Morgen gesagt (als wir uns liebten). Ich war beruhigt, aber nicht wirklich. Denn er sagte mir noch etwas, das ich kaum glauben konnte (und das nach der Studentenbewegung wohl nie mehr ein Liebhaber zu seiner neuen Geliebten sagen würde): Er habe sich, sagte Werner, nach der Scheidung von seiner Frau und Trennung von seinem Kind auf ein langes Leben (ein ganzes etwa?) eingestellt (gehabt), in dem er seine Arbeitskraft ausschließlich dafür einsetzen wollte, um dem Volk zu dienen. Eine Liebesbeziehung sollte darin keinen Platz finden, aber nun sei alles anders gekommen. Ich hörte einen falschen Ton – klang das nicht nach Kintopp?

Wie dem auch sei, ich war bereit zu kämpfen, um ihn, um mich, um uns. Ich dachte, ganz ähnlich wie bei Marcellus, dass Liebe, wahre Liebe, schwer sein muss, das macht sie echt. Jedenfalls war ich nicht gewillt, das Handtuch zu werfen.

Vierter Akt: Geschlechterkampf

Während Werners Dissertation stockt, schreitet meine Diplomarbeit voran. Dann fasst er einen radikalen Entschluss: Er schmeißt das Stipendium hin und geht »an die Basis«, in einen Metallbetrieb. Ich unterstütze ihn, sage keineswegs: Bist Du verrückt? Sondern stehe brav (solidarisch) ein paar Monate lang jeden Morgen um halb sechs mit ihm auf, mache ihm seine Stullen, bevor ich mich an meine eigene Arbeit begebe; die Ruhe bekommt mir gar nicht schlecht (wie damals in Amerika, als Marcellus die Woche über auf Reisen war und ich Zeit fürs Studium hatte). Nachmittags höre ich mir Werners Berichte aus dem Betrieb an; mit gemischten Gefühlen, ich tue mich schwer, mir vorzustellen, was sein Entschluss für unsere Zukunft bedeutet.

Werner schwingt die »Basiskeule«: Wissenschaftliche Arbeit zählt nicht soviel wie Betriebsarbeit. Ich habe dem nichts entgegenzusetzen. Wir treten in einen Geschlechterkampf ein, der immer hitziger wird (und den ich so noch nie mitgemacht hatte). Werner spielt auf recht infame Weise, finde ich auch heute noch, auf meine großbürgerliche Herkunft an; ich, edle Großbürgerin, natürlich nie auf seine kleinbürgerliche, das wäre ordinär und war auch politisch not done.

Wäre die Sache mit seinem Töchterchen nicht gewesen, so wäre unsere Beziehung trotz meines Treueschwurs wohl eher auseinander gegangen. Als das kleine Mädchen zu einem Ferienbesuch kommt, kann ich mich als eine kompetente Stiefmutter auf Zeit profilieren, was weiter keine große Kunst ist, nachdem ich bei meiner Schwester vier Kinder gehütet hatte. Werner ist eifersüchtig, aber auch zufrieden mit seinem zufriedenen Kind. Er verfällt in Trübsinn, als es nach der Abreise seiner Tochter still wird in der Wohnung, ich hingegen bin erleichtert, wieder arbeiten zu können. Dann beschließt seine Geschiedene, dass die Tochter ganz zu uns ziehen solle. Werner ist dafür, ich nicht dagegen (es wäre das Ende unserer Beziehung gewesen). Wir haben nun ein gemeinsames Projekt, das uns aufs Neue verbindet. Aber es ist ein Projekt mit Sprengpotential. Meine sichere und selbstsichere Art, mit seinem Kind umzugehen, irritiert Werner, denn ich führe ihm, ohne es zu wollen, vor, wie schlecht er dabei als Vater wegkommt; er hat immer noch Gewissensbisse wegen der Trennung und ist immer noch wütend auf die Mutter, seine ehemalige Frau, die inzwischen eine neue Familie gegründet hat. Es wird schlimm, er spielt seine – nun unsere – Tochter gegen mich aus, eine unsinnige und verzweifelte Reaktion, ich kann dem nichts entgegensetzen, wenn ich das Kind nicht in den Kampf einbeziehen will, der zwischen uns tobt, und das will ich natürlich nicht. Mir ist dieser Mechanismus klar, ich kann ihn aber nicht durchbrechen. Unser Alltag wird unerträglich.

Über Kinder hatte ich lange vor Werner sehr dezidierte Ansichten: kein Kind zur unrechten Zeit vom unrechten Mann und lieber eine Abtreibung zur rechten Zeit als keine und eine unglückliche Familie für lange oder immer. Ich hatte zwei Abtreibungen hinter mir, es war beide Male ein Alptraum gewesen, aber ich hatte sie in vollem Einverständnis mit mir selbst durchgestanden. Ich hätte von Robert ein Kind haben können, wenn ich es unbedingt gewollt hätte, aber unter seinen Familienumständen und auch wegen unseres Altersabstandes wollte ich keines. Ich hätte auch ein Kind von Marcellus haben können, aber da ging es uns bereits so schlecht, dass ich bei dem Gedanken, durch ein Kind festgehalten zu werden, in Panik geriet. – Und nun war mir, wenn auch nicht mit einem eigenen Kind, genau das Ungewollte mit Werner und seinem Töchterchen passiert: Ich saß in der Falle.

Ich saß in der Falle, aber ich war keine Masochistin. Ich kratzte meinen letzten Rest Mut und Egoismus zusammen und verließ nach einem höllischen Krach (inklusive Ohrfeige – die einzige, die ich je von einem Mann oder überhaupt jemals bekommen habe – Großbürgerkind bleibt Großbürgerkind) die gemeinsame Wohnung. Alle meine und unsere gemeinsamen Freunde, sogar meine Mutter, fanden, das könne ich unter diesen Umständen nicht tun. Ich ließ alles hinter mir. Es war meine schlimmste Erfahrung und schwerste Entscheidung: Ich hatte ein Kind im Stich gelassen.

Zu meinem Trost und meiner Rechtfertigung: Werner machte seinen Aufstieg in der Gewerkschaft, heiratete und gründete eine neue Familie. Auch seine Tochter ist gut zurecht gekommen, sie rief mich Jahre später einmal an, aus dem Telefonhörer klang die muntere Stimme einer jungen Erwachsenen.

Kritik und Selbstkritik

In der studentenbewegten Zeit ein Schlachtruf: Kritik an den herrschenden Verhältnissen und Selbstkritik an den eigenen Fehlern und Fehleinschätzungen. Ich fand das zwar einen nötigen Aufruf, aber auch einen bedrohlichen, ich fühlte mich von ihm eingekastelt. Die Kritik war mir oft zu schematisch, besonders die, die Werner an den gesellschaftlichen Verhältnissen (und mir) übte. Er war ein SEW/SED (Sozialistische Einheitspartei Westberlin, Westdeutschland)-Mann. Ich achtete seine Gewerkschaftsfreunde, sie waren in Ordnung, aber nicht meine Wellenlänge. Insofern hatte er gar nicht Unrecht mit seiner Häme gegen meinen bourgeoisen Hintergrund. Aber mit der geforderten Selbstkritik konnte ich nicht viel anfangen, bei ihm und generell nicht: Mein Über-Ich machte mir auch ohne Studentenbewegung, und lange vor ihr, genug zu schaffen: Nie genug geleistet, gewusst, gemacht; zuviel im Luxus gelebt (Robert), zu wenig – nichts – in praktischer Hinsicht für die Gesellschaft getan.

Die Studentenbewegung – was also war sie für mich gewesen? War ich nun eine oder war ich keine Achtundsechzigerin?

Zunächst einmal, was sie nicht für mich gewesen ist: keine Befreiung aus unerträglichen häuslichen und Milieuverhältnissen. Auch wenn meine Mutter nicht mehr »mitkam«, als es gewalttätiger zu werden begann (mein Stiefvater hingegen war pubertär begeistert; seine antiautoritären Schriften und Vorlesungen wurden breit rezipiert bzw. besucht) und sie mich ängstlich bat, nach jeder »Demo« anzurufen, dass ich gut zuhause angekommen war (was ich tat, liebende Tochter), so waren sie und meine Familie doch nicht Adenauer-vernagelt, wie so viele andere, und ich habe in meinen Berliner Studentenjahren nie den Kontakt mit meinen Eltern und Verwandten unter- oder gar abgebrochen. Es wurde bei uns auch nicht geschwiegen, wie in anderen Familien, sondern viel diskutiert (allerdings nicht immer fruchtbar).

Weiter: Die Studentenbewegung eröffnete mir keine neue Lebensmöglichkeit, mich den (klein-)bürgerlichen Forderungen zu entziehen,um nach angemessener Studienzeit eine standesgemäße Ehe einzugehen mit dito Familiengründung. Dazu hatte nicht nur meine Mutter zu ungeordnet gelebt (und das nicht verdrängt), sondern ich war schon weit vor den 68er Jahren aus dieser Schiene gesprungen. Eine alternative Lebensführung brauchte ich mir nicht zu erstreiten – oder hatte sie mir bereits erstritten; mein Leben passte nicht in die Alternativen zu einer bürgerlichen Existenz, die junge Frauen und Männer damals ausprobierten (und die die wenigsten, so weit ich sehen konnte, phantasievoll und erfolgreich ins Werk setzten).

In dieser Hinsicht hätte ich also keine Studentenbewegung gebraucht. Was hat sie mir stattdessen gebracht? Dies: mich, wenngleich unter Mühen und Seelenschmerzen, von Robert zu trennen, mein Zweitstudium durchzuhalten und erfolgreich abzuschließen und durch beide Entwicklungen zu mir selbst zu kommen, bei mir selbst anzukommen. Wie bitte? Hätte ich mich denn nicht auf jeden Fall nach einer bestimmten Zeit von Robert getrennt, auch ohne Studentenbewegung? Ja, hätte ich. Lange vor der Berliner Zeit habe ich so ungefähr alles getan, um mir selbst und ihm eine Trennung plausibel zu machen, sie uns sozusagen durch meine Ausweichmanöver in andere Länder und neue Lieben aufzuzwingen (Kritik und Selbstkritik). Ob ich bei einer früheren Trennung schneller einen, meinen, Mann gefunden hätte, muss dahingestellt bleiben.

Und wie ist das mit dem Studium? Hätte ich nicht auf jeden Fall den Faden wieder aufgenommen, mit und ohne Studentenbewegung? Ja, hätte ich. Ich wäre auf jeden Fall so schlau gewesen, um nach meinem Amerika-Aufenthalt einzusehen, dass es die letzte Eisenbahn und zu studieren das einzig Sinnvolle war. Was hätte ich wohl sonst machen sollen, wenn für mich, eine Bürgerstochter, »an die Basis zu gehen« nie infrage kam? Schließlich war ich 1966 26 Jahre alt und konnte noch gar nichts Richtiges (Kritik und Selbstkritik). Aber 1966 in Berlin zu studieren, war etwas anderes als das sieben Jahre früher in Freiburg zu tun, als ich aus dem Studium weggelaufen war. In Berlin zu Zeiten der Studentenbewegung zu studieren, war emotionell und gesellschaftskritisch hoch aufgeladen, und ich war nicht die Einzige, bei der sich Studium und gesellschaftliches Engagement vermischten. Nicht nur ich war »auf der Suche nach mir selbst« und dem Wunsch, dieses Selbst mit gesellschaftlichen Veränderungen kompatibel zu machen, das wollten, so oder so, damals alle. Und genau das war es, was mich trotz aller Frustrationen, die ich auch hier erlitt, immer wieder faszinierte und bei der Stange hielt. Ich war zwar nach wie vor eine Einzelgängerin, aber jetzt eine mit Anschluss.

Allerdings muss auch dies gesagt werden: Für großbürgerliche Töchter (und Söhne) war der schwiemelige Proletarierkult, der ja auch ein Ingredienz der Bewegung war, eine fürchterliche Sache. Es ist mir bei Werner (zum Glück, kann ich jetzt sagen) nie gelungen, meine bürgerliche Erziehung und meinen Geschmack an den schönen und ästhetischen Dingen des Lebens zu verleugnen. Ich hatte mich in der Defensive gefühlt, wie auch meine Freundin mit dem reichen Erbe. Wir hatten keine Basiskeule, um zurückzuschlagen, und es gab nur wenige, die ihr politisches Engagement mit literarisch-künstlerischen Neigungen zu vereinen wussten. Mir war das in meiner Zeit mit Werner zu peinlich, um es zuzugeben. Aber in ästhetischen Fragen darf es keine Kompromisse geben, dann wird alles falsch, auch in der Politik, und in der Liebe allemal.

Werner und Ulrike Meinhof waren in gewisser Weise die äußersten Extreme, die in diesem hitzigen Zeittopf kochten. Wie merkwürdig, dass ich mit beiden zusammengetroffen bin, ausgerechnet ich, die immer eine Mittlerposition innehatte – oder vielleicht gerade deshalb? Hatte ich an beiden Personen ausprobieren wollen, wo ich selbst in diesen bewegten Zeiten stand? Robert gehört, wenn es um meine Positionsbestimmung geht, auch hierher, seine politische (und ästhetische) Haltung hatten mich über Jahre geprägt. Aber Robert war alt und deswegen kein Teil dieser Jugendbewegung, zu der ich (nun) gehörte und unbedingt gehören wollte (ich hätte ja auch aussteigen können).

Also doch Werner und Ulrike. Ulrikes politische Haltung hatte mich zwar fasziniert, aber schon ihre furiose Hingabe an »ihre« gefallen Mädchen war mir suspekt gewesen. Mich interessierte das normale Leben mehr als das von Randgruppen; ich hatte eine Abneigung dagegen, diese mit einer Art Aureolenschein zu umgeben. Und auch Werners Sache war die meine nicht; ich sah mich nicht morgens um 5.00 Uhr vor Fabriktoren Zeitungen und Flugblätter an Arbeiter verteilen, wie das viele taten; ich hatte mit ihnen nicht das Geringste zu tun – und vor allem sie nicht mit mir.

Ich habe mich also weder auf die eine (Randgruppen-) Seite, noch die andere (SEW-parteipolitische oder überhaupt eine Partei-) Seite eingelassen, sondern ideologisch eine Position im Mittelfeld eingenommen und nie große Risiken auf mich genommen (bei Demonstrationen immer darauf geachtet, notfalls flüchten zu können). Das habe ich mir zeitweise übel genommen. Heute nicht mehr. Die Formel: »Das Private ist das Politische und das Politische das Private« soll verflixt noch mal von ihrem hohen Sockel runter kommen und sich zu mir niederbeugen, dann wird sich schon zeigen, was ich zu ihrer Realisierung beizutragen habe.

Ich professionalisiere mich

Während meines Studiums haben weder ich noch meine Geschlechtsgenossinnen und Genossen darüber nachgedacht, was man nach dem Studium tun würde. Wir studierten, das hielt uns völlig in Atem. Welchen Beruf eine diplomierte Soziologin ergreifen könne, war mir rätselhaft, begann mich erst gegen Ende meines Studiums zu beschäftigen. Ich hatte plötzlich riesiges Glück: Einen Tag nach Erhalt meines Diploms machte mir ein Professor der Pädagogischen Hochschule das Angebot, in einem Forschungsprojekt mitzuarbeiten, das er gerade konzipierte. Es sollte um die Entwicklung eines Curriculums für 5 - 7jährige Kinder gehen (die bildungpolitisch neu konzipierte Eingangsstufe), und zwar für Kinder der Arbeiterklasse. Er hatte von meiner Arbeit über kompensatorische Erziehung erfahren, genau das Richtige. So kam ich, Glückskind, ohne jede Anstrengung zu einer Anstellung und einem guten Gehalt. Und zu meinem späteren Mann B., der auch in diesem Projekt arbeitete.

Ich hatte mir nie vorgestellt, eine universitäre Karriere zu machen. Noch frisch in allen studentenbewegten Diskussionen, hätte mir nichts Besseres passieren können, als mich in diesem Projekt zu engagieren, es mitzugestalten. Und das tat ich, von 1970 bis 1975. Jetzt hatte ich auch eine Basisarbeit, wie Werner (mit dem ich anfangs noch zusammenlebte), jetzt konnte ich meine Basiskeule schwingen (und tat es). Ich verband mich nach meiner Trennung von ihm mit »unserem ästhetischen Berater« im Projekt, mit B. Das Private war das Politische geworden, das Politische das Private (zu einem hohen Preis: Nicht nur ich hatte ein Kind im Stich gelassen, B. sogar zwei, seine eigenen). Wir arbeiteten in Schulen, die in den Einzugsgebieten von Arbeitervierteln lagen; eine lag in Neukölln. Aus unserer Arbeit mit den Lehrern, Kinder und ihren Eltern sind mehrere Bücher entstanden, die zu den mir liebsten auf meiner Publikationsliste gehören.

In diesen »Neuköllner Jahren« dachte ich immer noch nicht über eine weitere Karriere, gar eine universitäre, nach. Zwar nahm ich neben der Projektarbeit Lehraufträge an der Pädagogischen Hochschule wahr, engagierte mich dort in Diskussionen (die Lehrerausbildung als Kaderschmiede für die zukünftige Arbeit, »dem Volk« und seinen Kindern als Volksschullehrer dienen), aber mein viel intensiveres Engagement galt den Neuköllner Kindern und ihren Eltern. Dies war die Arbeit, die ich wollte; sie war konkret, sinnlich, nützlich. Und sie ließ es zu, Praxiserfahrungen in wissenschaftlicher Weise so zu beschreiben, wie ich das wollte: konkret, sinnlich, mit Anwendungsbezug. Diese Arbeit öffnete mir eine Tür zur Wissenschaft, durch die ich gehen wollte und durch die ich die nächsten Jahrzehnte gehen würde. Aber das war mir damals noch nicht klar.

Ich hatte mich eigentlich gar nicht mit einer Dissertation für eine universitäre Laufbahn professionalisieren wollen. Viele von uns wollten das damals nicht. Promotion war Establishment, und wir waren gegen das Establishment. Aber Mitte der 1970er Jahre, das Projekt ging seinem Ende zu, musste ich wohl oder übel die ersten Schritte in diese Richtung machen. Denn wie sollte es anders weitergehen? Ich benutzte das Projektmaterial für meine Dissertation über »Elternhaus und Schule« und begann, mich auf universitäre Stellen zu bewerben. Schließlich musste ja Geld verdient werden.

1977 waren wir, B., unser kleiner Sohn und ich, in die Niederlande umgezogen. Wir hatten uns für dieses Land entschieden, weil ich nach dem Ende des pädagogischen Projekts in Berlin keine Anstellung fand. Ich bewarb mich auf mehrere Assistenz-Professuren in Westdeutschland, hätte dort an verschiedenen Orten eine erhalten können, aber eine Ausschreibung an der Universität Leiden für Bildungssoziologie klang verlockender. Zu meinem Vorteil gereichte mir, dass ein Artikel über kompensatorische Erziehung, den ich im *Kursbuch* veröffentlicht hatte, ins Niederländische übersetzt worden war und auch dort den Ton der Zeit traf. Wir waren auch etwas abenteuerlich, dachten, es sei ganz heilsam, aus dem Berliner Klüngel auszusteigen in ein anderes Milieu und anderes Land. Wir brachen also unsere Neuköllner Zelte ab und zogen um.

Was wussten wir von Holland? Nichts, was uns auf das vorbereitet hätte, was uns erwartete. Ich war einmal mit Werner für einen kurzen Winterurlaub in Bergen aan Zee gewesen, das muss zur Jahreswende 1969/1970 gewesen sein. Wir hatten bei Eiseskälte draußen in gemütlich geheizten Gastwirtschaften an Tischen mit Teppichdeckchen gesessen, Grünkohl mit Wurst gegesessen, Jenever getrunken und uns vorgesellt, wie wir als Sozialwissenschaftler Stadtgeschichte in diesem kleinen Land betreiben würden. Wie wir darauf gekommen sind, weiß ich nicht mehr, es war wohl eine romantische Anwandlung von Fernsehnsucht. Jedenfalls ahnte ich damals nicht im Entferntesten, dass ich ein paar Jahre später in dieses Land übersiedeln würde, und schon gar nicht, dass ich dort, wieder ein paar Jahre später, ein ganz ähnliches Projekt wie dasjenige realisieren würde, das Werner und mir damals vorschwebte, als ich mit deutschen Kollegen Kindheits- und Stadtgeschichte in einer holländischen und einer deutschen Stadt, in Leiden und Wiesbaden, betrieb.

Mit viel kulturellem und politischem Wissen kamen wir in unserer neuen Wahlheimat also nicht an. Gelesen über Land und Leute hatten wir nur Oberflächliches. Keine Zeit. Dissertation fertig stellen, Überbrückungsdozentur an einer Sozialpädagogischen Fachhochschule in einer anderen Stadt (18 Wochenstunden Lehre) mit wöchentlichem Hin- und Herfliegen, auf den endgültigen Bescheid von der holländischen Universität warten, die Auflösung unser Berliner Wohnung (und B's Atelier) vorbereiten und, das Allerwichtigste und Einschneidendste: Ich war seit 1974 Mutter.

Die holländische Variante der internationalen Studentenbewegung war der deutschen in mancher Hinsicht ähnlich, aber sie war insgesamt ruhiger verlaufen, trotz Flügelkämpfen zwischen diversen marxistischen, trotzkistischen und anarchistischen Gruppierungen. Es fehlte ihr der spezifisch deutsche Generationskonflikt zwischen Eltern und Kindern aufgrund der nationalsozialistischen Vergangenheit. Was ich von dieser Bewegung in ihrem Endstadium in Leiden mitbekam, waren erbitterte Streitereien innerhalb des soziologischen Instituts, in dem ich nun arbeitete: endlose Sitzungen über Studienordnungen und Studienprogramme.

Ich tat mein Bestes, um in diesem verminten Gelände meinen Weg in meinen neuen Beruf zu bahnen, und wurde hierbei von einigen mir wohlgesonnenen Dozenten und Studenten unterstützt; auch sprachlich. Ich lernte Holländisch so schnell wie möglich zu beherrschen, aber die feinen Nuancen entgingen mir anfangs, und das kann in ideologischen Auseinandersetzungen schlimme Folgen haben. Ich erklärte mich mit meinen Mitarbeitern solidarisch (schließlich war auch ich eine Achtundsechzigerin) und wollte gleichzeitig die liberalen und konservativen Fakultätsmitglieder im eigenen Interesse und dem der Mitarbeiter und Studenten nicht verprellen. Damit hatte ich mich zwischen zwei Stühle gesetzt. Denn die Professorenkollegen erwarteten von mir, dafür zu sorgen, dass meine Mitarbeiter schnellstmöglich promovierten und ihre linken Überzeugungen ablegten, während diese erwarteten, dass ich ihnen dabei zwar helfen sollte, aber nicht zu schnell und vor allem zu ihren Bedingungen, linken Bedingungen. Das Ende vom Lied war, dass sie mich des Verrats an ihren Idealen – die Leidener Bildungssoziologie an sozialistischen Gesichtspunkten auszurichten und mit dito Praxis zu verbinden – beschuldigten und ihr Heil woanders suchten; nur einer von ihnen hat nach mehreren Jahren bei mir promoviert, und zwar über die sozialistische Tradition der holländischen Volksschullehrer. Das hätte er schneller haben können, und die anderen auch.

»Wisst Ihr, Ihr müsst Euch darauf einstellen, dass es etwa fünf Jahre dauert, bevor ein Fremder hier Wurzeln geschlagen hat«, sagte uns Cor, ein älterer Kollege der guten alten liberalen Schule in aller Freundschaft. Fünf Jahre? Wir nahmen ihm das nicht ab, so lange würde unsere Eingewöhnungszeit doch wohl nicht dauern! Ein weiterer Irrtum aus der Zeit unserer Anfangsignoranz, der schnell passiert ist, wenn man mit 37 Jahren (ich) beziehungsweise 33 Jahren (B.) das Land wechselt, als sei das gar nichts. Nach ein paar Monaten hatten wir uns soweit eingelebt, dass wir das Alltagsleben im Griff hatten. Das wurde einem in Holland leicht gemacht, es herrschte ein angenehmes, informelles Klima, das kollegiale Du, das hier in fast allen Lebenslagen das formelle Sie ersetzt, erinnerte uns an unsere Berliner Studentenjahre.

Aber auch das Alltagsleben will gelernt sein. Wie irritiert waren wir am Anfang unseres Lebens in diesem neuen Land, wenn unsere (neuen) Freunde nach einem kulinarischen Abendessen, und nachdem wir zum gemütlichen Plaudern ins Wohnzimmer umgezogen waren, unruhig wurden. Was war los? Servierten wir denn nicht Wein und die guten harten Getränke? Doch, taten wir, aber was unsere holländischen Gäste nach einem gelungenen Abend vermissten, war das abschließende kopje koffie, ohne das kein Holländer die gastliche Stätte verlässt. – Oder die Erfahrung mit dem holländischen Brot: für deutsche Gaumen labbrig, für Holländer unersetzbar. Wortlos packten unsere Freunde aus Deutschland bei ihren Besuchen ein herzhaftes Sauerteigbrot aus. Und noch etwas Alltägliches: Holländer lachen öfter als Deutsche. Das mag ich, denn auch ich lache gern.

An der Uni gab es weniger Entspanntes: Dort verbarg sich hinter dem informellen Du eine damals noch kaum angekratzte Hierarchie, in der die Professoren ganz oben und die Angehörigen des Mittelbaus, je nach erreichtem Status, etwas weiter oben oder eben unten standen. Daran änderte auch das typisch holländische Konsensmodell nichts, bei dem solange geredet wird, bis ein Kompromiss gefunden ist, mit dem alle leben können: Die überlegene Mehrheit macht einige Zugeständnisse an die unterlegene Minderheit, was allerdings an deren Position und geringem Einfluss nichts verändert, es ihr aber ermöglicht, das Gesicht zu wahren und die Zusammenarbeit fortzusetzen. So ging es nicht nur an der Universität zu, sondern überall im politischen und sozialen Leben, wo es ein Oben und ein Unten gibt und wo um Kompromisse gerungen wird.

Erst ab Mitte der 1980er Jahre, als weitreichende Sparmaßnahmen einsetzten, reihenweise Institute und Abteilungen aufgelöst und rigorose Qualitätsstandards eingeführt wurden, schmolz die Fettschicht der »hoofdmedewerkers« (Seniordozenten) langsam vom universitären Lehrkörper ab; übrig blieben die alteingesessenen Professoren, hinzu kamen die neu eingerichteten Assistenzprofessoren und eine wachsende Anzahl von Promotionsstipendiaten. Heute hat sich die niederländische universitäre Landschaft der europäischen so weit angenähert, dass kaum noch jemand verstehen kann, wie es zuging, als ich dort meine neue Berufslaufbahn antrat.

Unter den Professoren war ich so gut wie die einzige Frau und trotz meiner bereits 37 Jahre die Jüngste im weiten universitären Umfeld; jahrelang hatte ich es außer mit meiner Sekretärin und Studentinnen nur mit Männern zu tun. Ich machte intensive Studien der Männer-Herrschaftsstrategien: auf Konferenzen und Gremiensitzungen das Wort okkupieren; die Argumente, die eine Frau (ich) gerade vorgetragen hat, in eigenen Worten wiederholen und damit zu seinem, des Herrn, geistigen Eigentum zu machen usw. Das war in Deutschland wohl auch so, aber dort wäre ich nicht so allein auf weiter Flur gewesen.

Diese Erfahrungen haben mich aber nicht zu einer der kämpferischen Feministinnen gemacht, die Mitte/Ende der neunzehnhundertachtziger Jahre begannen, in den Sozialwissenschaften Frauenstudien durchzusetzen. Es gibt ein Foto, auf dem ich inmitten einer Gruppe von Frauen stehe, die für diese aufkommende Studienrichtung eintrat. Ich will ihnen durch meine Position als Professorin bei der Durchsetzung ihrer Forderungen behilflich sein, mich solidarisch zeigen. Es sind mir fremde Frauen, sie kennen sich seit langem, haben untereinander engen Kontakt, sind ideologisch eifrig und sehr mit sich beschäftigt. Ich gehöre nicht dazu, ich bin keine Frauenbewegte. Mir machte zwar die frauenfeindliche Haltung vieler Universitätsherrscher zu schaffen, aber ich bin so erzogen und habe so gelebt, dass ich immer mehr Brücken als Abgründe zwischen den Geschlechtern sah; und wo Abgründe waren, waren es meine eigenen und selbstverschuldet. So dachte ich damals, und so denke ich zu einem Teil auch noch heute.

Die größte Hürde, die mich und uns daran hinderte, uns mit unserem neuen Land zu identifizieren und so etwas wie Heimatgefühle zu entwickeln, war die Sprache. Nicht, dass ich sie nicht nach ein paar Monaten ausreichend genug beherrschte, um meinen Unialltag zu bewältigen, das ging sogar schneller, als auf dem Markt Fisch einzukaufen, aber ein

Heimatgefühl wollte sich nicht einstellen. In Polen hatte ich, objektiv gesehen, viel größere Sprachschwierigkeiten gehabt, aber ich hatte mich dort eigenartigerweise nicht als eine Fremde gefühlt; im Gegenteil, ich fühlte mich angenommen, ich fühlte mich auf eine exotische und gleichzeitig vertraute Weise »zuhause«. Hier nun nicht, hier wurde mir auf Schritt und Tritt bedeutet, dass ich eine »Deutsche« bin, deren Sprache die der deutschen Besetzer war. Aber waren sie das nicht auch in Polen gewesen, in viel grauenhafterer Weise?

Ich erinnere mich an eine Begebenheit bei uns zuhause, wo wir einen geselligen Abend für meine Professorenkollegen gaben. Als »Neue« am Institut war das angebracht und gehörte zum universitären Ritual. Mehrere ältere Herren – keine Frau – betraten unser Wohnzimmer; die in Ehren ergraute holländische Soziologie. Unter ihnen Mark, gerade aus Amerika zurückgekommen, ein knallharter Positivist. Er macht es sich auf unserem Sofa bequem, und als die meisten Gäste bereits gegangen waren, kommt das Gespräch auf Berlin. Ja, erzählt er, das war eigenartig damals in Ostberlin. Er war gerade mitten in einer großen Studie über die Gewerkschaften und wollte dort einige Quellen studieren. Er kommt ins Gespräch mit einem hohen Tier, einem Wissenschaftsfunktionär. Und der sagt zu ihm: Sie sprechen gut deutsch. Ja, antwortet Mark, das habe ich auf Helgoland gelernt, im Krieg. Da sah ihn der Funktionär an und sagte: Warum haben Sie das nicht gleich gesagt? Von da an konnte Mark in alle Archive Einblick nehmen; er lacht aus vollem Hals. Wir verstehen nicht – warum wurde er hervorragend bedient? Na, ist doch klar, ich war als Antifaschist eingestuft worden, Ihr Deutschen müsst ja alles einstufen. Und woher wusste der Funktionär das? Mark erzählt weiter. Helgoland, dorthin brachten die Deutschen viele Widerstandskämpfer. Mark war aktiv im holländischen Widerstand gewesen, nicht bei einer Partei, eher als Einzelkämpfer. Er war bei dem berühmten Überfall an der Weteringschans dabei, wo die Listen mit den Juden lagen, die deportiert werden sollten. Sie wurden alle verraten, von einer Frau.

Mark erzählt. Schweigend hören ihm seine Kollegen und sein Freund Cor zu, so genau wusste er das alles nicht. Wir spüren, es ist ihm peinlich. Mark ist wie weggetreten, er sitzt auf unserem Sofa, Schweißperlen auf der Stirn und redet immer schneller. Alles fliegt auf; die Gestapo fasst auch ihn. Sie werden tagelang verhört, zum Tode verurteilt. Sitzen in den Zellen, warten, dass sie abtransportiert und vor das Erschießungskommando gestellt werden. Und eines Tages werden sie auch abgeholt und in einen Waggon der deutschen Eisenbahn verladen. Je länger der Zug fährt, desto mehr Hoffnung schöpft Mark. Doch kein Erschießungskommando? Er hatte sich fest aufs Ende eingestellt. Ja, und dann fand er sich nach langer Fahrt schließlich auf einem Schiff wieder, das nach Helgoland fuhr, in ein Kriegsgefangenenlager. Noch heute kann er das Wunder kaum fassen, dass er davongekommen ist. Wir schweigen. Seine Kollegen drängen zum Aufbruch. Mark bleibt, redet weiter. Wir hören zu. »Ich habe jahrelang nicht mehr daran gedacht, ich habe das auch nie mehr erzählt«, sagt er uns.

Die Holländer haben sich mit der »Bewältigung« ihrer Rolle in den Jahren der deutschen Besetzung schwer getan. Jahrzehntelang hielten sie den Mythos aufrecht, dass sie alle Widerstandskämpfer gewesen waren; oder doch die allermeisten. Erst eine jüngere Generation Historiker begann diesen Mythos an der Wirklichkeit zu messen und Grautöne einzuführen. Ich bin nie öffentlich dafür diskriminiert worden, eine Deutsche zu sein, aber ein stilles oder auch ausgesprochenes Ressentiment gegen »die Deutschen« durchtränkte das tägliche Leben und schlug sich in den Kommentaren nicht nur der Boulevardpresse, sondern auch der Qualitätszeitungen nieder. Meine Sprache – die deutsche –

war ungeliebt, obgleich fast alle Holländer der älteren Generation sie kannten, lasen und sprechen konnten. Unser Sohn genierte sich, wenn wir mit ihm auf der Straße deutsch sprachen. Selbst gebildete Holländer wussten damals nicht, dass nicht Juden die ersten KZ-Häftlinge waren, sondern Sozialisten, Kommunisten, Zigeuner, Homosexuelle und andere Abweichler; wenige wussten, wie Westberlin und Ostberlin in die DDR eingebettet waren und fragten mich wohlwollend, ob ich aus West- oder Ostberlin hierher gekommen sei.

Das Gefühl, »nicht dazuzugehören«, hat mich nie verlassen; bis heute bin ich erstaunt, fast erschreckt, wenn mich ein Passant nach dem Weg fragt und natürlich davon ausgeht, eine Einheimische zu fragen, während ich in meinem Unterbewussten davon ausgehe, dass er doch wissen müsse, dass ich keine bin. Ist das nicht sehr merkwürdig, nach über 30 Jahren, die ich nun schon in diesem Land lebe?

In den 1980ern sah ich die Fernsehserie »Heimat« von Edgar Reitz zusammen mit meinem Mann und unserem Sohn, der damals ein Teenager war. Es war eine bewegende Erfahrung, diese Serie auf einer holländischen Couch, in einem holländischen Haus und mit einer holländischen Berufsperspektive ohne Absicht der Rückkehr nach Deutschland/Berlin zu sehen. Es war, wie eingesponnen zu werden in eine Atmosphäre, einen Zeitabschnitt deutscher Geschichte (inklusive Studentenbewegung), in einen Sprach- und Erlebnisraum, der mit dem hiesigen Land nicht das Geringste zu tun hatte. Holland mit seinen geselligen Menschen, hübschen Grachten und kleinen Häuschen, deren eines wir in der weitgehend kriegsunzerstörten Stadt Leiden bewohnen, war uns während des Fernsehens sehr weit entrückt. Ich fühlte plötzlich die Sogkraft des Titels: Heimat.

In den Niederlanden entwickelte sich in mir eine mir bis dahin unbekannte Heimatsehnsucht. Nicht nach Deutschland, schon gar nicht nach dem Deutschland der endsiebziger Jahre, als jeder bärtige Autofahrer, mein Mann zum Beispiel, an den vielen Grenzen – von den Niederlanden nach Deutschland, von Westdeutschland in die DDR und von dort nach Westberlin – doppelt und dreifach kontrolliert wurde und eine Autofahrt neun bis zehn Stunden dauerte und nicht, wie heute, 6 ½. Sondern es war eine Sehnsucht nach etwas Verlorenem, das ich nie besessen hatte.

Der Fall der Mauer 1989. Wir sind aufgeregt. Unsere holländischen Freunde und Kollegen sind es nicht, die Zeitungen äußern Bedenken gegen ein neues Großdeutschland. Ich merke, dass es mich mit allen Fasern nach Deutschland zieht, dort geschieht etwas historisch Einmaliges, hier geht der Betrieb weiter, als wäre nichts geschehen. Ich werde zu einem Gastsemester nach Dresden eingeladen und erlebe, wie die ostdeutschen Universitäten auf West umgepolt werden. Ich bin skeptisch und aufmerksam, ich weiß ja, was es bedeutet, wenn etwas Fremdes auf einen zukommt. Viele, vielleicht zu viele ostdeutsche Wissenschaftler werden »abgewickelt«.

In diesen Jahren vor und nach der Wende wächst in mir eine neue Identität: keine holländische, keine deutsche, sondern eine europäische. Ich verbinde mich mit einem international-europäischen Netzwerk von Sozialwissenschaftlern. Holland selbst öffnet sich in diesen Jahren, nicht nur die geographischen, auch die kulturell-mentalen Grenzen werden durchlässiger. Es wächst eine neue Generation holländischer Wissenschaftler und Studenten heran, für die die beladenen deutsch-holländischen Beziehungen Vergangenheit sind, eine Vergangenheit, die sie nicht mehr interessiert. Ich habe nun nicht mehr das Gefühl, in einem Topf mit Deckel drauf zu sitzen und werde in meinem Fach für meine internationalen Kollegen eine »Holland-Expertin«, die sich darum bemüht, die Besonderheiten dieses Landes in die Forschungskontexte einzubringen. Es ist eine Rolle, die mir liegt und auf die mich mein Lebenslauf vorbereitet hat: Vermitteln zwischen Kulturen und zwischen Menschen.

Heute geht es mir nicht mehr darum, wie noch vor Jahren, mich in Holland zu integrieren. Ich habe Abstand genommen und gelernt, Land und Leute zu relativieren und auf ihre Weise zu würdigen, ja auch zu lieben. Eine Außenseiterin in meiner Wahlheimat bin ich geblieben, aber die war ich auch anderswo. Ich bin hier nicht »angekommen«. Aber ist es nicht ein ganz unmodernes Ziel, ankommen zu wollen? Denn wo sollte man in dieser Welt ankommen wollen?

Von den Schwierigkeiten beim Aufhören

... time – that infinite web of yesterday, today, the future, forever, never – is the only true enigma.

Jorge Luis Borges

Denn ich schreibe nur meine eigene Geschichte.

George Sand

Wo und wie wo finde ich ein Ende? Am besten lasse ich meinen Text als offene Form enden, die sich endlos erweitern ließe.

Im Alter habe ich angefangen, intensiver über die Beziehung zwischen Zufall und Struktur nachzudenken. Genauer: welche Rolle diese Beziehung in meinem Leben bis heute gespielt hat. Ein Geheimnis, das nicht zu entschlüsseln ist und mich gerade deshalb zum Schreiben dieses Buches angetrieben hat. In jedes Thema der vergangenen Kapitel habe ich, wie einen Schlüssel, dieses ungelöste und unlösbare Geheimnis gesteckt, um eine Tür zu öffnen. Und so, wie man einen Schlüssel im Schloss dreht, von dem man nicht ganz sicher ist, ob er der richtige ist, ließ sich die Tür einen kleineren oder größeren Spalt öffnen, ich schaute hindurch, sah meine Mutter dort stehen, machte mir schreibend klar, was ich sah und was nicht. Ich bildete mir ein, die Struktur erkannt zu haben, unter der ihr Leben (und meines) stand (und steht). Auch Zufallselemente konnte ich in ihrem Leben erkennen und mir vorstellen, wie diese mein Leben mit beeinflusst haben. Aber als soziologische Biographieforscherin war ich anscheinend doch geneigt, die Beziehung Struktur – Zufall hin zur Struktur zu biegen: Ich sehe sie als Tochter schmal und trotzig neben ihrer großen schönen Mutter stehen, ich sehe gleichsam ihre eingepflanzten Minderwertigkeitskomplexe über alles, ihr Äußeres wie ihr Inneres, vor mir. Sie mit ihren vielen Berufsanläufen ohne Beruf; sie, die zweimal den verkehrten Mann geheiratet hat… Aber bei meinem Blick durch die Erinnerungstür ins Zimmer meiner Mutter sehe ich auch Bilder, bei denen Zufall und Struktur nicht mehr auseinandergehalten werden können. Die vergnügt auf dem Zugdach zu mir nach L. fahrende junge Mutter: War es Zufall, dass ihr nichts passierte? Im selben Zimmer Zufalls- und Strukturbilder. Hatte ich mit diesen Blicken das Geheimnis von Struktur und Zufall entschlüsselt, unter dem ihr Leben sich vollzogen hatte? Oder gar, als ihr Kind, meins?

*

Ohne weiter darüber nachzudenken, sagt man: meine Kindheit, meine Jugend. Aber sagt man so bedenkenlos auch »mein Alter«? Was ist hier anders? Es muss etwas mit Zeit, genauer: dem Abstand von der vergangenen zur heutigen Lebensphase zu tun haben. Je weiter dieser Abstand, desto klarer zeichnet sich im Nacherleben die vergangene Lebensphase ab, sie erscheint nun dem, der sie nacherlebt und ihr nachspürt, mir, als ein geronnenes Bild. Alles, was sich nicht als Bild erhält, ist spurenlos geworden. Bei der Jugend werden die Bilder vieldeutiger, Ambivalenzen haben diese Lebensphase mitbestimmt und sich in meiner Erinnerung erhalten. Die Bilder haben bereits die Neigung zu unscharfen Rändern, oder es gibt weiße Stellen im Zentrum.

Und nun mein Alter. Der Zeitabstand zwischen mir und dieser Lebensphase ist auf Nichts geschrumpft, mein Alter ist meine gegenwärtige Gegenwart, ich kann auf sie nicht zurückschauen, ich bin mitten drin, nichts gerinnt hier zu Bildern. Wenn es aber nicht Zeit ist, die jetzt Abstand schaffen kann, Erinnerungsabstand, was dann?

Ich träumte, ich flöge hoch, hoch über die Weltenmeere, die sich unter mir in verschiedenen Blau- und Türkistönen im Flug entwickelten, während ich sie überflog. Es ist der erhabenste Traum, den ich bis heute geträumt habe, kein anderer reicht an Glück und Allmacht an ihn heran. Ich träumte diesen Traum etwa in meinem 40. Lebensjahr. Kein Wunder, dass er sich nie wiederholt hat. Im Alter träume ich kleinere Träume. Das ist ganz in Ordnung, nur manchmal möchte ich, dass sich der Traum erweitere.

*

Als Studentin haben mich insbesondere zwei Narrative beeindruckt: die von René Spitz beschriebenen Babies und Kleinkinder, die in weißen Betten in weißen Zimmern ohne jeglichen Stimulus liegen und mit ihren Köpfen gegen ihre Gitterbettstäbe stoßen – und die halb mythischen Berichte von Wolfskindern, die gefunden und durch den Kontakt mit ihnen unbekannten Menschenwesen vermenschlicht werden und zu sprechen lernen.

*

Ich habe irgendwo gelesen – könnte sein, bei Lichtenberg – dass wenn man sich ein Wissen relativ spät im Leben aneignet, wie spät auch immer, einen dies nicht in Verzweiflung stürzt, diese Erfahrung nicht eher gemacht zu haben, in der Jugend beispielsweise. Sondern dass das Vergnügen an diesem Erwerb jegliche rückwärts gewandten Überlegungen: warum, warum nicht eher? auslöscht. Mich begeistert dieser Gedanke, er ist eine warme Decke, unter die ich meine altersbedingten oft kalten Füße stecke: Und das Vergnügen währet ewiglich.

*

Ich denke, wie viele meiner Freundinnen: Jajaja, ihr Männer seid eben die Größten und Schlausten, wissen wir, deswegen haben wir euch ja auch geheiratet, denn für dumme Männer sind wir zu intelligent.

*

Ich habe eine genetische Orientierungsschwäche; hatte ich immer, aber in meinem Alter beginnt sie mir Angst zu machen. Ich laufe aus einer U-Bahnstation oder aus einem Geschäft, in das ich noch keine zwei Minuten zuvor eingetreten bin, geradezu zwangsläufig in die verkehrte Richtung; ich gehe einen Weg zehnmal und stocke immer wieder an derselben Stelle, ob ich die Querstraße rechts oder links einschlagen muss.

*

Ich habe immer Glück gehabt im Leben, ich bin immer davon gekommen (von was?), aber immer auf der Suche geblieben (nach was?).

Ich denke oft wild, aber in die richtige Richtung. Das muss etwas mit Ästhetik zu tun haben.

*

Meine Urangst: verlassen zu werden. Mein Alter ist mir deswegen teuer, weil diese Angst zwar nicht verschwunden ist (das geschieht mit Urängsten nie), aber ich habe sie eingezäunt: Wenn mein Mann vor mir stirbt, werde ich … Wenn ich alt und hoffnungslos krank sein werde, werde ich bei Zeiten dafür gesorgt haben, dass … Ich habe gar nicht so viele Freunde und Freundinnen, aber denen, die ich habe, vertraue ich, dass sie meine Einzäunungen nicht einreißen werden; vielleicht werden sie sie, wenn es nötig ist, so hoffe ich im Stillen, sogar fester machen.

Meine Erinnerungen sind Landzungen, die sich in Dunkelheiten des mir Unbekanntem erstrecken. Landzungen sind in diesem Fall besser als Inseln.

*

Nach dem 18. Lebensjahr ändert sich der Mensch nicht mehr. Oder: Man kann vom Ochsen nur Rindfleisch verlangen: eine Lieblingssentenz von Robert, der in meinem Leben über 18 eine so wichtige Rolle gespielt hat. Ich wollte es lange nicht glauben, das mit dem Ochsen und dem Rindfleisch. Jetzt bin ich alt und weise geworden.

B.s Lieblingsspruch ist nicht der vom Ochsen mit dem Rindfleisch, aber Roberts Sentenz nicht unähnlich und lautet: In den Extremen ist kein Leben. Es macht ihn melancholisch, dass die Extreme wachsen. Ich bin keine Melancholikerin, und deswegen lautet meine Lieblingssentenz, seiner verwandt, aber in lichteren Farben: Man kann's auch übertreiben.

*

Es gibt, habe ich herausgefunden, zwei Menschentypen: die Sammler und die Ballastabwerfer. Nach meiner Erfahrung sind die Sammler männlich und die anderen weiblich. Ich bin jedenfalls eine überzeugte Ballastabwerferin. Ich finde das Entsorgen von leeren Flaschen, alten Kleidern und Altpapier, ja sogar von Menschen, die mich enttäuscht haben, und erst recht das Entsorgen von Gefühlen wie Hass, Neid und Eifersucht, entlastend.

Das Entsorgen erhält in meinem Alter eine neue Dimension: Früher war's einfach nur Weg-damit. Das gilt heute auch noch für Flaschen und Altpapier. Aber weg mit Menschen, auch wenn sie mich verletzt haben? Schon schwieriger. Einerseits. Andererseits wird's auch einfacher, ich sage zu mir und (im Stillen) zu ihnen: Na, Kindchen, muss doch nicht…

Ich bin zwar eine überzeugte und manchmal auch rabiate Ballastabwerferin, muss aber zugeben, dass ich die (männlichen) Sammler immer beneidet habe. Heute bin ich toleranter mit mir und sage zu mir: Na, Kindchen, muss doch nicht (mehr)…

*

Bei Licht betrachtet, weiß ich nicht, was das ist: mein Alter. Was ich darüber weiß, betrifft mein Äußeres, Falten etc. Und selbst das ist nicht gewiss, denn manchmal sehe ich jung aus, und dann wieder nicht. Was ich nicht weiß, ist, ob und wann man – ich – auch innen alt wird und woran ich das merken werde. Werden die Gefühle schwächer, die Lust auf Sex kleiner? (Ich erinnere mich, dass Montaigne mal so etwas geäußert hat, sich selbst zum Trost). Wird Angst ein Dauerbegleiter? Oder gerade nicht? Und ist es wahr, dass jeder Mensch nicht so sehr Angst vor dem Tod hat, sondern vorm Sterben? Das wäre toll, da ließe sich dann ja dran drehen…

*

Mathematik war immer mein schlechtestes Fach. Aber von dem Satz: »Zwei Parallelen treffen sich im Unendlichen« war ich endlos fasziniert.

*

Ich hasse Kantinen und Empfänge. Nicht erst, seit ich alt bin. Small talk kann ich nur auf der Oberfläche, und sein Andauern macht mich, die Wortgewandte, verlegen.

Freud hat irgendwo gesagt, dass Biographien nie ehrlich sind. Stimmt.

*

Eine meiner peinlichsten und quälendsten Selbsterfahrungen ist meine Schrift. Ich schrieb nicht nur als Kind und Jugendliche eine unbeholfene Schrift, die mich ärgerte, sondern ich behielt eine zwar oft gewaltsam veränderte, dadurch aber nicht eleganter werdende Schrift bis in mein Erwachsenenalter bei. Wie konnte es sein, dass ich, doch kein Wolfskind, eine so miserable, geradezu kindische Schrift hatte?

Wunderbar daher die Schreibmaschine, später der PC. Ich habe für dieses Buch in meinen alten Tagebüchern und Briefen aus verschiedenen Lebensaltern gekramt. Die mit Schreibmaschine geschriebenen Briefe lasen sich, wie man es von einer normal intelligenten Schreiberin erwarten würde; die handgeschriebenen sahen aus wie die von einer Halbdebilen. Und das mir, einer Sprachbesessenen! Was war los? Na klar: Unsicherheit + Versiertheit lässt im Handgeschriebenen die Unsicherheit sehen, im Maschinengeschriebenen die Versiertheit; wie ein Vexierbild.

Welch entlarvende Mitteilung – ich werde sie streichen, sie kratzt einfach zu sehr an meinem Ego. Oder lasse ich sie stehen, weil ich inzwischen mit meiner Handschrift versöhnt bin – und sie im Übrigen kaum mehr brauche? Ich sitze auch jetzt vor meinem PC.

*

Ein Leben lang ist man mit Rechtfertigungen beschäftigt; anderen, vor allem aber sich selbst gegenüber. Um deshalb mal etwas Angenehmes übers Alter, mein Alter, und zu den Jungen zu sagen: Leute, dieser Drang lässt nach.

Als ich jung war, sehnte ich mich nach dem Alter: Es müsste doch schön sein, so frei und entlastet von allem vor sich hin zu leben. Ich stellte mir vor, wie ich aus dem ganzen Morast meiner Probleme auftauchen und meinen Kopf im sanften Sommerabendwind wiegen würde.

Seit ich nicht mehr jung bin (aber bin ich alt?), spricht mich dieses Bild noch immer an. Nur weiß ich jetzt, dass es ein Sehnsuchtsbild ist, in Gefahr, sich auf den Kopf zu stellen. Damit schließt es an meine klaustrophobischen Ängste an: Ich werde ersticken.

*

Mein Alter macht nicht mehr Sinn als jegliches meiner früheren Lebensalter. Ich werde nicht weiser, auch nicht unweiser, ich werde einfach nur älter.

*

Je klarer mir die Gründe für die Chaotik werden, in der wir leben – und diese Klarheit ist altersbedingt –, desto klarer ist mir, dass es keinen vernünftigen Ausweg gibt – das Gesetz von Struktur und Zufall –, allerdings viele unvernünftige. Die Welt hört ja nicht aus Unvernunft auf zu bestehen.

*

Ich habe meiner Mutter beim Altwerden und dann beim Sterben zugesehen. Ich habe genau hingesehen, mir ist nichts entgangen, was mir wichtig zu sehen war. Ich habe aber damit nur einen winzigen Teil gesehen. Den Rest werde ich erleben (müssen).

Hinter mir was noch kommt.

Nachwort

Wenn ich so für mich dichte
schaue ich vor und zurück.
Vor mir liegt meine Kindheit
im Sonnennebel;
Hinter mir was noch kommt

Warum dieses Buch, und warum jetzt? Anfangs, als ich darüber nachdachte, war mir nur in Umrissen klar, was »dieses« und »jetzt« für mich bedeuten. Dieses Buch: welches? Ich wusste zunächst nur, welches mögliche Buch ich nicht schreiben wollte: keine wissenschaftliche Autobiographie und auch keine Frauenbiographie im gängigen Genre. Ich war nie eine Feministin im strengen Sinn des Wortes und seiner (wechselnden) Ideologien gewesen, weder privat noch in meiner wissenschaftlichen Arbeit. Natürlich habe ich mein ganzes Leben über Frauenfragen nachgedacht. Jede in meiner Generation hat das getan; mehr als die Männer. Ich bin 1940 geboren, gehöre also (fast) zur Babyboom-Generation, die das Glück hatte, die Ernte der historisch einmaligen Bildungsausdehnung einzufahren. Ich wurde Erziehungswissenschaftlerin und Bildungssoziologin und war eine jener jungen Frauen, die zu hunderten und tausenden höhere Bildung erwarben und nach Abschluss ihres Studiums einen damals noch sehr freundlichen Arbeitsmarkt vorfanden, im öffentlichen Dienst, in Fachhochschulen und Universitäten, in Verwaltung, Recht und Wirtschaft.

Aber ich war in mancher Hinsicht auch untypisch für meine Generation, aus vielen Gründen. Das hat mich dazu getrieben, dieses Buch zu schreiben: um einerseits das Typische darzustellen, das in meine heute 70jährige Frauenbiographie eingegangen ist, das Zeittypische. Andererseits das ganz und gar Außergewöhnliche dieser Biographie. Wie geschah das? Welche Mischungen ergab das? Wer und welche Umstände haben das Zeittypische hervorgebracht? Und das Untypische? Und welche Rolle habe ich in beiden gespielt? Das wollte ich wissen, jetzt. Das Jetzt, so schien mir, ist dafür eine gute Zeit: Ich habe Zeit, vor allem Ruhe. Wenn nicht jetzt, so sagte ich mir, wann sonst?

Es war in gewisser Weise ein Zufall, dass ich gerade zu diesem Zeitpunkt die letzte Geschichte Primo Levis in »Das Periodische System« las. In dieser letzten Geschichte sagt Levi über sein Buch: »Es ist auch keine Autobiographie oder allenfalls insofern, als jede Schrift, ja jedes Menschenwerk teilweise und sinnbildlich Autobiographie ist: aber irgendwie Geschichte ist es doch. Es ist eine Mikrogeschichte oder sollte es zumindest sein, die Geschichte von einem Beruf und seinen Misserfolgen, seinen Siegen und seiner Not, eine Geschichte, die jeder erzählen möchte, wenn er fühlt, dass seine Laufbahn sich dem Ende zuneigt.« Es war morgens um halb vier, als ich diesen Satz las. Ich fühlte mich verstanden und schlief ein.

Dann kamen die Probleme; zunächst das der Namensgebung. Viele der von mir Beschriebenen sind tot. Aber wie sollte ich mit den Bedürfnissen der Lebenden nach Selbstschutz und Anonymität umgehen? Ich habe einige Personen, die mich auf meinem Weg zu mir selbst begleitet haben, mit anderen Namen belegt, Robert zum Beispiel, oder es bei Anfangsbuchstaben belassen. Bei diesen losen Verschleierungen habe ich mir keine besondere Mühe gegeben; wer damals in meinem Umfeld gelebt hat, dem fällt die Entschlüsselung nicht schwer, es ist mir recht.

Aber viel wichtiger und schwieriger ist ja das Problem des Erinnerns. Erinnertes hat keine feste Substanz, die man wie ein Stück Keks oder Käse nur aus dem Einwickelpapier auswickeln muss und dann den reinen Stoff in den Händen hält: so war das also. Dass dies nicht so ist, sondern dass Erinnern und Erinnertes dauernd, aber eben nicht dauerhaft, ihre Form und ihren Inhalt verändern, dass es noch nicht einmal um Rekonstruktionen von Vergangenem geht, sondern um neue Konstruktionen, das macht die Sache so prekär.

Zur Tatsache, dass Erinnerungen und Erinnern Konstruktion und Rekonstruktion sind, steht in einem gewissen Widerspruch, dass sie die Neigung haben, zu Episoden zu gerinnen, die umso hermetischer werden, je öfter sie erinnert und erzählt werden. Diese geronnenen Bilder der Vergangenheit, von denen der Erzähler oft nicht einmal mehr zu sagen weiß, ob er selbst es ist, der sie hergestellt hat, oder seine Mutter oder sein älterer Bruder oder seine Tante, können zu Schwierigkeiten werden. Zum Beispiel die Neigung, erinnerte Umstände und Personen zu schönen. Wie stelle ich etwa meine Mutter dar? Aus (erinnerter) Kindersicht? Aus meiner Sicht als Jugendliche? Aus der Sicht von heute? Die Antwort: aus so vielen Perspektiven wie möglich.

Meine Leserinnen und Leser werden bemerkt haben, dass ich keine rein chronologische Abfolge meines Lebenslaufs geschrieben habe. Ich befragte mich assoziativ. Dabei ging es oft auch ungereimt zu, es ergaben sich Widersprüche, die ich nicht lösen wollte oder konnte; das Kapitel »Die Birkenallee« ist dafür das beste Beispiel. Ich bin gewiss keine Ausnahme, wenn ich sage, dass die Texte dieses Buches das Ergebnis eines Arbeitsprozesses sind, in dem sich Selbsterkenntnis und Selbstanalyse schrittweise vollzogen haben; jeder Schritt zog eine neue Fassung des Textes nach sich. Ich stützte mich auf Erinnerungen und Aufzeichnungen, die etwa bis zu meinem fünfzigsten Lebensjahr reichen. Meine ersten fünf Lebensjahrzehnte, vom Kleinkind bis zur etablierten Berufs- und Familienfrau, nahm ich aus der Perspektive einer Siebzigjährigen unter die Lupe. Dabei wollte ich es im Wesentlichen belassen. Für meine Biographie liegt das Prägende und Zeittypische in diesen Jahrzehnten. Es sind die Jahrzehnte, in denen das biographisch Implizite explizit wird (ob man das nun will oder nicht) und in denen sich die Variationsbreite meines Lebens zu erkennen gibt. Mit 50 hat man den größten Teil seines Lebens hinter sich.

Hinter mir liegt was noch kommt.

MANUELA DU BOIS-REYMOND, geboren 1940, Professorin für Pädagogik und Jugendsoziologie (emeritiert) an der Universität Leiden. Ihre wissenschaftliche Arbeit bezieht sich bis heute auf Forschungsprojekte über Schule, Jugendliche und junge Erwachsene in Europa. Daneben schreibt sie Liedertexte. Sie wohnt mit ihrem Mann (Maler und Komponist) und ihrem Sohn seit 1977 in Leiden/Niederlande. Ihrer Heimatstadt Berlin ist sie bis heute verbunden.